21世纪应用型本科会计系列规划教材

CAIWU GUANLI

财务管理

第二版

张雪雨 主编

东北财经大学出版社
Dongbei University of Finance & Economics Press
大连

图书在版编目（CIP）数据

财务管理 / 张雪雨主编．—2版．—大连：东北财经大学出版社，2023.8（2025.8重印）
（21世纪应用型本科会计系列规划教材）
ISBN 978-7-5654-4926-0

Ⅰ.财… Ⅱ.张… Ⅲ.财务管理-高等学校-教材 Ⅳ.F275

中国国家版本馆CIP数据核字（2023）第143440号

东北财经大学出版社出版
（大连市黑石礁尖山街217号　邮政编码　116025）
网　　址：http://www.dufep.cn
读者信箱：dufep@dufe.edu.cn
大连天骄彩色印刷有限公司印刷　东北财经大学出版社发行

幅面尺寸：185mm×260mm　字数：386千字　印张：16
2023年8月第2版　2025年8月第2次印刷

责任编辑：孙　平　刘贤恩　责任校对：吴　奂
封面设计：原　皓　版式设计：原　皓

定价：45.00元

教学支持　售后服务　联系电话：（0411）84710309

如有印装质量问题，请联系营销部：（0411）84710711

第二版前言

党的二十大报告明确提出要“加强教材建设和管理”。教材建设应紧跟时代要求，将党的二十大精神落实到教材中。为了更好地贯彻落实党的二十大精神，本教材编写组在东北财经大学出版社的大力支持下，对第一版教材进行了修订，将党的二十大精神融入教材内容中，探索出了一些在教材中落实文件精神的思路和方法。

“财务管理”是财会类专业的一门专业核心课程，该课程研究企业通过理财活动所创造的企业增值，为评价企业理财活动是否合理提供了一套科学的方法，是企业整个财务管理工作的定向机制、出发点和归宿。该课程以资金时间价值和风险价值为基础，以资金的筹集、投放和利润分配管理为主线，以提高企业价值为目标，进而拓展介绍为实现这一目标所需掌握的相关理论与方法。通过本课程的学习，学生能够掌握财务管理的基本理论知识及科学的分析方法，在企业的筹资、投资及营运资金运用等方面做出科学的财务决策。

基于以上课程内容，《财务管理》（第二版）依然以企业的基本财务管理活动为主线，主要包括筹资管理、投资管理、营运资金管理及利润分配管理四大方面的内容。教材由7个部分、11章组成。第一章是财务管理概述，主要包括财务管理的内容、目标等内容；第二章和第三章是财务管理的理论基础，主要包括资金时间价值和风险报酬两大理财原则；第四章、第五章及第六章属于筹资管理，主要介绍长短期的筹资方式、企业的筹资成本及资本结构的决策方法等内容；第七章和第八章是投资管理，包括企业的对内投资（即项目投资）及对外投资两部分内容；第九章是营运资金管理，主要是现金、应收账款及存货的管理；第十章是利润分配管理；第十一章是财务分析。

《财务管理》（第二版）在第一版的基础上对课程学习目标、教学内容及课程思政进行了修订，着眼于“培养什么人、怎样培养人、为谁培养人”这一根本问题。其中学习目标与党的二十大报告紧密结合，从思政目标、知识目标及能力目标三个维度突出“培养什么人”；教学内容以企业的基本财务管理活动为主线，突出“怎样培养人”；课程思政与党的二十大精神、习近平新时代中国特色社会主义思想、社会主义核心价值观及中国传统文化相结合，突出“为谁培养人”。

本书在编写过程中力求突出以下特色：

1. 体系结构完整。本书以现代企业资金运动管理为对象，在阐述资金时间价值、风险与收益的观念基础上，按照筹资管理、投资管理、营运资金管理、收益分配管理及财务分析与评价的思路编写，涵盖了企业财务管理各环节的内容。

2. 突出案例教学。本书在每一章开篇引入相关的案例，帮助读者进一步认识到通过本章内容的学习可以具备哪些处理实际问题的能力。

3. 融入课程思政元素。本书紧跟时代发展对教育提出的新要求，同时结合十九大以来习近平总书记提出的推动经济高质量发展的要求，除了在每章结尾部分安排了思政小课堂的栏目以外，还在部分教学内容中安排了“学思笃行”模块，两种方式的课程思政内容与党的二十大精神、习近平新时代中国特色社会主义思想、社会主义核心价值观及中华优秀传统文化相结合，引导学生建立正确的价值观体系。

在第二版的修订工作中，张雪雨负责第一章至第七章的修订，戴芳芳负责第八章、第九章的修订，邱林燕负责第十章、第十一章的修订，李会兰、陈曼芳、罗志勇参与了部分内容的修订工作，全书最后由张雪雨统筹定稿。

本教材的编写及出版得到了东北财经大学出版社孙平编辑的大力支持，在此表示感谢！同时，本书也是在2020年9月第一版《财务管理》基础上进行修订的，在此对参与了第一版教材编写工作的老师们表示感谢！本书在编写中参考了多位学者的文献资料，在此一并感谢！

由于编者学识有限，书中难免有疏漏与不妥之处，敬请读者批评指正。有关教材的修订意见请发送至邮箱snow.rain168@163.com，您的宝贵意见是本教材得以日臻完善的重要参考。

编　者

2023年7月

目　录

第一章

财务管理概述

学习目标

党的十九大报告指出，中国特色社会主义进入新时代，我国社会主要矛盾已经转化为人民日益增长的美好生活需要和不平衡不充分的发展之间的矛盾。为解决这一社会主要矛盾，党的二十大报告中以“加快构建新发展格局，着力推动高质量发展”为题加以阐述。该论述不仅融入了习近平新时代中国特色社会主义思想，也延续了党的十九大报告中对高质量发展的要求，明确了我国经济发展的新任务、新主题和新布局，也为我国现代化建设指明了方向及发展路径。

企业作为推动宏观经济发展不可或缺的微观主体，在实现我国现代化建设中的作用不言而喻。为实现这一目标，一方面要求企业不断提高科技创新能力，突破核心技术，实现高水平科技自立自强，另一方面也要不断提高企业管理水平，建设与经济发展要求相适应的一流管理体系。而在企业的多项管理中，财务管理始终处于企业各项管理活动中的中心地位。

通过本章的学习，应达到以下目标：

1.思政目标：

※通过了解企业承担的社会责任，增强责任意识，强化爱国思想，培养敬业精神。

2.知识目标：

※掌握财务管理的对象、概念，理解资金运动与财务管理的关系；

※掌握财务管理活动四个内容以及涉及的七种财务关系；

※了解几种主要的财务管理环境；

※了解财务管理的五个环节。

3.能力目标：

※能描述企业价值创造的过程；

※能阐述不同财务管理目标的优缺点。

引导案例

MT企业财务管理目标演进

MT企业成立于1960年，属国营单位，当初设矿时，全部职工不过200人，拥有固定资产40万元，流动资金10万元，矿长王宏志等一班人均享受国家处级待遇，并全部由上级主管部门——某地区煤炭管理局任命。企业的主要任务是完成国家下达的煤炭生产任务。

进入20世纪80年代，经济形势发生了深刻变化，计划经济结束，商品经济时代开始。由于国家对企业拨款实行有偿制，流动资金实行贷款制，产品取消调配制，导致MT企业昼夜之间产生了危机感。在这一阶段，MT企业从各项制度上进行了一系列改革，以实现自负盈亏，多创造利润，为国家多做贡献，为企业员工多发奖金、多搞福利。

进入20世纪90年代，随着市场经济的建立，国家开始实施抓大放小的政策。作为一家中小型企业，MT企业不得已走上了股份制改造之路，1994年10月，国家将MT企业的净资产2 000万元转化为2 000万股，向社会发售，每股面值1元，售价2元。民营企业家石开购得1 000万股，其余股份被50位小股东分割，石开成为当然董事长，经董事会选举，董事长任命，杨记担任MT股份有限公司总经理。MT公司成立之后，决策层开始考虑负债融资问题，目标资本结构：自有与借入之比为1：1；其次要考虑的是更新设备，引进先进生产线等重大投资问题。董事会决议：利用5年左右时间使企业的生产技术水平赶上一流，企业产品在本地区市场占有率达到20%，在全国市场占有率达到3%，资本（自有资金）报酬率达到26%，股票争取上市并力争使价格突破15元/股。

现在，在“双碳”目标下，煤炭企业的能源地位将从“主体”向“兜底”转变，从“高耗能、高污染”向“绿色化、智能化”转变，MT企业也开始积极探索“脱碳”路径和可持续发展模式，通过创新融资方式，投资新的领域，形成新的发展格局。

资料来源　夏光.财务管理案例习题集［M］.北京：机械工业出版社，2008.有改动。

【案例思考】

在不同的经济背景下，MT企业的财务管理目标经历了哪些阶段？每种类型的财务管理目标又有哪些特点？

第一节　财务管理的概念

任何组织都需要财务管理，但是营利性组织与非营利性组织的财务管理在内容、目标等方面都有较大区别，本教材讨论的是营利性组织的财务管理，即企业财务管理。

财务管理是企业管理的一个重要组成部分，是基于企业生产经营过程中客观存在的财务活动和财务关系而产生的，是运用价值形式对企业的生产经营活动实施管理，并通过价值形式合理规划和控制企业的一切物质条件、经营过程和经营结果，以达到企业效益不断提高、价值不断增值的目的。简单来说，财务管理是企业组织财务活动、处理财务关系的一项综合性管理工作。

一、财务管理的对象

在商品经济条件下，社会产品是使用价值和价值的统一体。企业生产经营过程也表现为使用价值的生产和交换过程及价值的形成和实现过程的统一。在这个过程中，劳动者将生产中所消耗的生产资料的价值转移到产品中去，并且创造出新的价值，通过实物商品的出售，使转移价值和新创造的价值得以实现。企业资金的实质是生产经营过程中运动着的价值。

实物商品价值的运动是通过资金运动的形式表现出来的。在企业生产经营过程中，实物商品不断地运动，其价值形态也在不断地发生变化，由一种形态转化为另一种形态，周而复始，形成了资金运动。因此，企业的生产经营过程，一方面表现为实物商品的运动过程，另一方面也表现为资金的运动过程或资金运动。资金运动不仅以资金循环的形式而存在，而且伴随生产经营过程的不断进行，因此资金运动也表现为一个周而复始的周转过程。资金运动是企业生产经营过程的价值方面，它以价值形式综合地反映着企业的生产经营过程。企业的资金运动，构成企业生产经营活动的一个独立方面，具有自己的运动规律，这就是企业的财务活动。企业的资金运动，从表面上看是钱和物的增减变动。其实，钱和物的增减变动都离不开人与人之间的经济利益关系。

企业资金的运动如图1-1所示。

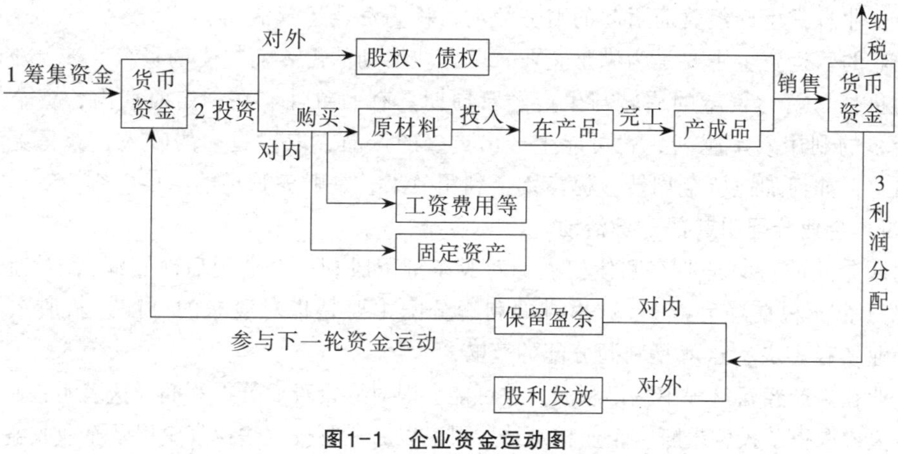

图1-1 企业资金运动图

二、企业的财务活动

企业财务活动是以现金收支为主的企业资金收支活动的总称，包括资金的筹集、投放、使用、收入及分配等一系列行为。从整体上讲，财务活动包括以下四个方面：

（一）企业筹资引起的财务活动

筹集资金是企业进行生产经营活动的前提，也是资金运动的起点。企业筹资而引起的财务活动是资金筹集过程中产生的资金收支，即企业通过吸收投资人、银行借款、发行债券和股票等方式筹集资金，表现为资金的收入；企业偿还债权人的借款和利息、支付股东股利以及付出其他筹资费用等，则表现为资金的支出。

在筹资的过程中，一方面，企业需要根据战略发展的要求和投资规划来确定各个时期企业总体的筹资规模，以保证进行投资所需的足够资金；另一方面，要慎重选择筹资形式、筹资工具与筹资渠道，合理确定筹资结构，降低筹资成本和风险，提高企业自身价值。

（二）企业投资引起的财务活动

企业筹资的目的是投资，以获取利润，增大企业价值，也就是企业根据项目资金需要投出资金的行为。企业的投资可以分为广义的投资和狭义的投资两种。广义的投资既包括对外投资又包括对内投资，对外投资包括购买其他企业债券、股票等，对内投资包括购置各种资产、改善企业经营条件、扩大生产能力等。狭义的投资仅指对外投资。

企业在投资过程中，购买内部所需各种资产或者购买各种证券，都需要支出资金，这种因企业投资而产生的资金的收支，便是由投资而引起的财务活动。企业在生产经营过程中，需要慎重考虑投资范围及规模，选择正确的投资方式，确定最优的投资策略，提高投资效益，有效规避风险。

（三）企业经营引起的财务活动

企业在日常生产经营过程中，会发生一系列的资金收付。首先，企业要采购材料或商品，以便从事生产和销售活动，同时，还要支付工资和其他营运费用；其次，当企业把产品或商品售出后，便可取得收入，收回资金；最后，如果企业现有资金不能满足企业经营的需要，还要采取短期借款方式来筹集所需资金。上述各方面都会产生企业资金的收付。这种因企业日常生产经营而引起的财务活动，称为资金运营活动。

企业的营运资金主要是为满足企业日常营业活动的需要而垫支的资金，涉及流动资产与流动负债，营运资金的周转与生产经营周期具有一致性。在一定时期内，资金周转越快，资金的利用效率越高，就可能生产出更多的产品，取得更多的收入，获得更多的报酬。因此，如何加速资金周转，提高资金利用效果，是财务管理的主要内容。

（四）企业分配引起的财务活动

利润分配的对象是股东和债权人，对股东分配股利（企业税后净利润），对债权人支付利息（企业税前净利润）。这里讲的利润分配主要是指对股东的分配。给股东分配多少，企业留存多少，这就是利润分配的范畴。

企业在生产经营过程中取得利润，也可能会因对外投资而分得利润，这表明企业有了资金的增值或取得了投资报酬。企业在缴纳所得税以后，要按照法律规定以及企业收益分配政策对利润进行分配。这种因利润分配而产生的资金收支便属于由利润分配而引起的财务活动。

上述财务活动的四个方面是互相联系、互相依存、互相影响的，但又有一定区别，这四个方面构成了完整的企业财务活动。对它们的管理构成了企业财务管理的基本内容，即筹资管理、投资管理、营运资金管理、利润分配管理。

小贴士

按照《中华人民共和国公司法》的规定，企业税后利润通常是按以下顺序进行分配：一是弥补企业以前年度亏损；二是提取法定盈余公积；三是提取任意盈余公积；四是对股东进行利润分配。

三、企业的财务关系

企业财务关系是指企业在组织财务活动过程中与有关各方所发生的经济利益关系。企业资金的筹集、投放、使用、回收和分配，与企业各方面有着广泛的联系，从而形成以下各种财务关系：

（一）企业与所有者之间的财务关系

这主要是指企业的所有者向企业投入资金，企业向其所有者支付投资报酬所形成的经济关系。企业的所有者要按照投资合同、协议、章程的约定履行出资义务以便及时形成企业的资本。企业利用资本进行营运，实现利润后，应该按照出资比例或合同、章程的规定，向其所有者支付投资报酬。如果同一企业有多个投资者，他们的出资比例不同，就决定了他们各自对企业所承担的责任不同，相应地对企业享有的权利也不相同。企业同其所有者之间的财务关系体现的是所有权的性质，反映的是经营权与所有权的关系。

（二）企业与债权人之间的财务关系

这主要是指企业向债权人借入资金，并按借款合同的规定按时支付利息和归还本金所形成的经济关系。企业除利用资本进行经营活动外，还要借入一定数量的资金，以便降低企业资金成本，扩大企业经营规模。企业的债权人主要有本企业发行的公司债券的持有人、贷款机构、商业信用提供者、其他出借资金给企业的单位和个人。企业利用债权人的资金，要按约定的利息率，及时向债权人支付利息；债务到期时，要合理调度资金，按时向债权人归还本金。企业同其债权人的财务关系在性质上属于债务与债权关系。

（三）企业与受资者之间的财务关系

这主要是指企业以购买股票或直接投资的形式向其他企业投资所形成的经济关系。随着市场经济的不断深入发展，企业经营规模和经营范围不断扩大，这种关系将会越来越广泛。企业向其他单位投资，应按约定履行出资义务，并依据其出资份额参与受资者的经营管理和利润分配。企业与受资者的财务关系是体现所有权性质的投资与受资的关系。

（四）企业与债务人之间的财务关系

这主要是指企业将其资金以购买债券、提供借款或商业信用等形式出借给其他单位所形成的经济关系。企业将资金借出后，有权要求其债务人按约定的条件支付利息和归还本金。企业同其债务人的关系体现的是债权与债务关系。

（五）企业与税务机关之间的财务关系

这主要是指企业按税法的规定依法纳税而与国家税务机关所形成的经济关系。任何企业都应按照税法的规定缴纳各种税款，以保证国家财政收入的实现，满足社会各方面的需要。及时、足额纳税是企业对国家的贡献，也是履行社会责任的体现。因此，企业与税务机关之间体现的是一种依法纳税与依法征税的关系。

（六）企业内部各单位之间的财务关系

这主要是指企业内部各单位之间在生产经营各环节中相互提供产品或劳务所形成的经济关系。企业在实行厂内经济核算制和企业内部经营责任制的条件下，企业产、供、销各个部门及各个生产单位之间，相互提供的劳务和产品也要计价结算。这种在企业内部形成的资金结算关系，体现了企业内部各单位之间的利益关系。

（七）企业与职工之间的财务关系

这主要是指企业向职工支付劳动报酬过程中所形成的经济关系。职工是企业的劳动者，他们以自身提供的劳动作为参加企业分配的依据。企业根据劳动者的劳动情况，用其收入向职工支付工资、津贴和奖金等，体现着职工个人和集体在劳动成果上的分配关系。

综上所述，财务统一于相伴而生的两个层面即资金运动和财务关系，资金运动是财务的形式特征，反映其自然属性；财务关系是财务的内容本质，反映其社会属性。二者是同一事物的两个侧面，将其联结起来，财务这个概念的含义可表述为：一种源于经济利益关系的企业再生产过程中的资金运动。

实际财务工作中的首要问题是如何理顺财务关系，正确处理各种经济利益矛盾，协调企业理财目标实现过程中的委托代理冲突等。只有这样，才能处理好有关融资、投资、营运、分配乃至资本经营等方面的事务。所以，理财不能见物不见人，而是要眼中有物、心中有人。在正确处理财务关系的前提下，科学预测融资需求、周密安排投资计划、有效控制现金流量才能合理组织资金运动，推动财富增长。财务管理就是按照既定的目标，通过协调、决策、计划、控制、分析等手段，合理组织资金运动，正确处理财务关系的一种管理工作。

第二节 财务管理的目标

由系统论可知，正确的目标是系统良性循环的前提条件，企业财务管理目标对企业财务管理系统的运行也具有同样的意义。财务管理目标又称理财目标，是指企业在特定的内、外环境中，通过有效地组织各项财务活动，正确地处理好各项财务关系所要达到的最终目标。企业财务管理的最终目标与经营管理目标是一致的，并受经营管理目标的制约。

一、企业财务管理目标理论

研究财务管理目标问题，既是建立科学的财务管理理论结构的需要，也是优化我国财务管理行为的需要，在理论和实践上都有重要意义。最具有代表性的财务管理目标主要有以下几种观点：

（一）利润最大化

利润最大化是指企业创造的利润在一个会计期内尽可能地达到最大。以利润最大化作为财务管理目标有其合理性：一是人类从事生产经营活动的目的是创造更多的剩余产品，在市场经济条件下，剩余产品的多少可以用利润这个指标来衡量；二是在自由竞争的资本市场中，资本的使用权最终属于获利多的企业；三是只有每个企业都最大限度地创造利润，整个社会的财富才可能实现最大化，从而带来社会的进步和发展。

利润最大化的优点是：企业追求利润最大化，必然重视经济核算，加强管理，改进技术，从而提高劳动生产率，降低产品成本。这些措施都有利于企业资源的合理配置，有利于企业整体经济效益的提高。

但是，以利润最大化作为财务管理目标也存在以下缺陷：

（1）这里的利润是指企业一定时期实现的利润总额，它没有考虑资金时间价值。例如，今年获利500万元和明年获利500万元哪个更能符合企业生产实力？若不考虑时间价值，很难加以判断。

（2）没有反映创造的利润与投入的资本之间的关系，因而不利于不同资本规模的企业之间或同一企业不同期间之间的比较。如一个企业投入资本500万元，另一个企业投入资本50万元，在同样获得利润20万元的情况下，哪一个更符合企业的目标？若不考虑利润与投入资本之间的关系，很难做出决策。

（3）没有考虑风险因素，高额利润往往要承担过大的风险。如果两个企业同样投入资本500万元，本年获利100万元，一个企业获得的是现金，而另一个企业以应收账款入账，以应收账款入账很可能发生坏账损失。若不考虑企业风险的大小，很难做出判断。

（4）片面追求利润最大化，可能导致企业短期行为，如忽视人才培养、未能履行社会责任等，背离企业发展的战略目标。

（二）每股收益最大化

这种观点把企业的利润和股东的投入资本联系起来，用每股收益来概括企业的财务目标。每股收益是指归属于普通股股东的净利润与发行在外的普通股股数的比值。它的大小反映了投资者投入资本获得回报的能力，能够说明企业的盈利水平，可以在不同资本规模的企业或同一企业不同期间之间进行比较，揭示其盈利水平的差异，以避免“利润最大化”目标的缺点。

与利润最大化目标一样，该指标仍然没有考虑资金时间价值和每股收益风险，也不能避免企业的短期行为，可能会导致与企业的战略目标相背离。但如果每股收益时间和风险相同，每股收益取得的最大化也是一个可以接受的观念。

（三）股东财富最大化

所有者作为企业的投资者（股东），承担着公司的全部风险，其投资目标是取得全部的资本收益，或者说，股东对企业收益具有剩余要求权。这种剩余要求权，赋予股东的权利、义务、风险和收益都远远大于债权人、经营者和一般职工。股东财富是由其所持有的股票数量和股票市场价格两个方面决定的，在股票数量一定的前提下，当股票价格达到最高时，股东财富也增加到最高点。因此，股东财富最大化也表示为股票价格最大化。

股东财富最大化这个目标的优点表现在以下几点：

（1）考虑了时间和风险因素。股票内在价值是按照风险调整折现率折现后的现值，因而考虑了取得收益的时间因素和风险因素。

（2）在一定程度上避免企业短期化行为。因为不仅目前的利润会影响股票价格，企业预期未来的利润同样会对股价产生重要的影响。

（3）对上市公司来说，股东财富最大化目标比较容易量化，便于考核和奖惩。

其缺点表现在：

（1）通常只适用于上市公司，非上市公司由于无法随时准确获得公司股价，因而很难适用。

（2）股票价格有时并不能准确反映公司的经营业绩。由于股票价格的变动受诸多因素的影响，因而股票价格的高低并不能完全反映企业的经营业绩。

（3）该目标更多的是强调股东利益，在实际工作中可能导致公司所有者与其他利益主体之间的矛盾与冲突。

（四）企业价值最大化

企业价值就是企业全部资产的市场价值，是企业所能创造的预计未来现金流量的现值，反映了企业潜在的或预期的获利能力和成长能力。企业价值不同于利润，利润只是新创造价值的一部分，而公司价值不仅包含了新创造的价值，还包含了潜在或预期的获利能力。

以企业价值最大化作为财务管理的目标，其优点主要表现在以下方面：

（1）考虑了取得报酬的时间，运用了资金时间价值原理对不同时间点的现金流量进行了折现处理。

（2）考虑了风险与报酬的关系，折现率的选择考虑了风险与报酬相权衡的原则，能有效克服企业财务管理人员只追求利润而忽视风险的倾向。

（3）克服了企业在追求利润上的短期行为。这是因为不仅目前利润会影响企业的价值，预期未来的利润对企业价值也会产生重大的影响。

（4）考虑了企业各方的利益，不仅考虑了股东的利益，而且考虑了债权人、职工等的利益。

以企业价值最大化作为财务管理的目标也存在一些问题，如企业价值的计算过于理论化，不易操作，特别是对于非上市公司来说，只有对企业进行专门的评估才能确定其价值，而在评估企业资产时，由于受评估标准和评估方式的影响，很难做到客观和准确。

二、财务管理目标的协调

现代企业制度中的一个核心问题是代理问题。代理问题的存在，会使财务管理目标出现分歧与冲突，这就需要进行有效协调来消除出现的分歧与冲突，以期实现理财目标。在企业财务关系中主要存在两种委托代理关系：一是股东与经营管理者；二是股东与债权人。股东与债权人都为企业提供财务资源，但是他们处在企业之外，而只有受托人即经营管理者才能在企业里直接从事经营和管理工作。股东财富最大化的目标并不是经营管理者的目标，也不是债权人的目标，企业只有协调好这些方面的分歧与冲突，才能实现股东财富的最大化。

（一）股东与经营管理者

在所有权与经营权分离之后，股东的目标是实现财富最大化，千方百计要求经营管理者以最大的努力去实现这一目标。但经营管理者通常会偏离这一目标，他们努力的目标是：①报酬，包括物质和非物质的，如工资、奖金、荣誉和社会地位等；②增加闲暇时间和舒适享受；③避免风险，不愿意为股东财富最大化冒决策风险。

概括而言，经营管理者对股东目标的背离主要表现为如下两点：

（1）道德风险。经营管理者从自身利益考虑认为没必要为提高股价而冒险，股价上涨的好处归于股东，而若冒险失败，则他们的“身价”将下跌。他们信奉“多一事不如少一事”，四平八稳力保不出大错。这样做，不形成法律和行政责任问题，只是道德问题，股东很难追究他们的责任，甚至也无法从道德上予以谴责。

（2）逆向选择。经营管理者从自身利益出发，借口工作需要而乱花股东的钱。例如，装修豪华办公室、购置高档小汽车等，甚至采用不正当手段蓄意压低股票价格，以隐蔽的方式进行投机买卖，从中渔利，致使股东利益受到损害。

为了防止经营管理者背离股东的目标，股东可以采用两种极端的做法：一是付给经营管理者的所有报酬全部与公司股价挂钩，这样做，可大大减少经营管理者享受过量的闲暇时间与特权的诱因，大大降低代理成本。但是，几乎不可能找到愿意接受这种条件的管理者。二是由股东全面监视经营管理者的各种行动。但这种做法在股东与经营管理者信息不对称的情形下，不仅代理成本昂贵，而且效率低下，乃至于可能会出现经营管理者的消极行为。所以，解决问题的最好方法应当是介于以上二者之间的做法，即让经营管理者的报酬与其业绩结合，同时花费必要的成本以监督其行动。

股东与经营管理者之间代理关系的协调机制通常有如下三方面：

（1）解聘。当股东发现经营管理者未努力使股东财富达到最大化时，可解聘经营管理者。这样经营管理者为避免被解聘，就必须努力实现股东财富最大化。这是对经营管理者的一种行政约束。但是，由于大多数公司的股东都很分散，难以形成合力将经营管理者从错误的道路上拉回来，或者解聘他们。因此，经营管理者被解聘的威胁实际上很小。

（2）接管。当一家公司因管理不善而走向衰败，使股票价格暴跌至低于预期的合理价值时，它极可能被强行收购（称为敌意收购）。一旦公司被接管，经营管理者通常会被随之解聘。为了避免这种风险，经营管理者必须采取措施来提高股价，以制止敌意收购来保障自身的地位。这是对经营管理者的市场约束。

（3）激励。从现代公司的实践来看，股东越来越多地将经营管理者的报酬与公司业绩联系起来。同时理论研究也表明，适当的激励比单纯的监督在某种程度上效果更佳，激励已成为一种被公司广泛接受的管理工具。通常有如下两种激励方式：

① 股票期权，即允许经营管理者在将来某一时期以某一固定价格购买公司一定数量的股票。如果到时股票市价高于期权的执行价格，那么经营管理者就会获得收益。公司采用这种办法的目的是促使经营管理者尽全力提高业绩以提高股价，因为如果到约定时间股价低于执行价格，则期权将一文不值，经营管理者将一无所获。实践表明，单纯以股票期权进行激励的效果并不理想，这是由于股票期权的数量尺度难以把握；同时股票价格还与股票市场的整体景气度相关，并不必然反映经营管理者的工作成效；更糟糕的情形是，可能造成经营管理者在股票期权兑现前粉饰太平和弄虚作假。

② 绩效股份。公司用权益净利率、每股收益、每股净资产等指标来评价经营管理者的绩效，视绩效大小给经营管理者一定数量的股票作为报酬。经营管理者为了得到这些红利股份，必须使公司业绩保持增长势头。绩效股份即使在股市低迷时对经营管理者也有价值，价值大小取决于当时的公司股票市价。它是股东利益和经营管理者利益的契合点，因此正逐渐成为最重要的激励方式。

通常，股东同时采用监督和激励两种方式来协调自己和经营管理者的利益。尽管如此，仍不可能使经营管理者完全按股东的意愿行动。监督成本、激励成本和目标偏离损失之间此消彼长，力求找出能使三项之和达到最小值的解决办法，就是最佳的解决办法。

（二）股东与债权人

在企业向债权人借入资金后，委托代理关系就在股东与债权人之间形成了。债权人将资金贷给企业，其目的是到期收回本金，并得到约定的利息收入，所以，安全地收回本息是债权人的目标。企业借款的目的是扩大经营，获得更大收益，以达到股东财富最大化的目标。可见二者的目标并不一致。债权人事先知道贷出的资金是有风险的，并将此纳入贷款利率作相应补偿。补偿要求的高低通常与下列因素有关：①企业现有资产的风险；②预计新添资产的风险；③公司在此项借款前的资本结构；④公司在此项借款后及未来的资本结构。但是，债权人的资金一旦贷出，债权人就对这笔资金失去了直接的控制权，股东就可能借助经营管理者之手为了自身利益而损害债权人的利益，其常用方式如下：

（1）投资于高风险项目。此举若侥幸成功，超额收益归股东，债权人不能多拿分毫；如果不幸失败，则损失惨重以至于资不抵债、破产清算时，债权人将蒙受损失。这对债权人而言，风险与收益不对称。

（2）发新债使旧债减值。发新债（新债券或新借款）使公司负债比率加大，公司破产概率加大。如果企业破产，旧债权人和新债权人共同分配破产财产，使旧债的风险增加，分担损失加重，发生隐性或显性贬值。尤其是，对于不能转让的债券或其他债权资产，债权人无法售让或抵押套现，处境更加不利。

为了协调股东与债权人的上述矛盾，国家对债权人有立法保护，规定在破产时优先接管分配剩余财产。除此之外，债权人通常会采取以下措施：

（1）在借款合同中加入限制性条款，如规定借款的用途、借款的信用条件，规定不得发新债或限制新债的数额等。

（2）发现公司有侵蚀其财产意图时，提前收回债权，终止合作。

事实上，作为债务人的企业，如果试图损害债权人的利益，损人利己也许可能逞于一时，但绝不可能逞于“一世”。它要么丧失经营和理财的重要融资渠道，要么今后将承受高昂的资金取得和使用成本。无论哪种情形，对企业都是非常不利的。为了实现企业目标和理财目标，企业必须与债权人合作，恪守借款合同，维护自身信誉。

与此相类似，企业也要与职工、顾客、供应商、社区等搞好关系，任何不良企图都将招致利益相关者的反对和约束，从而对企业整体不利。从全社会的财务公共关系而言，股东只是社会的一部分人，他们在谋求自己利益的时候，不应当损害他人的利益，国家要保护所有公民的正当权益。为此，国家颁布了一系列保护公众利益的法律，如《中华人民共和国公司法》《中华人民共和国反不正当竞争法》《中华人民共和国环境保护法》《中华人民共和国民法典》等，通过这些法律调节股东和社会公众的利益。当然，法律不可能解决所有问题，企业经营和财务行为还要受到商业道德的约束，要接受政府有关部门的行政监督，以及社会公众的舆论监督，进一步协调企业和社会的矛盾，从而使企业在谋求自身利益的同时，也使社会公众受益，如增加就业、满足需求和提高生活质量等。

三、企业的社会责任

国内理论界对于企业社会责任的探讨始于20世纪80年代。学界对企业社会责任的探讨是将利益相关者理论作为研究基石，研究范围涉及社会学、法学、经济学和管理学等多学科领域。

其中，对企业社会责任性质的辨析，即企业社会责任究竟是属于一种道德层面上的责任，还是一种由国家强制力保证实现的法律层面上的责任，抑或是一种介于法律责任与道德责任之间的软法责任，国内外法学界进行了长时期的探讨，主要形成了三种观点：第一种观点认为，企业社会责任属于一种道德责任；第二种观点认为，企业社会责任是一种由国家强制力保证实现的法律责任；第三种观点认为，企业社会责任是一种介于法律责任与道德责任之间的软法责任。

本教材更倾向于将企业社会责任理解为一种介于法律责任与道德责任之间的软法责任。企业作为“经济人”，不管财务管理目标是追求利润最大化、股东财富最大化或企业价值最大化，都需要从社会获取物质资源、人力资源和管理资源并将其运用于生产、经营、管理的全过程；与此同时，企业作为“社会人”，需要与其所处的环境及与它相联系的其他社会主体（如债权人、消费者、股东、社区等）保持一种良性互动关系，将企业所创造出的财富包括物质财富和精神财富回馈于社会，这一过程就是对于社会责任的承担。

企业作为“经济人”在追求价值最大化的过程中，过度关注短期目标的实现，可能会出现企业财务管理目标与社会责任相背离的现象，例如，生产伪劣产品以获得更高的收益，或者生产过程造成环境污染、资源浪费等。但从长远来看，企业要实现可持续发展，必然要作为“社会人”承担相应的社会责任。

为促进企业承担相应的社会责任，保障利益相关者的权益，一方面我国颁布了一系列法律法规来约束企业的行为，例如《中华人民共和国环境保护法》、《中华人民共和国消费者权益保护法》和《中华人民共和国产品质量法》等，另一方面也要求上市公司定期发布《企业社会责任报告》或《上市公司ESG报告》。两种方式既从法律责任方面约束了企业的行为，又从道德责任方面对企业承担的社会责任提出了更高的要求。

【学思笃行】2020年7月21日，习近平总书记在企业家座谈会上指出：“企业既有经济责任、法律责任，也有社会责任、道德责任。任何企业存在于社会之中，都是社会的企业。社会是企业家施展才华的舞台。只有真诚回报社会、切实履行社会责任的企业家，才能真正得到社会认可，才是符合时代要求的企业家。”这一论述深刻地揭示了新时代企业家与经济社会发展之间的紧密关系。

一大批践行企业家精神的优秀企业家及其领导下的具有国际竞争力的企业，是我国经济持续发展、人民生活不断改善、全球影响力日益扩大的核心支撑与关键力量，是实现中华民族伟大复兴的重要基础。同学们，请你们搜集一些企业，并通过查找相关的资料，来说一说这些企业都承担了哪些社会责任。

第三节　财务管理环境

财务管理环境是指对企业财务活动和财务管理产生影响作用的企业内外部的各种条件。通过环境分析，提高企业财务行为对环境的适应能力、应变能力和利用能力，以便更好地实现企业财务管理目标。

企业财务管理环境按其存在的空间，可分为内部财务环境和外部财务环境。内部财务环境的主要内容包括企业资本实力、生产技术条件、经营管理水平和决策者的素质等四个方面。内部财务环境，存在于企业内部，是企业可以从总体上采取一定的措施施加控制和改变的因素。而外部财务环境，由于存在于企业外部，其对企业财务行为的影响，无论是有形的硬环境，还是无形的软环境，企业都难以控制和改变，更多的是适应和因势利导。因此，本节主要介绍外部财务环境。影响企业外部财务环境的因素有很多，其中最主要的有经济环境、法律环境和金融市场环境等因素。

一、经济环境

影响财务管理的经济环境因素主要有经济周期、经济发展水平、经济政策和通货膨胀等。

（一）经济周期

市场经济条件下，经济发展与运行带有一定的波动性，大体上经历复苏、繁荣、衰退和萧条几个阶段的循环，这种循环叫作经济周期。在不同的经济周期，企业应相应采用不同的财务管理策略（如图1-2所示）。资本主义经济周期是人所共知的现象，西方财务学者曾探讨了经济周期中的经营理财策略。我国的经济发展与运行也呈现其特有的周期特征，带有一定的经济波动性。过去曾经历过若干次从投资膨胀、生产高涨到控制投资、紧缩银根和正常发展的过程，从而促进了经济的持续发展。企业的筹资、投资和资产运营等理财活动都要受这种经济波动的影响，比如在紧缩时期，社会资金十分短缺，利率上涨，会使企业的筹资非常困难，甚至影响到企业的正常生产经营活动。此外，由于国际经济交流与合作的发展，西方的经济周期影响也不同程度地波及我国。因此，企业财务人员必须认识到经济周期的影响，掌握在经济发展波动中的理财本领。

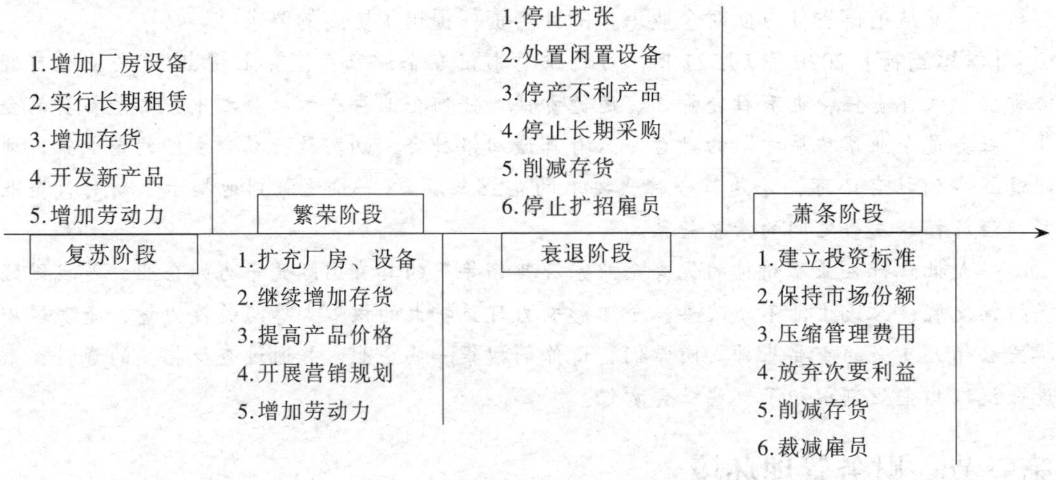

图1-2　经济周期中的理财策略

（二）经济发展水平

改革开放以来，我国的国内生产总值以很高的速度增长，各项建设方兴未艾。这就给企业扩大规模、调整方向、打开市场及拓宽财务活动的领域带来了机遇。同时，由于高速发展中的资金短缺将长期存在，又给企业财务管理带来严峻的挑战。因此，企业财务管理工作者必须积极探索与经济发展水平相适应的财务管理模式。

（三）经济政策

我国经济体制改革的目标是建立社会主义市场经济体制，以进一步解放和发展生产力。在这个总目标的指导下，我国已经并正在进行财税体制、金融体制、外汇体制、外贸体制、计划体制、价格体制、投资体制、社会保障制度等多项改革。所有这些改革措施，深刻地影响着我国的经济生活，也深刻地影响着我国企业的发展和财务活动的运行。如金融政策中货币的发行量、信贷规模都能影响企业投资的资金来源和投资的预期收益；财税政策会影响企业的资金结构和投资项目的选择等；价格政策能影响企业资金的投向和投资的回收期及预期收益等。可见，经济政策对企业财务的影响是非常大的。这就要求企业财务人员必须把握经济政策，更好地为企业的经营理财活动服务。

（四）通货膨胀

通货膨胀不仅降低了消费者的购买力，也给企业理财带来很大困难。通货膨胀对企业财务活动的影响通常表现在以下几个方面：①引起资金占用的大量增加，从而增加企业的资金需求；②引起企业的利润虚增；③引起利率上升，加大企业的资金成本；④引起有价证券价格下降；⑤引起资金供应紧张，增加企业的筹资难度。

企业对通货膨胀本身无能为力，只有政府才能控制通货膨胀的速度。企业财务人员需要分析通货膨胀对资金成本的影响及投资报酬率的影响。为了实现预期的报酬率，企业应该调整收入和成本。

（五）市场竞争

市场竞争是市场经济发展的推动力，涉及产品、技术、管理、人才、营销等各方面的竞争。财务管理行为的选择在很大程度上取决于企业的竞争环境。不了解企业所处的市场环境，就不可能深入地了解企业的运行状态，也就很难做出科学的、行之有效的财务决策。不同的市场环境对财务管理有不同影响，企业竞争环境对财务管理行为的影响也表现在多个方面。各种财务策略的谋划和运用应注意相通性，企业欲取得竞争优势，必须正确制定和实施科学的财务管理战略，关注竞争对手的财务策略。

二、法律环境

财务管理的法律环境是指企业和外部发生经济关系时所应遵守的各种法律、法规和规章。财务管理的法律环境主要包括企业组织形式、税收法规和财务法规。

（一）企业组织形式

按照《中华人民共和国公司法》的规定，企业组织形式有三种：独资企业、合伙企业和公司。独资企业是指依法设立，由一个自然人投资，财产为投资人个人所有，投资人以其个人财产对公司债务承担无限责任的经营实体。合伙企业是依法设立，由各合伙人订立合伙协议，共同出资，合伙经营，共享收益，共担风险，并对合伙企业债务承担无限连带责任的营利性组织。一般来说，合伙人是两个或两个以上的自然人，有时也包括法人或其他组织。公司是指依照公司法登记设立，以其全部法人财产，依法自主经营、自负盈亏的企业法人。公司享有由股东投资形成的全部法人财产权，依法享有民事权利，承担民事责任。三种形式的企业组织中，个人独资企业占企业总数的比重很大，但是绝大部分的商业资金是由公司制企业控制的。

（二）税收法规

自改革开放以来，我国对税收制度进行了一系列的改革，其指导思想是：统一税法、公平税负、简化税制、合理分权、理顺分配关系、保证财政收入。税收对企业资本供给和税收负担有着重要影响，税种的设置、税率的调整对企业生产经营活动具有调节作用，因此，企业财务决策应当适应税收政策的导向，合理安排资金投放，以追求更大的经济效益。

（三）财务法规

企业财务法规是规范企业财务活动、协调企业财务关系的行为准则。它是按照市场经济体制和企业经营机制的要求建立的，有利于企业适应竞争环境，成为依法自主经营、自负盈亏、自我约束的商品生产者和经营者，成为独立享有民事权利和承担民事义务的企业法人，成为产权清晰、权责明确、政企分开、管理科学的现代企业。我国目前企业财务管理法规制度有以下三个层次：行业财务制度、企业财务通则和企业内部财务制度。

除上述法律规范外，与企业财务管理有关的其他经济法律规范还有许多，包括各种证券法律规范、结算法律规范、合同法律规范等。财务人员要熟悉这些法律规范，在守法的前提下完成财务管理的职能，实现企业的财务目标。

三、金融市场环境

金融市场环境是指资金的供求双方借助某种形式融通资金的场所。人们常说的有价证券市场，即股票和债券的发行和买卖市场，是狭义的金融市场。而广义的金融市场是指一切资本流动的场所，包括实物资本和货币资本的流动，其交易对象包括货币借贷、票据承兑和贴现、有价证券的买卖、黄金和外汇的买卖、办理国内外保险和生产资料的产权交换等。这里指的是广义的金融市场。影响财务管理的金融环境主要有：金融市场、金融机构和利息率。金融环境的结构框架如图 1-3 所示。

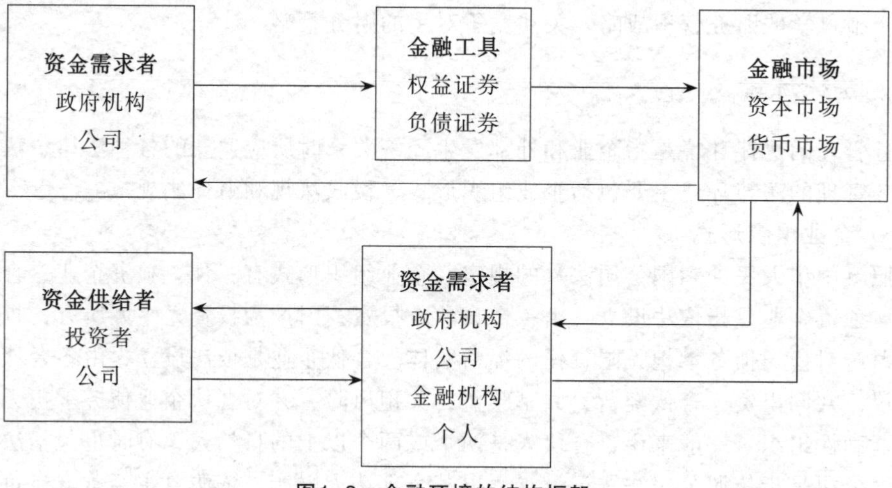

图1-3　金融环境的结构框架

企业总是需要资金从事投资和经营活动，而资金的取得，除了自有资金外，主要从金融机构和金融市场取得。金融市场不仅为企业融资提供了渠道和手段，同时，也是企业投资的重要场所。因此，金融市场的发达程度、金融机构的组织体制及运作方式、金融工具的丰富程度、金融市场参与者对报酬率的要求等都会对企业财务管理产生重大的影响。可以说，金融市场是财务管理的诸多环境中最为直接和最为特殊的一个方面。

（一）金融市场的分类

（1）按融通资金的期限划分为短期金融市场和长期金融市场。短期金融市场，又称货币市场，是指以期限一年以内的金融工具为媒介，进行短期资金融通的市场。长期金融市场是指以期限一年以上的金融工具为媒介，进行长期性资金交易活动的市场，又称资本市场。

（2）按市场交易过程的性质划分为发行市场和流通市场。发行市场是指从事新证券买卖的转让市场，这类市场的主要经营者是投资银行、经纪人和证券自营商，也称一级市场或初级市场。流通市场是指从事已上市的旧证券买卖的转让市场，也称二级市场或次级市场。

（3）按市场的交易对象划分为货币借贷市场、票据承兑和贴现市场、有价证券市场、黄金市场和外汇市场。

（4）按市场的交割时间划分为现货市场和期货市场。现货市场是指买卖双方成交后，当场或几天内买方付款、卖方交出证券的交易市场。期货市场是指买卖双方成交后，在双方约定的未来某一特定的时日才交割的交易市场。

（5）按市场融通资金的范围划分为区域性金融市场和国际性金融市场。区域性金融市场是指资金融通仅限于区域内各经济组织、经济实体的货币和有价证券。国际金融市场是指在国际范围内进行不同货币的资金和有价证券的融通活动。

（二）金融市场的构成

社会资金从资金供应者手中转到资金需求者手中，大多要通过金融机构。金融机构主要包括银行和非银行金融机构。

1.银行

银行是指经营存款、放款、汇兑、储蓄等金融业务，充当信用中介的金融机构。银行的主要职能是充当信用中介、提供信用工具、充当投资手段和充当国民经济的宏观调节手段。我国银行主要包括：

（1）中央银行，即中国人民银行；

（2）国有商业银行，如中国工商银行、中国农业银行、中国银行和中国建设银行；

（3）国家政策性银行，如中国进出口银行、中国农业发展银行；

（4）其他银行，如交通银行、中信银行、广东发展银行、招商银行、光大银行等。

2.非银行金融机构

非银行金融机构主要包括信托投资公司、租赁公司等。信托投资公司主要办理信托存款和信托投资业务，在国外发行债券和股票，办理国际租赁等，如中国国际信托投资公司。租赁公司则介于金融机构与企业之间，它先筹集资金购买各种租赁物，然后出租给企业。租赁公司的经营租赁等于向企业提供了短期资金，融资租赁等于向企业提供了中长期资金。

（三）金融市场上的利息率

1.利息率的含义

从资金的借贷关系看，利率是一定时期运用资金资源的交易价格。我国的利率分为官方利率和市场利率。官方利率由政府通过中央银行确定公布，各银行都必须执行；而市场利率是金融市场上资金供求双方竞争形成的利率，随资金供求状况而变化。一般地，市场利率受官方利率的影响，官方确定利率时也要考虑市场供求状况，一般来说两者并无显著脱节现象。

2.利息率的构成

在金融市场上，利率是资金使用权的价格。一般来说，金融市场上资金的购买价格，可用公式表示如下：

利率=纯粹利率+通货膨胀补偿率+风险报酬率

纯粹利率也称实际利率（Real Interest Rate）。纯粹利率是指无通货膨胀、无风险情况下的社会平均资金利润率。例如，在没有通货膨胀情况下的国库券的利率可以视为纯粹利率。纯粹利率的高低，受平均利润率、资金供求关系和国家调节的影响。

通货膨胀补偿率也称通货膨胀溢酬（Inflation Premium），是指为弥补因通货膨胀造成货币贬值而要求的报酬率。因此，每次发行国库券的利息率随通货膨胀率变化，它等于纯粹利率加预期通货膨胀率。

3.风险报酬率

投资者除了关心通货膨胀率外，还要关心资金使用者能否保证他们收回本金并取得一定的收益。这种风险越大，投资人要求的收益率越高。实证研究表明，公司长期债券的风险大于国库券，要求的收益率也高于国库券；普通股股票的风险大于公司债券，要求的收益率也高于公司债券；小公司普通股股票的风险大于大公司普通股股票，要求的收益率大于大公司普通股股票。风险越大，要求的收益率也越高，风险与收益之间存在着对应关系。风险报酬率是投资者要求的除纯粹利率和通货膨胀补偿率之外的风险补偿。

（1）违约风险报酬率，也称违约风险溢酬（Default Risk Premium）。违约风险是指借款人无法按时支付利息或偿还本金而给投资人带来的风险，反映着借款人按期支付本金、利息的信用程度。借款人如经常不能按期支付本利，说明这个借款人的违约风险高。为了弥补违约风险，必须提高利率，否则借款人无法借到资金，投资人也不会进行投资。企业债券的违约风险由企业信用程度决定，企业的信用程度可分为若干等级，等级越高，信用越好，违约风险越低，利率水平也越低；信誉不好，违约风险高，利率水平自然高。一般将国债与拥有相同到期日、变现力和其他特性的公司债券两者之间的利率差距称为违约风险溢酬。

（2）流动性风险报酬率，也称变现力溢酬（Liquidity Risk Premium），指某项资产迅速转化为现金的可能性。如果一项资产能够迅速转化为现金，说明其变现力强，流动性好，流动性风险小；反之，则说明流动性风险大。政府债券、大公司的股票与债券，由于信用好，变现力强，所以流动性风险小，而一些不知名的中小企业发行的证券，流动性风险则较大。一般来说，在其他因素相同的情况下，流动性风险影响证券利率的差距介于1%~2%，即流动性风险报酬率。

（3）期限性风险报酬率，也称为期限风险溢酬（Maturity Risk Premium）。一项负债到期日越长，债权人承受的不确定因素就越多，承担的风险也就越大。为弥补这种风险而提高的利率水平，就叫作期限风险溢酬。

【学思笃行】企业的财务管理活动受以上环境的影响，同时，企业的经营活动也会给自然环境带来影响。党的二十大报告指出："必须牢固树立和践行绿水青山就是金山银山的理念，站在人与自然和谐共生的高度谋划发展。"这不仅是对新时代十年生态文明建设成功经验的深刻总结，也是对新征程上正确处理人与自然关系提出的新要求。学习贯彻党的二十大精神，就要深刻领会促进人与自然和谐共生是中国式现代化的应有之义，是实现高质量发展的重要内容，也是企业财务管理活动中需要考虑的重要方面。

第四节 财务管理环节

财务管理环节是指财务管理工作的各个阶段。财务管理的基本环节包括：财务预测、财务决策、财务计划、财务控制、财务分析。这些管理环节互相配合、紧密联系，形成周而复始的财务管理循环过程，构成完整的财务管理工作体系。

一、财务预测

财务预测是根据财务活动的历史资料，考虑现实的要求和条件，对企业未来的财务活动和财务成果做出科学的预计和测算。现代财务管理必须具备预测这个“望远镜”，以便把握未来，明确方向。财务预测环节的作用在于：测算各项生产经营方案的经济效益，为决策提供可靠的依据；预计财务收支的发展变化情况，以确定经营目标；测定各项定额和标准，为编制计划、分解计划指标服务。财务预测环节是在前一个财务管理循环基础上进行的，运用已取得的规律性的认识指导未来。它既是两个管理循环的联结点，又是财务决策环节的必要前提。财务预测环节的工作步骤如下：

（一）明确预测对象和目的

预测的对象和目的不同，则预测资料的搜集、预测模型的建立、预测方法的选择、预测结果的表现方式等也有不同的要求。为了达到预期的效果，必须根据管理决策的需要，明确预测的具体对象和目的，如降低成本、增加利润等，从而规定预测的范围。

（二）搜集和整理资料

根据预测的对象和目的，要广泛搜集有关的资料，包括企业内部和外部资料、财务和生产技术资料、计划和统计资料、本年和以前年度资料等。对资料要检查其可靠性、完整性和典型性，排除偶然性因素的干扰；还应对各项指标进行归类、汇总、调整等加工处理，使资料符合预测的需要。

（三）选择预测模型

根据影响预测对象的各个因素之间的相互联系，选择相应的财务预测模型。常见的财务预测模型有时间序列预测模型、因果关系预测模型、回归分析预测模型等。

（四）实施财务预测

将经过加工整理的资料进行系统的研究，代入财务预测模型，采用适当的预测方法，进行定性、定量分析，确定预测结果。

财务预测的方法有许多种，常用的有定性预测法和定量预测法，前者可分为经验判断法和调查研究法，后者可分为趋势预测法和因果预测法。

二、财务决策

财务决策是根据企业经营战略的要求和国家宏观经济政策的要求，从提高企业经济效益的理财目标出发，在若干个可以选择的财务活动方案中，选择一个最优方案的过程。在财务活动预期方案只有一个时，决定是否采用这个方案也属于决策问题。在市场经济条件下，财务管理的核心是财务决策。在财务预测基础上所进行的财务决策，是编制财务计划、进行财务控制的基础。决策的成功是最大的成功，决策的失误是最大的失误，决策关系着企业的成败兴衰。财务决策环节的工作步骤如下：

（一）确定决策目标

根据企业经营目标，在调查研究财务状况的基础上，确定财务决策所要解决的问题，如发行股票和债券的决策、设备更新和购置的决策、对外投资的决策等，然后搜集企业内部的各种信息和外部的情报资料，为解决决策面临的问题做好准备。

（二）拟订备选方案

在预测未来有关因素的基础上，提出各种为达到财务决策目标而考虑的各种备选的行动方案。拟订备选方案时，对方案中决定现金流出、流入的各种因素，要做周密的考量和计算；拟订备选方案后，还要研究各方案的可行性、各方案实施的有利条件和制约条件。

（三）评价各种方案，选择最优方案

备选方案提出后，根据一定的评价标准，采用有关的评价方法，评定出各方案的优劣或经济价值，从中选择一个预期效果最佳的财务决策方案。经择优选出的方案，如涉及重要的财务活动（如筹资方案、投资方案等），还要进行一次鉴定，经过专家鉴定认为决策方案切实可行，方能付诸实施。

财务决策的方法主要有优选对比法和数学模型法，前者有总量对比法、差量对比法、指标对比法等，后者有数学微分法、线性规划法、概率决策法、损益决策法等。

三、财务计划

财务计划工作是运用科学的技术手段和数学方法，对目标进行综合平衡，制定主要计划指标，拟定增产节约措施，协调各项计划指标。它是落实企业奋斗目标和保证措施的必要环节。财务计划是以财务决策确定的方案和财务预测提供的信息为基础来编制的，它是财务预测和财务决策的具体化、系统化，又是控制财务收支活动、分析生产经营成果的依据。

企业财务计划主要包括资金筹集计划、固定资产投资和折旧计划、流动资产占用和周转计划、对外投资计划、利润和利润分配计划。除了各项计划表格以外，还要附列财务计划说明书。编制财务计划要做好以下工作：

（一）分析主客观条件，确定主要指标

按照国家产业政策和企业财务决策的要求，根据供、产、销条件和企业生产能力，运用各种科学方法，分析与所确定的经营目标有关的各种因素，按照总体经济效益的原则，确定出主要的计划指标。

（二）安排生产要素，组织综合平衡

要合理安排人力、物力、财力，使之与经营目标的要求相适应，在财力平衡方面，要组织流动资金同固定资金的平衡、资金运用同资金来源的平衡、财务支出同财务收入的平衡等。还要努力挖掘企业潜力，从提高经济效益出发，对企业各方面生产经营活动提出要求，制定好各单位的增产节约措施，制定和修订各项定额，以保证计划指标的落实。

（三）编制计划表格，协调各项指标

以经营目标为核心，以平均先进定额为基础，计算企业计划期内资金占用、成本、利润等各项计划指标，编制出财务计划表，并检查、核对各项有关计划指标是否密切衔接、协调平衡。

常见的财务计划编制方法有固定计划法、弹性计划法和滚动计划法。

四、财务控制

财务控制是在生产经营活动的过程中，以计划任务和各项定额为依据，对资金的收入、支出、占用、耗费进行日常的核算，利用特定手段对各单位财务活动进行调节，以便实现计划规定的财务目标。财务控制是落实计划任务、保证计划实现的有效措施。

财务控制要适应管理定量化的需要，抓好以下几项工作：

（一）制定控制标准，分解落实责任

按照责、权、利相结合的原则，将计划任务以标准或指标的形式分解落实到车间、科室、班组以至个人，即通常所说的指标分解。这样，企业内部每个单位、每个职工都有明确的工作要求，便于落实责任、检查考核。通过计划指标的分解，可以把计划任务变成各单位和个人控制得住、实现得了的数量要求，在企业形成一个“个人保班组、班组保车间、车间保全厂”的经济指标体系，使计划指标的实现有坚实的群众基础。对资金的收付、费用的支出、物资的占用等，要运用各种手段（如限额领料单、费用控制手册、流通券、内部货币等）进行事先控制。凡是符合标准的，就予以支持，并给予机动权限；凡是不符合标准的，则加以限制，并研究处理。

（二）确定执行差异，及时消除差异

按照“干什么，管什么，算什么”的原则，详细记录指标执行情况，将实际同标准进行对比，确定差异的程度和性质。要经常预计财务指标的完成情况，考察可能出现的变动趋势，及时发出信号，揭露生产经营过程中发生的矛盾。此外，还要及时分析差异形成的原因，确定造成差异的责任归属，采取切实有效的措施，调整实际过程（或调整标准），消除差异，以便顺利完成计划指标。

（三）评价单位业绩，搞好考核奖惩

在一定时期终了时，企业应对各责任单位的计划执行情况进行评价，考核各项财务指标的执行结果，把财务指标的考核纳入各级岗位责任制，运用激励机制，实行奖优罚劣。财务控制环节的特征在于差异管理，在标准确定的前提下，应遵循例外原则，及时发现差异，分析差异，采取措施，调节差异。

常见的财务控制方法有防护性控制、前馈性控制和反馈性控制。

五、财务分析

财务分析是以核算资料为主要依据，对企业财务活动的过程和结果进行评价和剖析的一项工作。借助于财务分析，可以掌握各项财务计划指标的完成情况，有利于改善财务预测、决策、计划工作；还可以总结经验，研究和掌握企业财务活动的规律性，不断改进财务管理。企业财务人员要通过财务分析提高业务工作水平，搞好业务工作。进行财务分析的一般程序如下：

（一）搜集资料，掌握情况

开展财务分析首先应充分占有有关资料和信息。财务分析所用的资料通常包括财务报告资料、财务计划资料、历史资料及市场调查资料。

（二）指标对比，揭露矛盾

对比分析是揭露矛盾、发现问题的基本方法。先进与落后、节约与浪费、成绩与缺点，只有通过对比分析才能辨别出来。财务分析要在充分占有资料的基础上，通过数量指标的对比来评价业绩，发现问题，找出差异，揭露矛盾。

（三）因素分析，明确责任

通过对比分析，可以找出差距，揭露矛盾，但为了说明产生问题的原因，还需要进行因素分析。影响企业财务活动的因素，有生产技术方面的，也有生产组织方面的；有经济管理方面的，也有思想政治方面的；有企业内部的，也有企业外部的。进行因素分析，就是要查明影响财务指标完成的各项因素，并从各种因素的相互作用中找出影响财务指标完成的主要因素，以便分清责任，抓住关键。

（四）提出措施，改进工作

要在掌握大量资料的基础上，去伪存真，去粗取精，由此及彼，由表及里，找出各种财务活动之间及财务活动同其他经济活动之间的本质联系，然后提出改进措施。提出的措施应当明确具体，切实可行。要落实措施，应当确定负责人员，规定落实的期限。措施一经确定，就要组织各方面的力量认真贯彻执行。要通过改进措施的落实，完善经营管理工作，推动财务管理发展到更高水平的循环。

财务分析的方法有很多，主要有对比分析法、比率分析法和因素分析法等。

本章小结

企业财务是指企业在生产经营过程中的资金运动及所体现的经济利益关系，企业财务管理是指企业组织财务活动、处理财务关系的一项经济管理工作。财务管理的内容包含两部分：一是组织财务活动，包括筹资、投资、资金营运和分配活动；二是处理财务关系，即处理企业与投资人、债权人、政府、受资者、债务人、内部各部门及职工之间的财务关系。企业财务目标是企业进行财务活动所要达到的根本目的。企业财务管理的目标主要有以下几种观点：利润最大化、每股收益最大化、股东财富最大化和企业价值最大化。财务管理环境是指对企业财务管理活动产生影响的企业内部和外部各种作用因素的集合，主要包括经济环境、法律环境和金融市场环境。财务管理的环节包括财务预测、财务决策、财务计划、财务控制、财务分析。

核心词汇

财务　财务活动　财务管理　财务管理目标　财务管理环境　金融市场

思政小课堂

随着经济社会的不断发展，企业的影响力不仅体现在业绩和品牌上，其对环境变化、社会生态的责任更能体现出长期的投资价值。

众所周知，白酒是重污染行业，生产过程中产生的有机废水、废气等污染物以及工业废渣等，是企业不可回避的问题，因此，在“双碳”目标的大环境下，对于传统的白酒行业来说，ESG是其必须要抓住的新方向。

2022年4月，证监会发布《上市公司投资者关系管理工作指引（2022）》，首次将

ESG纳入上市公司投资者关系管理的沟通内容中。上交所与深交所也于2022年年初修订《股票上市规则》，明确了社会责任报告等非财务信息的披露要求。

据Wind ESG数据统计，截至2022年4月30日，已有1 410家A股上市公司披露独立ESG报告，占全部A股公司数的29%，较上年增长22.5%。可见重视程度逐渐提高，尤其在A股占据重要位置的白酒股，在ESG信息披露方面更加具有代表意义。

知识演练

一、单项选择题

1.企业筹措和集中资金的财务活动是指（　　）。

A.分配活动　　B.投资活动

C.决策活动　　D.筹资活动

2.企业财务管理的核心工作环节为（　　）。

A.财务预测　　B.财务决策

C.财务预算　　D.财务控制

3.以企业价值最大化作为财务管理目标存在的问题是（　　）。

A.没有考虑资金的时间价值　　B.没有考虑投资的风险价值

C.企业的价值难以评定　　D.容易引起企业的短期行为

4.（　　）是财务预测和财务决策的具体化，是财务控制和财务分析的依据。

A.财务预测　　B.财务决策　　C.财务控制　　D.财务计划

5.作为企业财务管理目标，每股收益最大化目标较之利润最大化目标的优点在于（　　）。

A.考虑了资金的时间价值

B.考虑了投资风险价值

C.反映了创造利润与投入资本之间的关系

D.能够避免企业的短期行为

6.财务管理的目标可用股东财富最大化来表示，能表明股东财富的指标是（　　）。

A.利润总额　　B.每股利润　　C.资本利润率　　D.每股股价

7.企业的财务活动是（　　）。

A.资金运动　　B.产品运动　　C.实物商品运动　　D.金融商品运动

8.下列关于财务管理目标的说法，（　　）观点反映了对企业资产保值增值的要求，并克服了管理上的片面性和短期行为。

A.利润最大化　　B.每股利润最大化

C.企业价值最大化　　D.每股收益最大化

9.企业与受资者之间的财务关系是（　　）。

A.债权关系　　B.债务关系　　C.所有权关系　　D.资金结算关系

10.下列关于财务管理内容的说法中，不正确的是（　　）。

A.公司财务管理的最终目标是公司价值最大化

B.公司价值增加的主要途径是提高收益率和减少风险

C.公司收益率的高低和风险的大小取决于公司的投资项目、资本结构和股利分配政策

D.公司财务管理的主要内容仅指投资管理和筹资管理

11.企业价值通常是指（　　）。

A.企业全部资产的账面价值　　B.企业全部资产的市场价值

C.企业有形资产的账面价值　　D.企业的清算价值

12.企业价值最大化目标强调的是企业的（　　）。

A.实际利润额　　B.实际利润率　　C.预期获利能力　　D.生产能力

13.企业的理财目标应该是（　　）。

A.利润最大化　　B.普通股每股盈利最大化

C.企业价值最大化　　D.产值最大化

二、多项选择题

1.企业财务活动主要包括（　　）。

A.筹资活动　　B.投资活动　　C.人事管理活动　　D.分配活动

2.由于（　　），以企业价值最大化作为财务管理目标，通常被认为是一个较为合理的财务管理目标。

A.股票价格能反映企业所有者权益的价值

B.考虑了资金的时间价值

C.考虑了投资风险价值

D.企业价值容易确定

3.企业财务管理目标如果定为利润最大化，它存在的缺点为（　　）。

A.没有考虑资金的时间价值　　B.没有考虑投资风险价值

C.不能反映利润与投入资本的关系　　D.可能导致企业短期行为

4.企业财务管理包括（　　）等环节。

A.财务预测　　B.财务决策　　C.财务控制　　D.财务分析

5.财务管理环境主要包括（　　）。

A.经济环境　　B.法律环境

C.金融市场环境　　D.政治环境

6.金融市场利率由（　　）构成。

A.每股利润最大化　　B.纯利率

C.通货膨胀补偿率　　D.风险报酬率

7.经营者的目标与股东不完全一致，有时为了自身的目标而背离股东的利益，这种背离表现在（　　）。

A.道德风险　　B.公众利益　　C.社会责任　　D.逆向选择

三、判断题

1.以企业价值最大化作为财务管理的目标考虑了资金的时间价值，但没有考虑投资的风险价值。（　　）

2.企业价值就是账面资产价值。（　　）

3.企业资金运动的实质反映的是经济利益关系。 ( )

4.在金融市场上，资金被当作一种特殊的商品来交易，其交易价格表现为利率。 ( )

5.在风险相同时，提高投资报酬率能够增加股东财富。 ( )

6.企业组织财务活动中与有关各方所发生的经济利益关系称为财务关系，但不包括企业与职工之间的关系。 ( )

7.企业与税务机关之间的财务关系体现为依法纳税与依法征税的关系。 ( )

8.企业的资金运动，又称为企业的财务活动。 ( )

9.企业在追求自己的利润目标时，会使社会受益，因此企业目标和社会目标是完全一致的。 ( )

10.股东财富最大化，也称为股票价格最高化。 ( )

四、讨论题

1.简述以企业价值最大化作为财务管理目标的优缺点。

2.企业的财务关系通常包括哪些基本内容?

3.最具有代表性的财务管理目标主要是哪几种观点?

第二章

资金时间价值

学习目标

企业在实现高质量发展的过程中，首先要具备可持续的价值创造能力，而衡量价值增值各项指标的计算，都离不开资金时间价值这个财务管理中的重要原则。企业不管是进行财务管理工作，还是进行筹资或投资的理财活动，都必须树立资金时间价值观念。在我们个人理财活动中，也需要树立资金时间价值观念。该部分内容亦是后续各章节学习的理论基础。

通过本章的学习，应达到以下目标：

1.思政目标：

※认识到时间的魔力，懂得珍惜时间、不负韶华。

2.知识目标

※理解资金时间价值的含义；

※掌握单利、复利及年金终值与现值的计算。

3.能力目标

※能够运用资金时间价值的观念思考问题、分析问题和解决问题。

引导案例

一诺千金的玫瑰花信誉

1797年3月，拿破仑在卢森堡第一国立小学演讲时，潇洒地把一束价值3路易的玫瑰花送给该校的校长，并且说了这样一番话：“为了答谢贵校对我，尤其是对我夫人约瑟芬的盛情款待，我不仅今天呈献上一束玫瑰花，并且在未来的日子里，只要我们法兰西存在一天，每年的今天我都将派人送给贵校一束价值相等的玫瑰花，作为法兰西与卢森堡友谊的象征。”从此，卢森堡这个小国就对这“欧洲巨人与卢森堡孩子亲切、和谐相处的一刻”念念不忘，并载入史册。

后来，拿破仑穷于应付连绵的战争和此起彼伏的政治事件，并最终因失败而被流放到圣赫勒那岛，自然也把对卢森堡的承诺忘得一干二净。

谁都不曾料到，1984年年底，卢森堡人竟旧事重提，向法国政府提出这“赠送玫瑰花”的诺言，并且要求索赔。他们要求法国政府：要么从1798年起，用3个路易作为一束玫瑰花的本金，以5%的年利率复利计息全部清偿；要么在法国各大报刊上公开承认拿破仑是个言而无信的小人。

法国政府当然不想有损拿破仑的声誉，但电脑算出来的数字让他们惊呆了：原本3路易的许诺，至今本息已高达1 375 596法郎。最后，法国政府通过冥思苦想，才找到一个使卢森堡比较满意的答复：“以后无论在精神上还是在物质上，法国将始终不渝地对卢森堡的中小学教育事业予以支持与赞助，来兑现我们的拿破仑将军那一诺千金的玫瑰花信誓。”

也许拿破仑至死也没想到，自己一时“即兴”的言辞会给法兰西带来这样的尴尬。

资料来源　根据中华励志网名人小故事整理。

【案例思考】

同学们来算一算：

1797年3路易的一束玫瑰花，为何到1984年年底本息竟达1 375 596法郎呢？（1路易=50法郎）

第一节　资金时间价值的含义

一、资金时间价值的概念

资金的时间价值是指一定量资金在不同时点上价值量的差额，也称为货币的时间价值。资金在周转过程中会随着时间的推移而发生增值，使资金在投入、收回的不同时点上价值不同，形成价值差额。

日常生活中，经常会遇到这样一种现象：一定量的资金在不同时点上具有不同价值，现在的1元钱比将来的1元钱更值钱。例如，某人现在有1 000元，存入银行，银行的年利率为5%，1年后可得到1 050元，于是现在的1 000元与1年后的1 050元相等。因为这1 000元经过1年的时间增值了50元，这增值的50元就是资金经过1年时间的价值。同样，企业的资金投到生产经营中，经过生产过程的不断运行，资金的不断运动，随着时间的推移，会创造新的价值，使资金得以增值。因此，一定量的资金投入生产经营或存入银行，会取得一定利润和利息，从而产生资金的时间价值。

二、资金时间价值产生的条件

资金时间价值产生的前提条件，是由于商品经济的高度发展和借贷关系的普遍存在，出现了资金使用权与所有权的分离，资金的所有者把资金使用权转让给使用者，使用者必须把资金增值的一部分支付给资金的所有者作为报酬，资金占用的金额越大，使用的时间越长，所有者所要求的报酬就越高。而资金在周转过程中的价值增值是资金时间价值产生的根本源泉。

从上述描述中可以发现，并不是所有的资金都有时间价值，只有进入生产流通领域的资金才能产生时间价值。

【学思笃行】只有合理地利用时间，时间才能创造出价值。对于企业来说，资金只有进入生产流通领域才能实现增值，也就是资金只有“动”起来，时间才能为其带来增值，如果只是“静止”状态下的资金，不但实现不了增值，反而会随着时间推移发生贬值。对于我们同学来说也是一样的，“生命在于运动”，人只有充分发挥主观能动性，让自己“动”起来，才能在时间的淬炼中实现自己的人生价值。

三、资金时间价值的表示

资金的时间价值可用绝对数（利息）和相对数（利息率）两种形式表示，通常用相对数表示。例如，将现在的1元钱存入银行，假设存款利率为10%，1年后可得到1.1元。这1元钱经过1年时间的投资增加了0.1元，这就是货币时间价值的绝对值。在实务中，人们习惯使用相对数表示货币时间价值，即用增加价值占投入货币的百分数来表示。如前所述，这0.1元对应的价值增值率为10%，即1元资金1年的时间价值为10%。

但是在实际工作中，这两种表示方法并没有严格的区别，通常人们习惯以利息率进行计量，利息率是没有风险和没有通货膨胀条件下的社会平均资金利润率，是企业资金利润率的最低限度，也是使用资金的最低成本率。

小贴士

在实务中，我们经常会碰到各种形式的利息率，比如贷款利率、存款利率、投资者要求的必要报酬率、股票的股息率、债券的利率等都是以相对数来表示的，它们与资金时间价值是有区别的，在没有风险与通货膨胀的情况下，上述利率才与资金时间价值相同！

由于资金在不同时点上具有不同的价值，不同时点上的资金就不能直接比较，必须换算到相同的时点上才能比较。因此，掌握资金时间价值的计算就很重要。资金时间价值的计算包括一次性收付款项和非一次性收付款项（年金）的终值、现值的计算。

四、计算资金时间价值的工具

计算资金时间价值，需要清楚三个要点：第一是资金运动发生的时间，即每笔资金是在哪个时点上发生的；第二是资金的流向，即从特定主体的角度看，资金是流入还是流出；第三是资金的金额，即在不同时点上，资金流入或流出的金额。为了让复杂的问题简单化，教材中引入了现金流量时间线这一重要的计算资金时间价值的工具，它可以直观地反映出资金运动发生的时间、方向及金额。图2-1是比较典型的现金流量时间线。

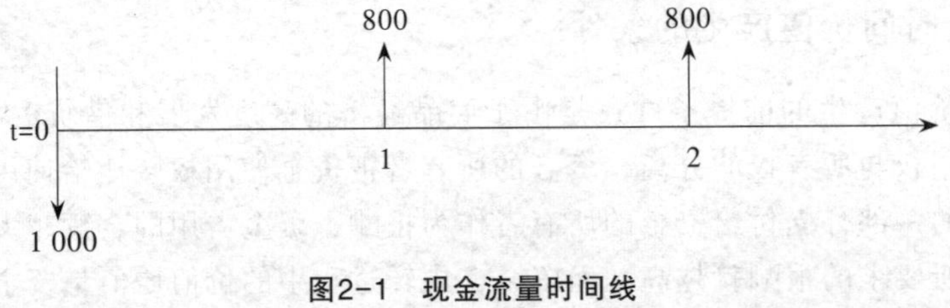

图2-1 现金流量时间线

在图2-1中，横轴为时间轴，箭头方向表示时间的增加。该时间轴上的三个要素分别为：(1) 时间点。t=0的含义代表现在（目前），也是第1期的期初；t=1代表第1期期末，也是第2期期初；依此类推，t=2代表的就是第2期期末，也即第3期期初。(2) 方向。每个时间点上的箭头代表了现金流的方向，通常情况下，箭头向下代表现金流出，箭头向上代表现金流入，也可以用“-”号来标注现金流出。(3) 金额。在对应的时间点上标出的1 000、800代表的就是现金流入流出的金额。从该图中可以看出，目前现金流出1 000元，在第1、2期期末分别有现金流入800元。

现金流量时间线对于理解复杂问题将会起到极大的作用，教材中也会多次使用该工具，帮助读者理解复杂问题。

第二节　一次性收付款项终值和现值的计算

一次性收付款项是指在某一特定时点上一次性支出或收入，经过一段时间后再一次性收回或支出的款项。例如，现在将一笔10 000元的现金存入银行，5年后一次性取出本利和。

资金时间价值的计算，涉及两个重要的概念：现值和终值。现值又称本金，是指未来某一时点上的一定量现金折算到现在的价值。终值又称将来值或本利和，是指现在一定量的现金在将来某一时点上的价值。由于终值与现值的计算与利息的计算方法有关，而利息的计算有复利和单利两种，因此终值与现值的计算也有复利和单利之分。在财务管理中，资金时间价值一般按复利来计算。

一、单利的现值和终值

单利是指只对本金计算利息，利息部分不再计息，通常用P表示现值，F表示终值，i表示利率（贴现率、折现率），n表示计算利息的期数，I表示利息。

1.单利的利息

$$I = P \times i \times n$$

2.单利的终值

$$F = P \times (1 + i \times n)$$

3.单利的现值

$$P = \frac{F}{1 + i \times n}$$

【例2-1】某人将一笔5 000元的现金存入银行，单利计息，1年期定期利率为5%。要求：计算第一年和第二年的利息、终值。

$$I_1 = P \times i \times n = 5\,000 \times 5\% \times 1 = 250\text{（元）}$$

$$I_2 = P \times i \times n = 5\,000 \times 5\% \times 2 = 500\text{（元）}$$

$$F_1 = P \times (1 + i \times n) = 5\,000 \times (1 + 5\% \times 1) = 5\,250\text{（元）}$$

$$F_2 = P \times (1 + i \times n) = 5\,000 \times (1 + 5\% \times 2) = 5\,500\text{（元）}$$

从上面的计算中，显而易见，第一年的利息在第二年不再计息，只有本金在第二年计息。

小贴士

本教材中如无特殊说明，给出的利率均为年利率。

【例 2-2】某人希望5年后获得10 000元本利和，单利计息，银行利率为5%。要求：计算现在须存入银行多少资金。

$$P=\frac{F}{1+i\times n}=\frac{10\,000}{(1+5\%\times 5)}=8\,000\text{（元）}$$

小贴士

上面求现值的计算，也可称贴现值的计算，贴现使用的利率又称为贴现率。

二、复利的现值和终值

复利是指不仅对本金要计息，而且对本金所生的利息也要计息，即“利滚利”。

（一）复利的终值

复利的终值是指一定量的本金按复利计算的若干年后的本利和。

若某人将本金存放于银行，年利率为i，则：

第一年的本利和为：$F=P+P\times i=P\times(1+i)$

第二年的本利和为：$F=P\times(1+i)\times(1+i)=P\times(1+i)^2$

第三年的本利和为：$F=P\times(1+i)^2\times(1+i)=P\times(1+i)^3$

第n年的本利和为：$F=P\times(1+i)^n$

上式中$(1+i)^n$称为“复利终值系数”或“1元复利终值系数”，用符号（F/P，i，n）表示。复利终值系数可以通过查阅复利终值系数表直接获得。

【例 2-3】某人现在将5 000元存入银行，银行利率为5%，采用复利计息。要求：计算第一年和第二年的本利和。

第一年的 $F=P\times(1+i)=5\,000\times(F/P,5\%,1)=5\,000\times1.05=5\,250$（元）

第二年的 $F=P\times(1+i)^2=5\,000\times(F/P,5\%,2)=5\,000\times1.1025=5\,512.5$（元）

上式中的（F/P，5%，2）表示利率为5%、期限为2年的复利终值系数，在复利终值系数表上，我们可以从横行中找到利率5%，纵列中找到期数2年，纵横相交处，可查到（F/P，5%，2）=1.1025。该系数表明，在年利率为5%的条件下，现在的1元与2年后的1.1025元相等。

将单利终值与复利终值比较，发现在第一年单利终值和复利终值是相等的，在第二年单利终值和复利终值不相等，两者相差12.5元，这是因为第一年本金所生的利息在第二年也要计算利息，即250×5%=12.5（元）。因此，从第二年开始，单利终值和复利终值是不相等的。

（二）复利的现值

复利现值，是指在将来某一特定时间取得或支出一定数额的资金，按复利折算到现在的价值。

复利现值的计算公式为：

$$P=F/(1+i)^n=F\times(1+i)^{-n}$$

式中的$(1+i)^{-n}$称为“复利现值系数”或“1元复利现值系数”，用符号（P/F，i，n）

表示，其数值可查阅复利现值系数表直接获得。

【例2-4】某人希望5年后获得10 000元本利，银行利率为5%，复利计息。要求：计算某人现在应存入银行多少资金。

$P=F\times(1+i)^{-n}=F\times(P/F, 5\%, 5)=10\,000\times0.7835=7\,835$（元）

（P/F，5%，5）表示利率为5%、期限为5年的复利现值系数。同样，我们在复利现值系数表上，从横行中找到利率5%，纵列中找到期限5年，两者相交处，可查到（P/F，5%，5）=0.7835。该系数表明，在年利率为5%的条件下，5年后的1元与现在的0.7835元相等。

（三）复利利息的计算

$I=F-P$

【例2-5】根据【例2-4】资料，要求：计算5年的利息。

$I=F-P=10\,000-7\,835=2\,165$（元）

【学思笃行】请同学们计算两个公式，分别是$(1+0.01)^{365\times2}$和$(1-0.01)^{365\times2}$。通过计算你会发现，$(1+0.01)^{365\times2}\approx1\,427.58$，而$(1-0.01)^{365\times2}\approx0$。

第一个公式告诉我们“不积跬步，无以至千里”，而第二个公式则警示我们“差之毫厘，失之千里”。

如果你是一位刚进入校门的大学生，是否前两年也在迷茫中蹉跎岁月，那么这两个公式将会告诉你“每天进步一点点”与“每天懈怠一点点”带来的差异。你只需坚持每天进步一点点，时间带来的改变将超出你的预期。

第三节 非一次性收付款项（年金）的终值和现值的计算

年金是指一定时期内，每隔相同的时间，收入或支出相同金额的系列款项。例如，折旧、租金、等额分期付款、养老金、保险费等都属于年金问题。年金具有连续性和等额性特点。连续性要求在一定时间内，间隔相等时间就要发生一次收支业务，中间不得中断，必须形成系列。等额性要求每期收、付款项的金额必须相等。

年金根据每次收付发生的时点不同，可分为普通年金、预付年金、递延年金和永续年金四种。

一、普通年金

普通年金是指在每期的期末，间隔相等时间，收入或支出相等金额的系列款项。每一间隔期，有期初和期末两个时点，由于普通年金是在期末这个时点上发生收付，故又称后付年金。

（一）普通年金的终值

普通年金的终值是指每期期末收入或支出的相等款项，按复利计算，在最后一期所得的本利和。每期期末收入或支出的款项用A表示，利率用i表示，期数用n表示，那么每期期末收入或支出的款项，折算到第n年的终值如图2-2所示。

根据年金终值的定义，结合图2-2，我们可以将普通年金终值的计算归纳为公式如下：

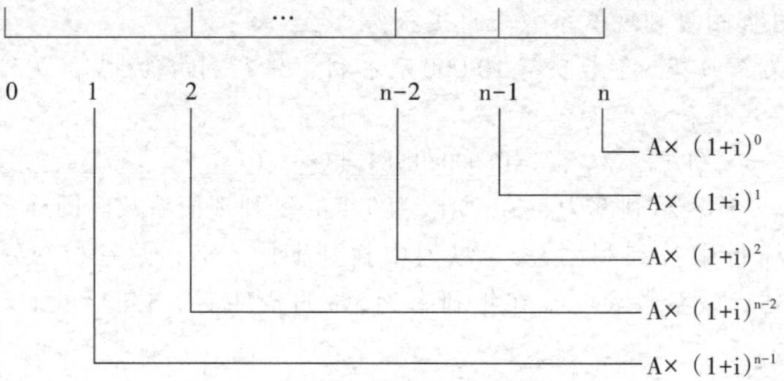

图2-2　普通年金终值计算图

$$FA = A \times (1+i)^0 + A \times (1+i)^1 + A \times (1+i)^2 + \cdots + A \times (1+i)^{n-1}$$

根据等比数列前n项求和公式：

$$S_n = \frac{a_1(1-q^n)}{1-q}$$

整理可得：

$$FA = A \times \frac{(1+i)^n - 1}{i}$$

式中，FA表示年金终值（Future Value of Annuity）；A表示年金（Annuity）；$\frac{(1+i)^n - 1}{i}$通常称作年金终值系数，用符号（F/A，i，n）表示，如（F/A，5%，6）表示利率为5%、6年期年金终值系数。年金终值系数可以通过查阅年金终值系数表直接获得。

【例2-6】某人连续5年每年年末存入银行10 000元，银行利率为5%。要求：计算第5年年末的本利和。

FA=A×（F/A，5%，5）=10 000×5.5256=55 256（元）

上面的计算表明，每年年末存10 000元，连续存5年，到第5年年末可得55 256元。

（二）年偿债基金

计算年金终值，一般是已知年金，然后求终值。有时我们会碰到已知年金终值，反过来求每年支付的年金数额，这是年金终值的逆运算，我们把它称作年偿债基金的计算，计算公式如下：

$$A = FA \times \frac{i}{(1+i)^n - 1}$$

$\frac{i}{(1+i)^n - 1}$称作“偿债基金系数”，记为（A/F，i，n），可根据年金终值系数的倒数来得到，即：（A/F，i，n）=1/（F/A，i，n）。利用偿债基金系数可把年金终值折算为每年需要支付的年金数额。

【例2-7】某人在5年后要偿还一笔50 000元的债务，银行利率为5%。要求：为归还这笔债务，每年年末应存入银行多少元？

A=FA×（A/F，i，n）=50 000×（A/F，5%，5）

=50 000×［1/（F/A，5%，5）］

=50 000×1/5.5256 =9 048.79（元）

银行利率为5%，每年年末存入银行9 048.79元，5年后才能还清债务50 000元。

（三）普通年金的现值

普通年金的现值是指一定时期内每期期末等额收支款项的复利现值之和。实际上就是指为了在每期期末取得或支出相等金额的款项，现在需要一次投入或借入多少金额。普通年金现值用PA表示，其计算如图2-3所示。

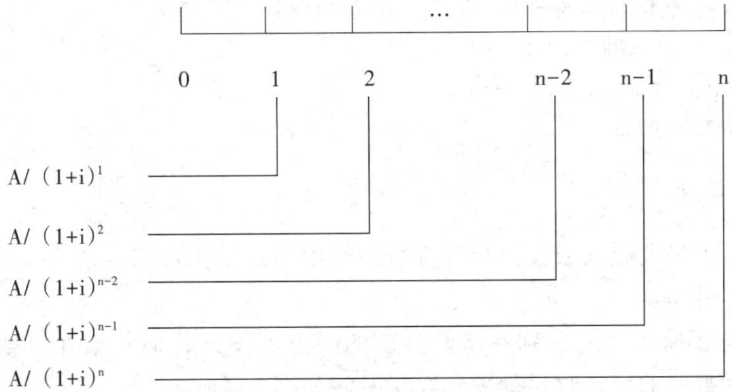

图2-3　普通年金现值计算图

根据普通年金现值的定义，结合图2-3，我们可以将普通年金现值的计算归纳为公式如下：

$$PA=A\times\frac{1}{1+i}+A\times\frac{1}{(1+i)^2}+\cdots+A\times\frac{1}{(1+i)^{n-2}}+A\times\frac{1}{(1+i)^{n-1}}+A\times\frac{1}{(1+i)^n}$$

同样，根据等比数列前n项求和公式：

$$S_n=\frac{a_1(1-q^n)}{1-q}$$

整理可得：

$$PA=A\times\frac{1-(1+i)^{-n}}{i}$$

式中，PA表示年金现值（Present Value of Annuity）；A表示年金（Annuity）；$\frac{1-(1+i)^{-n}}{i}$通常称作年金现值系数，用符号（P/A，i，n）表示，如（P/A，5%，6）表示利率为5%、6期年金现值系数。年金现值系数可以通过查阅年金现值系数表直接获得。

【例2-8】某人希望每年年末取得10 000元，连续取5年，银行利率为5%。要求：计算第一年年初应一次存入多少元。

PA=A×（P/A，i，n）=10 000×（P/A，5%，5）=10 000×4.3295

=43 295（元）

为了每年年末取得10 000元，第一年年初应一次存入43 295元。

（四）年回收额

上例是已知年金的条件下，计算年金的现值，也可以反过来在已知年金现值的条件下求年金，这是年金现值的逆运算，可称作年回收额的计算，计算公式如下：

$$A=PA\times\frac{i}{1-(1+i)^{-n}}$$

$\frac{i}{1-(1+i)^{-n}}$称作“投资回收系数”，记作（A/P，i，n），是年金现值系数的倒数，可利用年金现值系数的倒数来求得。

【例2-9】某人购入一套商品房，须向银行按揭贷款100万元，准备20年内于每年年末等额偿还，银行贷款利率为5%。要求：每年应归还多少元？

A=PA×（A/P，i，n）=100×（A/P，5%，20）

=100×［1/（P/A，5%，20）］

=100×1/12.4622=8.0243（万元）

二、预付年金

预付年金是指每期收入或支出相等金额的款项是发生在每期的期初，而不是期末，也称先付年金或即付年金。

预付年金与普通年金的区别在于收付款的时点不同，普通年金在每期的期末收付款项，预付年金在每期的期初收付款项，收付时间如图2-4所示。

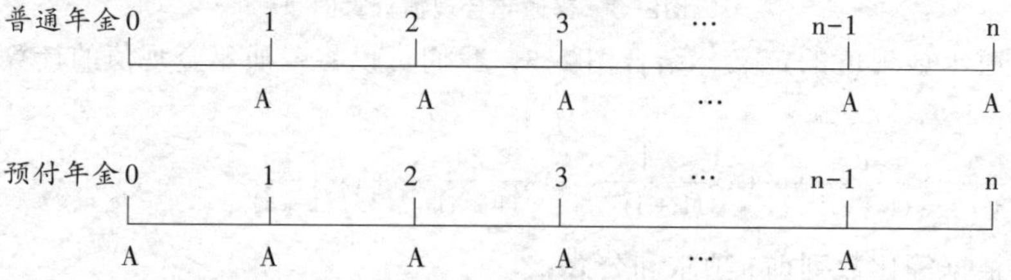

图2-4 普通年金与预付年金现金流量图

从上图可见，n期的预付年金与n期的普通年金，其收付款次数是一样的，只是收付款时点不一样。如果计算年金终值，预付年金要比普通年金多计一年的利息；如果计算年金现值，则预付年金要比普通年金少折现一年。因此，在普通年金的现值、终值的基础上，乘上（1+i）便可计算出预付年金的现值与终值。

（一）预付年金的终值

$$FA = A\times\frac{(1+i)^n-1}{i}\times(1+i)$$

$$= A\times\left[\frac{(1+i)^{n+1}-1}{i}-1\right]$$

$\frac{(1+i)^{n+1}-1}{i}-1$称作“预付年金终值系数”，记作［（F/A，i，n+1）-1］，可利用普通年金终值系数表查得（n+1）期的终值系数，然后减去1，就可得到预付年金终值系数。

【例2-10】将【例2-6】中收付款的时间改为每年年初，其余条件不变。要求：计算第五年年末的本利和。

FA=A×［（F/A，i，n+1）-1］

=10 000×［（F/A，5%，5+1）-1］

=10 000×（6.8019-1）=58 019（元）

与【例2-6】的普通年金终值相比，相差（58 019-55 256）= 2 763（元），该差额实际上就是预付年金比普通年金多计一年利息而造成的，即55 256×5%=2 763（元）。

> **小贴士**
>
> 预付年金求终值也可以在普通年金的基础上乘以（1+i）求得，以【例2-10】为例：
>
> FA=A×（F/A，i，n）×（1+i）=10 000×（F/A，5%，5）×（1+5%）
>
> =10 000×5.5256×1.05=58 018.8（元）

（二）预付年金的现值

$$PA = A \times \frac{1-(1+i)^{-n}}{i} \times (1+i)$$

$$= A \times [\frac{1-(1+i)^{-(n-1)}}{i} + 1]$$

$\frac{1-(1+i)^{-(n-1)}}{i} + 1$ 称作“预付年金现值系数”，记作［（P/A，i，n−1）+1］，利用普通年金现值系数表查得（n−1）期的现值系数，然后加上1，就可得到预付年金现值系数。

【例2-11】将【例2-8】中收付款的时间改在每年年初，其余条件不变。要求：计算第一年年初应一次存入多少钱。

PA=A×［（P/A，i，n−1）+1］=10 000×［（P/A，5%，5−1）+1］

=10 000×（3.5460+1）=45 460（元）

与【例2-8】普通年金现值相比，相差45 460−43 295=2 165（元），该差额实际上是由于预付年金现值比普通年金现值少折现一期造成的，即43 295×5%=2 165（元）。

> **小贴士**
>
> 预付年金现值也可以在普通年金现值的基础上乘以（1+i）求得，以【例2-11】为例：
>
> PA=A×（P/A，i，n）×（1+i）=10 000×（P/A，5%，5）×（1+5%）
>
> =10 000×4.3295×1.05=45 460（元）

三、递延年金

前两种年金的第一次收付时间都发生在整个收付期的第一期，要么在第一期期末，要么在第一期期初。但有时会遇到第一次收付不发生在第一期，而是隔了几期后才在以后的每期期末发生一系列的收支款项，这种年金形式就是递延年金，它是普通年金的特殊形式。因此，凡是不在第一期开始收付的年金，称为递延年金。图2-5可说明递延年金的支付特点。

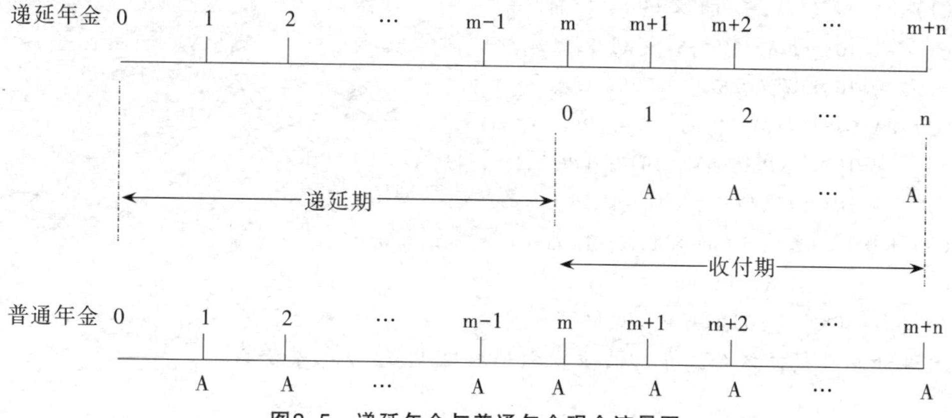

图2-5 递延年金与普通年金现金流量图

从图2-5中可知，递延年金的第一次年金收付没有发生在第一期，而是隔了m期（这m期就是递延期），在第m+1期的期末才发生第一次收付，并且在以后的n期内，每期期末均发生等额的现金收支。与普通年金相比，尽管期限一样，都是（m+n）期，但普通年金在（m+n）期内，每个期末都要发生收支，而递延年金在（m+n）期内，只在后n期发生收支，前m期无收支发生。

（一）递延年金的终值

在图2-5中，先不看递延期，年金一共支付了n期。只要将这n期年金折算到期末，即可得到递延年金终值。所以，递延年金终值的大小，与递延期无关，只与年金共支付了多少期有关，它的计算方法与普通年金相同。

FA=A×（F/A，i，n）

【例2-12】某企业于年初投资一项目，估计从第五年开始至第十年，每年年末可得收益10万元，假定年利率为5%。要求：计算投资项目年收益的终值。

FA=A×（F/A，i，n）=10×（F/A，5%，6）

=10×6.8019=68.019（万元）

（二）递延年金的现值

递延年金的现值可用三种方法来计算。

（1）把递延年金视为n期的普通年金，求出年金在递延期期末m点的现值，再将m点的现值调整到第一期期初。

PA=A×（P/A，i，n）×（P/F，i，m）

（2）先假设递延期也发生收支，则变成一个（m+n）期的普通年金，算出（m+n）期的年金现值，再扣除并未发生年金收支的m期递延期的年金现值，即可求得递延年金现值。

PA=A×［（P/A，i，m+n）—（P/A，i，m）］

（3）先算出递延年金的终值，再将终值折算到第一期期初，即可求得递延年金的现值。

PA=A×（F/A，i，n）×（P/F，i，m+n）

【例2-13】某企业年初投资一项目，希望从第五年开始每年年末取得10万元收益，投资期限为10年，假定年利率为5%。要求：计算该企业年初最多投资多少元才有利。

（1）PA=A×（P/A，i，n）×（P/F，i，m）

=10×（P/A，5%，6）×（P/F，5%，4）

=10×5.0757×0.8227=41.76（万元）

（2）PA=A×［（P/A，i，m+n）-（P/A，i，m）］

=10×［（P/A，5%，10）-（P/A，5%，4）］

=10×（7.7217-3.5460）=41.76（万元）

（3）PA=A×（F/A，i，n）×（P/F，i，m+n）

=10×（F/A，5%，6）×（P/F，5%，10）

=10×6.8019×0.6139=41.76（万元）

通过计算可知，该企业年初的投资额不超过41.76万元才合算。

四、永续年金

永续年金是指无限期地收入或支出相等金额的年金，也称永久年金。它也是普通年金的一种特殊形式，由于永续年金的期限趋于无限，没有终止时间，因而没有终值，只有现值。永续年金的现值计算公式如下：

$$PA = A \times \frac{1-(1+i)^{-n}}{i}$$

$$n \to +\infty，(1+i)^{-n} \to 0，PA = \frac{A}{i}$$

【例 2-14】某企业要建立一项永久性帮困基金，计划每年拿出5万元帮助失学儿童，年利率为5%。要求：计算现应筹集多少资金。

PA=A/i=5/5%=100（万元）

现应筹集到100万元资金，就可每年拿出5万元帮助失学的儿童。

第四节　资金时间价值计算的特殊问题

上述单利、复利都属于一次款项的收付，而在非一次款项收付中，我们只介绍了等额收付款项的现象，即四种形式的年金，这些都只描述了部分资金的收付，而在实务中，有些款项的收付是没有规律的，那么这些不等额收付的款项，如何计算终值和现值？前面章节中涉及的单利、复利和年金的计算一般以年为一个计息期，若计息期短于一年，那么资金时间价值计算中应该注意哪些问题呢？在前述内容中，我们在给定的贴现率和计息期下，计算了款项终值、现值或者年金A，那么，如何在已知条件下确定贴现率和计息期？下面将对这些问题进行一一介绍。

一、不规则现金流量现值的计算

实际生活中，并非所有款项都是等额收付的，有些现金流量的发生没有规律，称之为不规则现金流量，计算不规则现金流量现值只能逐笔计算其复利现值，其计算公式如下：

$$P = A_0 \times \frac{1}{(1+i)^0} + A_1 \times \frac{1}{(1+i)^1} + A_2 \times \frac{1}{(1+i)^2} + \cdots + A_n \times \frac{1}{(1+i)^n}$$

【例 2-15】某人拟投资一个项目，该项目前三年每年年初分别需要投资10万元、15万元和20万元，在贴现率为8%的情况下，该项投资的现值之和是多少？

$$P = 10 \times \frac{1}{(1+8\%)^0} + 15 \times \frac{1}{(1+8\%)^1} + 20 \times \frac{1}{(1+8\%)^2}$$

=41.04（万元）

二、年金和不规则现金流量混合情况下现值的计算

【例 2-16】接【例 2-15】，若该项目在第四年年初开始运行，在未来的10年中，每年年初需要投入流动资金8万元，在贴现率为8%的情况下，该项投资的现值之和是多少？

$$P = 10 \times \frac{1}{(1+8\%)^0} + 15 \times \frac{1}{(1+8\%)^1} + 20 \times \frac{1}{(1+8\%)^2} + 8 \times (P/A，8\%，10) \times (P/F，8\%，2)$$

=41.04+46.02=87.06（万元）

三、贴现率、期数的计算

在实际财务工作中，也会碰到已知现值和终值，需要求贴现率，或者投资回收期的问题，这些情况都可视为求终值或现值的逆运算，通常分为三个步骤来计算：第一步，求系数；第二步，查表；第三步，运用插值法求贴现率或者计息期。

【例2-17】某人投资10万元，预计每年可获得25 000元的回报，若项目的寿命期为5年，则投资回报率为多少？

第一步：求系数。

10=2.5×（P/A，i，5）

（P/A，i，5）=4

第二步：查表。查年金现值系数表，找出期限为5年，年金现值系数大于4和小于4所对应的利率：

7%	4.1002
8%	3.9927

第三步：运用插值法求投资回报率。

7%	4.1002
i	4
8%	3.9927

根据贴现率和年金现值系数之间的关系可列方程式：

$$\frac{i-7\%}{8\%-7\%}=\frac{4-4.1002}{3.9927-4.1002}$$

解得：i=7.93%

【例2-18】某人投资10万元，每年可获得25 000元的回报，若希望投资回报率达到6%，该项目的寿命期应为多少？

第一步：求系数。

10=2.5×（P/A，6%，n）

（P/A，6%，n）=4

第二步：查表。查年金现值系数表，找出利率为6%时，年金现值系数大于4和小于4所对应的期限：

4	3.4651
5	4.2124

第三步：运用插值法求计息期。

4	3.4651
n	4
5	4.2124

根据贴现率和年金现值系数之间的关系可列方程式：

$$\frac{n-4}{5-4}=\frac{4-3.4651}{4.2124-3.4651}$$

解得：n=4.72年

四、名义利率和实际利率

（一）计息期短于1年的资金时间价值计算

在前面的复利计算中，所涉及的利率均假设为年利率，并且每年复利一次。但在实际业务中，复利的计算期不一定是1年，可以是半年、1季、1月或1天复利一次。当利息在1年内要复利几次时，给出的年利率称为名义利率，用r表示，根据名义利率计算出的每年复利一次的年利率称为实际利率，用i表示。实际利率和名义利率之间的关系如下：

$i=(1+r/m)^{m}-1$

式中，m表示每年复利的次数。

【例2-19】某人现存入银行10 000元，年利率为5%，每季度复利一次。要求：计算2年后能取得多少本利和。

（1）先根据名义利率与实际利率的关系，将名义利率折算成实际利率。

$i=(1+r/m)^{m}-1=(1+5\%/4)^{4}-1=5.09\%$

再按实际利率计算资金的时间价值。

$F=P\times(1+i)^{n}=10\,000\times(1+5.09\%)^{2}=11\,043.91$（元）

（2）将已知的年利率r折算成期利率r/m，期数变为m×n。

$F=P\times(1+r/m)^{m\times n}=10\,000\times(1+5\%/4)^{4\times2}$

$=10\,000\times(1+0.0125)^{8}=11\,044.86$（元）

（二）通货膨胀情况下的名义利率与实际利率

名义利率是央行或其他提供资金借贷的机构所公布的未调整通货膨胀因素的利率，即指包括补偿通货膨胀（包括通货紧缩）风险的利率。

实际利率是指剔除通货膨胀率后储户或投资者得到利息回报的真实利率。

两者之间的换算公式：

1+名义利率=（1+实际利率）×（1+通货膨胀率）

实际利率=（1+名义利率）/（1+通货膨胀率）-1

【例2-20】某商业银行1年期存款年利率为4%，假设通货膨胀率为2%，则实际利率为多少？

实际利率=（1+4%）/（1+2%）-1=1.96%

本章小结

资金时间价值是指一定量的资金在不同时点上价值量的差额，又称为货币时间价值。资金的时间价值是财务管理中的重要原则之一，也是现代企业财务管理的核心概念。资金时间价值通常采用相对数（利率）的表示方法。不同时间点资金量进行比较时，需要换算到同一时间点上，这就是不同时间点资金量终值和现值的计算。根据款项支付方式的不同，可分为：①一次性收付款项终值与现值的计算，即单利、复利终值和现值的计算；②非一次性收付款项的计算，即年金和不规则收付款项终值和现值的计算。

核心词汇

资金时间价值　复利　复利终值（系数）　复利现值（系数）　年金　普通年金终值

（系数） 普通年金现值（系数） 预付年金 递延年金 永续年金

思政小课堂

习近平总书记的“时间观”：时间，在习近平总书记心中有着特殊的分量，在一些重要场合，他常常谈起对时间的认识和感悟。他带领全国人民为决战脱贫攻坚、决胜全面小康加速奔跑，我们从中更能读懂他的“时间观”。

知识演练

一、单项选择题

1. 某人希望在5年后取得本利和20 000元，则在年利率为2%、单利计息的方式下，此人现在应当存入银行（　　）元。

A.18 114　　B.18 181.82　　C.18 004　　D.18 000

2. 某人目前向银行存入1 000元，银行存款年利率为2%，在复利计息的方式下，5年后此人可以从银行取出（　　）元。

A.1 100　　B.1 104.1　　C.1 204　　D.1 106.1

3. 某人进行一项投资，预计6年后会获得收益880元，在年利率为5%的情况下，这笔收益的现值为（　　）元。

A.4 466.62　　B.656.66　　C.670.56　　D.4 455.66

4. 企业有一笔5年后到期的贷款，到期值是15 000元，假设存款年利率为3%，则企业为偿还借款建立的偿债基金为（　　）元。

A.2 825.34　　B.3 275.32　　C.3 225.23　　D.2 845.34

5. 某人分期购买一辆汽车，每年年末支付10 000元，分5次付清，假设年利率为5%，则该项分期付款相当于现在一次性支付（　　）元。

A.55 256　　B.43 259　　C.43 295　　D.55 265

6. 某企业进行一项投资，目前支付的投资额是10 000元，预计在未来6年内收回投资，在年利率为6%的情况下，为了使该项投资是合算的，那么企业每年至少应当收回（　　）元。

A.1 433.63　　B.1 443.63　　C.2 023.64　　D.2 033.64

7. 某一项年金前4年没有流入，后5年每年年初流入1 000元，则该项年金的递延期是（　　）年。

A.4　　B.3　　C.2　　D.1

8. 某人拟进行一项投资，希望进行该项投资后每半年都可以获得1 000元的收入，年收益率为10%，则目前的投资额应是（　　）元。

A.10 000　　B.11 000　　C.20 000　　D.21 000

9. 某人在第一年、第二年、第三年年初分别存入1 000元，年利率为2%，在单利计息的情况下，在第三年年末此人可以取出（　　）元。

A.3 120　　B.3 060.4　　C.3 121.6　　D.3 130

10. 已知利率为10%的一年期、两年期、三年期的复利现值系数分别是0.9091、0.8264、0.7513，则可以判断利率为10%、3年期的年金现值系数为（　　）。

A.2.5436　　B.2.4868　　C.2.855　　D.2.4342

二、多项选择题

1. 年金是指一定时期内每期等额收付的系列款项，下列各项中属于年金形式的是（　　）。

A. 按照直线法计提的折旧　　B. 等额分期付款

C. 融资租赁的租金　　D. 养老金

2. 某人决定在未来5年内每年年初存入银行1 000元（共存5次），年利率为2%，则在第5年年末能一次性取出的款项额计算正确的是（　　）。

A.1 000×（F/A，2%，5）

B.1 000×（F/A，2%，5）×（1＋2%）

C.1 000×（F/A，2%，5）×（F/P，2%，1）

D.1 000×［（F/A，2%，6）-1］

3. 某项年金前三年没有流入，从第四年开始每年年末流入1 000元，共计4次，假设年利率为8%，则该递延年金现值的计算公式正确的是（　　）。

A.1 000×（P/A，8%，4）×（P/F，8%，4）

B.1 000×［（P/A，8%，8）－（P/A，8%，4）］

C.1 000×［（P/A，8%，7）－（P/A，8%，3）］

D.1 000×（F/A，8%，4）×（P/F，8%，7）

4. 下列说法正确的有（　　）。

A. 普通年金终值系数和偿债基金系数互为倒数

B. 普通年金终值系数和普通年金现值系数互为倒数

C. 复利终值系数和复利现值系数互为倒数

D. 普通年金现值系数和资本回收系数互为倒数

三、判断题

1. 资金时间价值相当于没有风险情况下的社会平均资金利润率。（　　）

2. 利率不仅包含时间价值，而且也包含风险价值和通货膨胀补偿率。（　　）

3. 每半年付息一次的债券利息是一种年金的形式。（　　）

4. 即付年金的现值系数是在普通年金的现值系数的基础上系数+1、期数-1得到的。（　　）

5. 递延年金有终值，终值的大小与递延期是有关的，在其他条件相同的情况下，递延期越长，则递延年金的终值越大。（　　）

6. 已知（F/P，3%，6）＝1.1941，则可以计算出（P/A，3%，6）＝3.47。（　　）

7. 某人贷款5 000元，该项贷款的年利率是6%，每半年计息一次，则3年后该项贷款的本利和为5 955元。（　　）

四、计算题

1. 某人决定在2023年、2024年、2025年和2026年各年的1月1日分别存入5 000元，年利率为10%，每年复利一次，要求计算2026年12月31日的余额是多少。

2. 某公司拟租赁一间厂房，期限是10年，假设年利率是10%，出租方提出以下几种付款方案：

（1）立即付全部款项共计20万元；

（2）从第四年开始每年年初付款4万元，至第十年年初结束；

（3）第一年到第八年每年年末支付3万元，第九年年末支付4万元，第十年年末支付5万元。

要求：通过计算回答该公司应选择哪一种付款方案比较合算。

3. 某公司拟进行一项投资。目前有甲、乙两种方案可供选择。如果投资于甲方案，其原始投资额会比乙方案高60 000元，但每年可获得的收益比乙方案多10 000元。假设该公司要求的最低报酬率为12%，方案的持续年限为n年，分析n处于不同取值范围时应当选择哪一种方案。

第三章

风险与收益

学习目标

纵观党的二十大报告，全文共16次提及风险。提高“防风险”“化解风险”的能力是党的二十大报告对全党的一项重要要求。近些年来，我们国家也面临着严峻复杂的国际形势和接踵而至的巨大风险挑战。为此习近平总书记要求，“增强机遇意识和风险意识，准确识变、科学应变、主动求变，勇于开顶风船，善于转危为机，努力实现更高质量、更有效率、更加公平、更可持续、更为安全的发展”。作为微观经济主体的企业，对风险的识别、防范及应对能力显得尤为重要。风险与收益相权衡的原则一直以来也是企业进行财务管理工作和投资理财活动时需要遵循的重要原则之一，在实现企业高质量发展过程中，必须树立风险与收益的观念。同时该部分内容也是后续各章节学习的理论基础。

通过本章的学习，应达到以下目标：

1.思政目标：

※掌握风险与收益相权衡的原则，建立风险意识，提高风险防范及应对能力。

2.知识目标：

※理解风险的含义和种类，掌握收益率的含义与种类；

※掌握单项资产期望值、方差、标准差和标准离差率的计算；

※掌握风险收益率的计算，掌握投资组合风险与收益的计算。

3.能力目标：

※能够运用资本资产定价模型计算项目的必要收益率。

引导案例

如何选择投资项目

你手头有10万元闲钱，想进行投资。这时你的朋友A告诉你，他和几个朋友正打算进行一项风险投资，如果你有意向也可以加入。如果你将10万元投资于这个项目，估计有60%的可能在1年内获得10万元的回报，但也有40%的可能将10万元全部亏损。而你的朋友B则劝你投资基金。如果你用10万元购买某只基金，估计有40%的可能在1年内赚得5万元，还有60%的可能不赔不赚。

【案例思考】

1.两个投资方案的收益率相同吗？

2.面对两位朋友的建议，请问你会如何选择？

计算过程可以扫描下方二维码：

第一节 资产的收益与收益率

一、资产收益的含义

资产的收益是指资产的价值在一定时期的增值。一般情况下，有两种表述资产收益的方式：

第一种方式是以金额表示的，称为资产的收益额，通常以资产价值在一定期限内的增值量来表示，该增值量来源于两部分：一是期限内资产的现金净收入；二是期末资产的价值（或市场价格）相对于期初价值（价格）的升值。前者多为利息、红利或股息收益，后者称为资本利得。

第二种方式是以百分比表示的，称为资产的收益率或报酬率，是资产增值量与期初资产价值（价格）的比值，该收益率也包括两部分：一是利息（股息）的收益率；二是资本利得的收益率。

显然，以金额表示的收益与期初资产的价值（价格）相关，不利于不同规模资产之间收益的比较，而以百分数表示的收益则是一个相对指标，便于不同规模下资产收益的比较和分析。所以，通常情况下，我们都是用收益率的方式来表示资产的收益。

另外，由于收益率是相对于特定期限的，它的大小要受计算期限的影响，但是计算期限常常不一定是1年，为了便于比较和分析，对于计算期限短于或长于1年的资产，在计算收益率时一般要将不同期限的收益率转化成年收益率。因此，如果不作特殊说明的话，资产的收益指的就是资产的年收益率，又称资产的报酬率。

二、资产收益率的类型

在实际的财务工作中，由于工作角度和出发点不同，资产收益率可以有以下一些类型：

（一）实际收益率

实际收益率表示已经实现或者确定可以实现的资产收益率，表述为已实现或确定可以实现的利息（股息）率与资本利得收益率之和。当然，当存在通货膨胀时，还应当扣除通货膨胀率的影响，剩余的才是真实的收益率。

（二）预期收益率

预期收益率也称期望收益率，是指在不确定的条件下，预测的某资产未来可能实现的收益率。

（三）必要收益率

必要收益率也称最低报酬率或最低要求的收益率，表示投资者对某资产合理要求的最低收益率。必要收益率由两部分构成：

1.无风险收益率

无风险收益率也称无风险利率，它是指无风险资产的收益率，它的大小由纯粹利率（资金的时间价值）和通货膨胀补偿率两部分组成，用公式表示如下：

无风险收益率=纯粹利率（资金的时间价值）+通货膨胀补偿率

小贴士

由于国债的风险很小，尤其是短期国债的风险更小，因此，一般情况下，为了方便起见，通常用短期国债的利率近似地代替无风险收益率。

2.风险收益率

风险收益率是指某资产持有者因承担该资产的风险而要求的超过无风险收益率的额外收益。风险收益率衡量了投资者将资金从无风险资产转移到风险资产而要求得到的“额外补偿”，它的大小取决于以下两个因素：一是风险的大小；二是投资者对风险的偏好。

综上所述：

必要收益率=无风险收益率+风险收益率

=纯粹利率（资金的时间价值）+通货膨胀补偿1率+风险收益率

小贴士

现实中，估计某股票的必要收益率时，通常使用资本资产定价模型。

第二节　资产的风险及衡量方法

一、风险的含义

风险是指在一定条件下、一定时期内，某一项行动具有多种可能但结果不确定。风险产生的原因是缺乏信息和决策者不能控制未来事物的发展过程。风险具有多样性和不确定性，可以事先估计采取某种行动可能导致的各种结果，以及每种结果出现的可能性大小，但无法确定最终结果是什么。例如，掷一枚硬币，我们可事先知道硬币落地时有正面朝上和反面朝上两种结果，并且每种结果出现的可能性各为50%，但谁也无法事先知道硬币落地时是正面朝上还是反面朝上。

值得注意的是，风险和不确定性是不同的。不确定性是指对于某种行动，人们知道可能出现的各种结果，但不知道每种结果出现的概率，或者可能出现的各种结果及每种结果出现的概率都不知道，只能做出粗略的估计。如购买股票，投资者无法在购买前确定所有可能达到的期望报酬率以及该报酬率出现的概率。而风险问题出现的各种结果的概率一般可事先估计和测算，只是不准确而已。如果对不确定性问题先估计一个大致的概率，则不确定性问题就转化为风险问题了。

小贴士

在财务管理的实务中，对两者不作严格区分。讲到风险，可能是指一般意义上的风险，也可能指不确定性问题。

风险是客观的、普遍的，广泛地存在于企业的财务活动中，并影响着企业的财务目标。由于企业的财务活动经常是在有风险的情况下进行的，各种难以预料和无法控制的原因，可能使企业遭受风险，蒙受损失，如果只有损失，没人会去冒风险，企业冒着风险投资的最终目的是得到额外收益。因此，风险不仅带来预期的损失，而且可带来预期的收益。仔细分析风险，以承担最小的风险来换取最大的收益就十分必要。

二、风险的类型

企业面临的风险主要有两种：市场风险和企业特有风险。

（一）市场风险

市场风险是指影响所有企业的风险。它由企业的外部因素引起，企业无法控制、无法分散，涉及所有的投资对象，又称系统性风险或不可分散风险，如战争、自然灾害、利率的变化、经济周期的变化等。

（二）企业特有风险

企业特有风险是指个别企业的特有事件造成的风险。它是随机发生的，只与个别企业和个别投资项目有关，不涉及所有企业和所有项目，可以分散，又称非系统性风险和可分散风险，如产品开发失败、销售份额减少、工人罢工等。非系统性风险根据风险形成的原因不同，又可分为经营风险和财务风险。

1.经营风险

经营风险是指由于企业生产经营条件的变化给企业收益带来的不确定性，又称商业风险。这些生产经营条件的变化可能来自企业内部的原因，也可能来自企业外部的原因，如顾客购买力发生变化、竞争对手增加、产品生产方向不对路、生产组织不合理等。这些内外因素，使企业的生产经营产生不确定性，最终引起收益变化。

2.财务风险

财务风险是指由于企业举债而给财务成果带来的不确定性，又称筹资风险。企业借款，虽可以解决企业资金短缺的问题、提高自有资金的盈利能力，但也改变了企业的资金结构和自有资金利润率，还须还本付息，并且借入资金所获得的利润是否大于支付的利息额，具有不确定性，因此借款就有风险。在全部资金来源中，借入资金所占的比重大，企业的负担就重，风险程度也就增加；借入资金所占的比重小，企业的负担就轻，风险程度也就减轻。因此，必须确定合理的资金结构，既提高资金盈利能力，又防止财务风险加大。

三、单项资产风险的衡量

衡量风险的指标主要有概率分布、期望值和离散程度等。

（一）概率分布

在完全相同的条件下，某一事件可能发生也可能不发生，可能出现这种结果也可能出现另外一种结果，这类事件被称为随机事件。概率就是用来反映随机事件发生的可能性大小的数值，一般用X表示随机事件，X_i表示随机事件的第i种结果，P_i表示第i种结果出现的概率。一般随机事件的概率在0与1之间，即$0\leqslant P_i\leqslant 1$，$P_i$越大，表示该事件发生的可能性越大；反之，$P_i$越小，表示该事件发生的可能性越小。所有可能的结果出现的概率之和一定为1，即$\sum P_i = 1$。肯定发生的事件概率为1，肯定不发生的事件概率为0。

【例3-1】渤海集团投资于A、B两个项目，投资额均为200万元，在经济形势不同的情况下，这两个项目的投资报酬率分布如表3-1所示。

表3-1 渤海集团投资报酬率的概率分布

项目实施情况	A项目		B项目	
	出现的概率	投资报酬率（%）	出现的概率	投资报酬率（%）
良好	0.3	15	0.2	25
一般	0.4	10	0.6	10
较差	0.3	5	0.2	–5

如果我们将A项目和B项目各种可能结果及相应的各种结果出现的概率按一定规则排列出来，构成分布图，则称为概率分布。概率分布一般用坐标图来反映，横坐标表示某一事件的结果，纵坐标表示每一结果相应的概率。概率分布有两种类型：一是离散型概率分布，其特点是各种可能结果只有有限个值，概率分布在各个特定点上，是不连续图像，如图3-1所示；二是连续型概率分布，其特点是各种可能结果有无数个值，概率分布在连续图像上的两点之间的区间上，如图3-2所示。

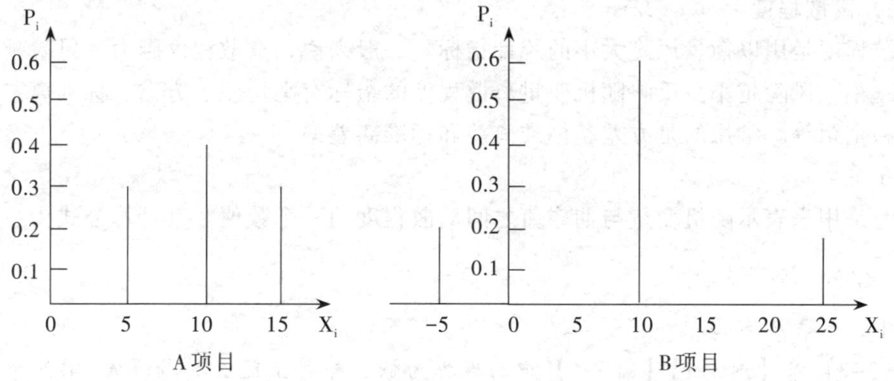

图3-1 A、B项目投资收益率离散型概率分布图

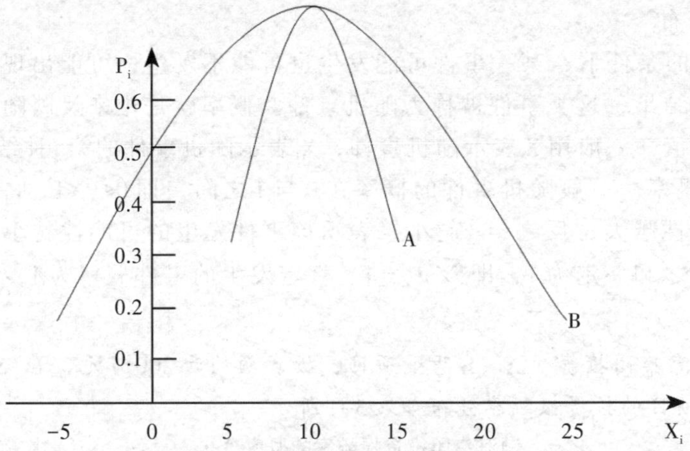

图3-2 A、B项目投资收益率连续型概率分布图

（二）期望值

期望值是一个概率分布中的所有可能结果，以各自相应的概率为权数计算的加权平均值。期望值通常用符号$\overline{E}$表示，计算公式如下：

$$\overline{E} = \sum_{i=1}^{n} X_i \times P_i$$

式中，X_i表示第i种情况可能出现的结果；P_i表示第i种情况可能出现的概率。

【例3-2】以【例3-1】中的数据为例，根据上述公式，计算A、B两个项目的期望值可得：

$$\overline{E_A}=0.3\times15\%+0.4\times10\%+0.3\times5\%=10\%$$

$$\overline{E_B}=0.2\times25\%+0.6\times10\%+0.2\times（-5\%）=10\%$$

上述计算结果表明，两个项目的期望报酬率都是10%，但是报酬率之间的变异性相差很大，A项目的期望报酬率的变动范围在5%～15%，而B项目的期望报酬率的变动范围在-5%～25%。一般来说，概率分布越集中，投资风险就越小。因为概率分布越集中，实际可能出现的结果就越接近期望报酬率。因此，上述两个项目中，A项目的风险小于B项目的风险。期望值并不能衡量风险的大小，只能反映风险程度的平均化。为了定量地衡量风险的大小，还要使用统计学中衡量概率分布离散程度的指标。

（三）离散程度

离散程度是用以衡量风险大小的统计指标。一般来说，离散程度越大，风险越大；离散程度越小，风险越小。反映随机变量离散程度的指标有平均差、方差、标准离差、标准离差率和全距等。常用的是方差、标准离差和标准离差率。

1.方差

方差是用来表示随机变量与期望值之间离散程度的一个数值。其计算公式为：

$$\sigma^2 = \sum_{i=1}^{n}(X_i - \bar{E}_i)^2 \times P_i$$

式中，σ^2表示方差。

【例3-3】以【例3-1】【例3-2】中的数据为例，根据上述公式计算A、B两个项目的方差可得：

$$\sigma_A^2 = (15\% - 10\%)^2 \times 0.3 + (10\% - 10\%)^2 \times 0.4 + (5\% - 10\%)^2 \times 0.3 = 0.0015$$

$\sigma_B^2=(25\%-10\%)^2\times0.2+(10\%-10\%)^2\times0.6+(-5\%-10\%)^2\times0.2=0.009$

方差越小，说明离散程度越小，风险也就越小；方差越大，则离散程度越大，风险也就越大。计算结果表明，A项目的风险比B项目的风险小。

2.标准离差（标准差）

标准离差也称均方差或标准差，是方差的算数平方根。标准离差是各种可能的报酬率偏离期望报酬率的综合差异，用以反映离散程度。其计算公式为：

$$\sigma=\sqrt{\sum_{i=1}^{n}(X_i-\bar{E}_i)^2\times P_i}$$

式中，σ表示期望报酬率的标准离差。

【例3-4】以【例3-3】中的数据为例，根据公式计算A、B两个项目的标准离差可得：

$\sigma_A=\sqrt{0.0015}\approx0.0387\approx3.87\%$

$\sigma_B=\sqrt{0.009}\approx0.0949\approx9.49\%$

在期望值相同的情况下，标准离差越小，说明离散程度越小，风险也就越小；标准离差越大，则离散程度越大，风险也就越大。计算结果表明，A项目的风险比B项目的风险小。

3.标准离差率（变异系数）

标准离差率，又称为变异系数，是反映随机变量离散程度的重要指标，是标准离差同期望值的比值，通常用符号V表示。其计算公式为：

$$V=\frac{\sigma}{\bar{E}}$$

方差和标准差是一个绝对数，只能用来比较期望值相同项目的风险程度，而不能用来比较期望值不同的投资项目的风险程度。对于期望值不同的投资项目风险程度的比较，只能借助标准离差率这一相对数值。在期望值不同的情况下，标准离差率越大，风险也就越大；反之，则风险越小。

【例3-5】以【例3-2】【例3-4】中的数据为例，根据公式计算A、B两个项目的标准离差率可得：

$$V_A=\frac{3.87\%}{10\%}=0.387$$

$$V_B=\frac{9.49\%}{10\%}=0.949$$

通过计算可得，A项目的风险比B项目的风险小。

四、风险报酬系数与风险报酬率

标准离差率虽然能正确反映投资风险程度的大小，但还无法衡量我们所要求获得的风险报酬率。风险与报酬联系的基本要求是：所冒的风险越大，得到的报酬应越高。风险报酬率与风险程度呈正比例变化关系。

标准离差率要转化为报酬率，还需要借助风险报酬系数把两者联系起来，风险报酬系数是指风险报酬率与标准离差率的比率，通常用字母b来表示。

风险报酬系数b主要取决于全体投资者对风险的态度。如果大家都愿意冒险，则风险报酬系数b值比较小，风险溢价不大；如果大家都不愿意冒险，则风险报酬系数b值比较大，从而风险报酬高，这也就是通常所说的“重赏之下必有勇夫”。

风险报酬率、风险报酬系数和标准离差率之间的关系可用公式表示如下：

$R_r = b \times V$

式中，R_r表示风险报酬率；b表示风险报酬系数；V表示标准离差率。

在无通货膨胀的情况下，投资者进行投资的必要报酬率公式可以表达为：

$R = R_f + R_r = R_f + b \times V$

【例3-6】根据【例3-5】，假设无风险报酬率为10%，风险报酬系数为0.1，则A、B两个项目的风险报酬率和必要报酬率分别为：

$R_{r_A} = 0.1 \times 0.387 = 0.0387 = 3.87\%$

$R_{r_B} = 0.1 \times 0.949 = 0.0949 = 9.49\%$

$R_A = 10\% + 3.87\% = 13.87\%$

$R_B = 10\% + 9.49\% = 19.49\%$

通过上述方法将决策方案的风险加以量化后，决策者便可据此做出决策。就一个投资方案而言，决策者可将其标准离差（率）与设定的可接受的此项指标最高限值对比，看前者是否低于后者，然后做出决策。如果有多个投资方案进行选择，总的原则是：投资收益越高越好，风险程度越低越好。具体来说，有以下四种情况：

（1）如果两个投资方案的期望收益率基本相同，应当选择标准离差率较低的那一个投资方案。

（2）如果两个投资方案的标准离差率基本相同，应该选择期望收益率较高的那一个投资方案。

（3）如果甲方案期望收益率高于乙方案，而其标准离差率低于乙方案，则应选择甲方案。

（4）如果甲方案期望收益率高于乙方案，而其标准离差率也高于乙方案，在此情况下不能一概而论，而要取决于投资者对风险的态度。

如果投资者愿意冒较大的风险，以追求较高的收益率，则可选择甲方案；如果投资者不愿意冒较大的风险，宁可接受较低的收益率，则可以选择乙方案。但如果甲方案收益率高于乙方案的程度较大，而其收益标准离差率高于乙方案的程度较小，则选择甲方案可能是比较适宜的。

五、风险对策

（一）规避风险

当资产风险所造成的损失不能由该资产可能获得的收益予以抵销时，应当放弃该资产，以规避风险。例如，拒绝与不守信用的厂商业务往来；放弃可能明显导致亏损的投资项目；新产品在试制阶段发现诸多问题而果断停止试制。

（二）减少风险

减少风险主要有两方面意思：一是控制风险因素，减少风险的发生；二是控制风险发生的频率和降低风险损害程度。减少风险的常用方法有：进行准确的预测；对决策进行多方案优选和替代；及时与政府部门沟通获取政策信息；在开发新产品前，充分进行市场调研；实行设备预防检修制度以减少设备事故；选择有弹性的、抗风险能力强的技术方案，进行预先的技术模拟试验，采用可靠的保护和安全措施；采用多领域、多地域、多项目、多品种的经营或投资以分散风险。

（三）转移风险

对可能给企业带来灾难性损失的资产，企业应以一定的代价，采取某种方式将风险损失转嫁给他人承担。如向专业性保险公司投保；采取合资、联营、增发新股、发行债券、联合开发等措施实现风险共担；通过技术转让、特许经营、战略联盟、租赁经营和业务外包等实现风险转移。

（四）接受风险

接受风险包括风险自担和风险自保两种。风险自担是指风险损失发生时，直接将损失摊入成本或费用，或冲减利润；风险自保是指企业预留一笔风险金或随着生产经营的进行，有计划地计提资产减值准备等。

【学思笃行】风险与收益相伴而生，风险中也蕴藏着机遇，因而要辩证地看风险与收益的关系，正确对待风险问题。在面对风险时，既要有防范风险的先手，也要有应对和化解风险挑战的高招；既要打好防范和抵御风险的有准备之战，也要打好化险为夷、转危为机的战略主动战。正如《晋书·列传·第二十五章》中所言，"思危所以求安，虑退所以能进"，守住底线，盯住问题，才能行稳致远，奋发有为。

第三节 投资组合风险与收益的衡量

单独持有一种资产无异于"把鸡蛋放在同一个篮子里"，存在着较大的风险。投资者大都是风险厌恶者，为了分散风险，投资者可以通过多元化的投资组合降低风险，这也是投资机构或者投资者一般都持有多种证券，或者企业往往投资于多个项目的原因。

两项或两项以上资产所构成的集合，称为资产组合。如果资产组合中的资产均为有价证券，则该资产组合也称为证券资产组合或证券组合。证券资产组合的风险与收益具有与单个资产不同的特征。尽管方差、标准差、标准离差率是衡量风险的有效工具，但当某项资产或证券成为投资组合的一部分时，这些指标就可能不再是衡量风险的有效工具。以下首先讨论证券资产组合的预期收益率的计算，再进一步讨论证券资产组合的风险及其衡量。

一、证券资产组合的预期收益率

所谓投资组合，就是投资者同时投资于多种证券或者项目的方法。投资组合的报酬率是各种投资证券或者项目的加权平均报酬率，其计算公式为：

$$E(R_P) = \sum_{i=1}^{n} W_i \times E(R_i)$$

式中，$E(R_P)$表示投资组合的预期收益率；W_i表示投资组合中第i种证券所占的比重；$E(R_i)$表示第i种证券的预期收益率；n表示投资组合中证券种类的数量。

【例3-7】假设A证券的预期报酬率为10%，标准差是12%。B证券的预期报酬率是18%，标准差是20%。假设80%投资于A证券，20%投资于B证券，这两种证券投资组合的预期报酬率为：

$$E(R_P) = 80\% \times 10\% + 20\% \times 18\% = 11.6\%$$

二、证券资产组合的风险及其衡量

（一）证券资产组合的风险分散功能

两项证券资产组合的收益率的方差及其标准差满足以下关系式：

$$\sigma_P^2 = W_1^2 \times \sigma_1^2 + W_2^2 \times \sigma_2^2 + 2\rho_{1,2} W_1 \sigma_1 W_2 \sigma_2$$

$$\sigma_P = \sqrt{W_1^2 \times \sigma_1^2 + W_2^2 \times \sigma_2^2 + 2\rho_{1,2} W_1 \sigma_1 W_2 \sigma_2}$$

式中，σ_P表示证券资产组合的标准差，它衡量的是证券资产组合的风险；σ_1和σ_2分别表示组合中两项资产收益率的标准差；W_1和W_2分别表示组合中两项资产所占的价值比例；$\rho_{1,2}$反映两项资产收益率的相关程度，即两项资产收益率之间的相对运动状态，称为相关系数。理论上，相关系数介于区间[-1，1]内。

当$\rho_{1,2}$等于1时，表明两项资产的收益率具有完全正相关的关系，即它们的收益率变化方向和变化幅度完全相同。这时，$\sigma_P^2=(W_1\sigma_1+W_2\sigma_2)^2$，即$\sigma_P^2$达到最大。由此表明，组合的风险等于组合中各项资产风险的加权平均值。换句话说，当两项资产的收益率完全正相关时，两项资产的风险完全不能相互抵消，所以这样的组合不能降低任何风险。

当$\rho_{1,2}$等于-1时，表明两项资产的收益率具有完全负相关的关系，即它们的收益率变化方向和变化幅度完全相反。这时，$\sigma_P^2=(W_1\sigma_1-W_2\sigma_2)^2$，即$\sigma_P^2$达到最小，甚至可以是0。因此，当两项资产的收益率完全负相关时，两项资产的风险可以充分地相互抵消，甚至完全消除。这样的组合能够最大限度地降低风险。

【例3-8】接【例3-7】，若A和B的相关系数为0.2，则A和B的组合标准差计算如下：

$$\sigma_P = \sqrt{(80\% \times 12\%)^2 + (20\% \times 20\%)^2 + 2 \times 0.2 \times 80\% \times 12\% \times 20\% \times 20\%} = 11.11\%$$

在实务中，两项资产的收益率具有完全正相关和完全负相关的情况几乎是不可能的。绝大多数资产两两之间都具有不完全的相关关系，即相关系数小于1且大于-1（多数情况下大于0）。因此，会有$0<\sigma_P<(W_1\sigma_1+W_2\sigma_2)$，即：证券资产组合收益率的标准差小于组合中各资产收益率标准差的加权平均值，也即证券资产组合的风险小于组合中各项资产风险之加权平均值。因此，大多数情况下，证券资产组合能够分散风险，但不能完全消除风险。在证券资产组合中，能够随着资产种类增加而降低直至消除的风险，被称为非系统性风险；不能随着资产种类增加而分散的风险，被称为系统性风险。

（二）非系统性风险

非系统性风险，是指发生于个别公司的特有事件造成的风险。例如，一家公司的工人罢工、新产品开发失败、失去重要的销售合同、诉讼失败，或者宣告发现新矿藏、取得一个重要合同等。这类事件是非预期的、随机发生的，它只影响一个公司或少数公司，不会对整个市场产生太大影响。这种风险可以通过资产组合来分散，即发生于一家公司的不利事件可以被其他公司的有利事件所抵消。

由于非系统性风险是个别公司或个别资产所特有的，因此也称“特殊风险”或“特有风险”。由于非系统性风险可以通过资产组合分散掉，因此也称“可分散风险”。

值得注意的是，在风险分散的过程中，不应当过分夸大资产多样性和资产个数的作用。实际上，在资产组合中资产数目较低时，增加资产的个数，分散风险的效应会比较明显，但资产数目增加到一定程度时，风险分散的效应就会逐渐减弱。经验数据表明，组合中不同行业的资产个数达到20个时，绝大多数非系统性风险均已被消除掉。此时，如果继续增加资产数目，对分散风险已经没有多大的实际意义，只会增加管理成本。另外，不要指望通过资产多样化达到完全消除风险的目的，因为系统性风险是不能够通过风险的分散来消除的。

（三）系统性风险及其衡量

系统性风险又被称为市场风险或不可分散风险，是影响所有资产的、不能通过资产组合而消除的风险。这部分风险是由那些影响整个市场的风险因素所引起的。这些因素包括宏观经济形势的变动、国家经济政策的变化、税制改革、企业会计准则改革、世界能源状况、政治因素等。

不同资产的系统性风险不同，为了对系统性风险进行量化，用β系数衡量系统性风险的大小。通俗地说，某资产的β系数表达的含义是该资产的系统性风险相当于市场组合系统性风险的倍数。

换句话说，用β系数对系统性风险进行量化时，以市场组合的系统性风险为基准，认为市场组合的β系数等于1。

市场组合是指由市场上所有资产组成的组合。市场组合的收益率指的是市场平均收益率，实务中通常用股票价格指数收益率的平均值来代替。由于包含了所有的资产，因此，市场组合中的非系统性风险已经被消除，所以市场组合的风险就是市场风险或系统性风险。

绝大多数资产的β系数是大于0的，也就是说，绝大多数资产的收益率的变化方向与市场平均收益率的变化方向是一致的，只是变化幅度不同；当某资产的β系数大于1时，说明该资产收益率的变动幅度大于市场组合收益率的变动幅度。

由于无风险资产没有风险，所以，无风险资产的β系数等于0。极个别资产的β系数是负数，表明这类资产的收益率与市场平均收益率的变化方向相反，当市场平均收益率增加时，这类资产的收益率却在减少。比如，西方个别收账公司和个别再保险公司的β系数是接近0的负数。

在实务中，并不需要企业财务人员或投资者自己去计算证券的β系数，一些证券咨询机构会定期公布大量交易过的证券的β系数。

投资组合的β系数是单个证券β系数的加权平均数，权数为各种证券在投资组合中所占的比重，其计算公式是：

$$\beta_P = \sum_{i=1}^{n} w_i \times \beta_i$$

式中，β_P表示证券资产组合的β系数；w_i表示第i项资产在组合中所占的价值比例；β_i表示第i项资产的β系数。由于单项资产的β系数不尽相同，因此通过替换资产组合中的资产或改变不同资产在组合中的价值比例，可以改变资产组合的系统性风险。

【例3-9】渤海集团持有由甲、乙、丙三种股票构成的投资组合，它们的β系数分别是2.0、1.0、0.5，它们在投资组合中所占的比重分别为60%、30%、10%，股票的市场报酬率为14%，无风险报酬率为10%，试确定这种投资组合的β系数。

$$\beta_P = 60\% \times 2.0 + 30\% \times 1.0 + 10\% \times 0.5 = 1.55$$

三、资本资产定价模型

（一）资本资产定价模型的基本原理

在资本资产定价模型中，所谓资本资产主要指的是股票资产，而定价则试图解释资本市场如何决定股票收益率，进而决定股票价格。

资本资产定价模型是“必要收益率=无风险收益率+风险收益率”的具体化，资本资产定价模型的一个主要贡献是解释了风险收益率的决定因素和度量方法。在资本资产定价模型中，风险收益率=$\beta \times (R_m - R_f)$，资本资产定价模型的完整表达式为：

$$R = R_f + \beta \times (R_m - R_f)$$

式中，R表示某资产的必要收益率；β表示该资产的系统性风险系数；R_f表示无风险收益率；R_m表示市场组合收益率。由于当β=1时，$R=R_m$，而β=1代表的是市场组合的平均风险，所以，R_m还可以被称为平均风险的必要收益率、市场组合的必要收益率等。

公式中（$R_m - R_f$）称为市场风险溢酬，由于市场组合的β=1，所以，（$R_m - R_f$）也可以称为市场组合的风险收益率或股票市场的风险收益率。由于β=1代表的是市场平均风险，所以，（$R_m - R_f$）还可以表述为平均风险的风险收益率。它是附加在无风险收益率之上的，由于承担了市场平均风险所要求获得的补偿，它反映的是市场作为整体对风险的平均“容忍”程度，也就是市场整体对风险的厌恶程度，市场整体对风险越是厌恶和回避，要求的补偿就越高，因此，市场风险溢酬的数值就越大；反之，如果市场的抗风险能力强，则对风险的厌恶和回避就不是很强烈，因此，要求的补偿就低，市场风险溢酬的数值就小。

在资本资产定价模型中，计算风险收益率时只考虑了系统性风险，没有考虑非系统性风险，这是因为非系统性风险可以通过资产组合消除，一个充分的投资组合几乎没有非系统性风险。财务管理研究中假设投资人都是理智的，都会选择充分投资组合，非系统性风险与资本市场无关。资本市场不会对非系统性风险给予任何价格补偿。

资本资产定价模型对任何公司、任何资产（包括资产组合）都是适合的。只要将该公司或资产的β系数代入公式$R = R_f + \beta \times (R_m - R_f)$中，就能得到该公司或资产的必要收益率。

【例3-10】假设无风险报酬率为4%，市场上所有股票的平均收益率为12%，那么【例3-9】中投资组合的必要报酬率为多少？

R=4%+1.55×（12%-4%）=16.4%

（二）资本资产定价模型的有效性和局限性

资本资产定价模型最大的贡献在于提供了对风险和收益之间的一种实质性的表述，资本资产定价模型首次将“高收益伴随着高风险”这样一种直观认识，用简单的关系式表达出来。到目前为止，资本资产定价模型是对现实中风险与收益关系最为贴切的表述，因此长期以来被财务人员、金融从业者以及经济学家作为处理风险问题的主要工具。

然而，将复杂的现实简化了的这一模式，必定会遗漏许多有关因素，也必定会限制在许多假设条件之下，因此也受到了一些质疑。直到现在，关于资本资产定价模型有效性的争论还在继续，拥护和批驳的辩论相当激烈和生动。人们也一直在寻找更好的理论或方法，但尚未取得突破性进展。

尽管资本资产定价模型已经得到了广泛的认可，但在实际运用中，仍存在着一些明显的局限，主要表现在：①某些资产或企业的β值难以估计，特别是对一些缺乏历史数据的新兴行业。②经济环境的不确定性和不断变化，使得依据历史数据估算出来的β值对未来的指导作用必然要打折扣。③资本资产定价模型是建立在一系列假设之上的，其中一些假设与实际情况有较大偏差，使得资本资产定价模型的有效性受到质疑。这些假设包括：市场是均衡的，市场不存在摩擦，市场参与者都是理性的，不存在交易费用，税收不影响资产的选择和交易等。

由于以上局限，资本资产定价模型只能大体描绘出证券市场运动的基本情况，而不能完全确切地揭示证券市场的一切。因此，在运用这一模型时，应该更注重它所揭示的规律。

本章小结

资金时间价值和风险报酬是财务管理的两个重要的理财原则，上一章主要介绍了资金时间价值原则，本章重点介绍了风险与报酬原则，主要内容包括资产收益的含义，资产收益率的种类，风险的含义、类型，单项资产风险的衡量（分别介绍了概率分布、方差、标准差和标准离差率），投资组合风险与报酬等。

投资者可以通过持有多种证券降低投资风险，投资组合可以消除公司特别风险（非系统性风险），但是无法消除市场风险（系统性风险）。通常用β系数来衡量市场风险，用资本资产定价模型分析证券投资的必要报酬率与风险（β系数）之间的关系。

核心词汇

预期（期望）收益率　风险　系统性风险　非系统性风险　概率分布　方差　标准（离）差　标准离差率　β系数　必要报酬率　资本资产定价模型

思政小课堂

习近平总书记指出，防范化解金融风险，特别是防止发生系统性金融风险，是金融工作的根本性任务，也是金融工作的永恒主题。防控金融风险关键在于处理好金融创新、金融监管和执政兴国的关系，必须清醒认识金融创新的边线就是金融监管的红线，也是执政兴国的底线。

知识演练

一、单项选择题

1.当期望值不同时，比较风险的大小可以采用（　　）。

A.期望值　　B.概率　　C.标准差　　D.标准离差率

2.投资者对某项资产合理要求的最低报酬率称为（　　）。

A.实际收益率　B.必要收益率　C.预期收益率　D.无风险收益率

3.甲项目收益率的期望值为10%，标准差为10%，乙项目收益率的期望值为15%，标准差为10%，则可以判断（　　）。

A.由于甲、乙项目的标准差相等，所以两个项目的风险大小相等

B.由于甲、乙项目的期望值不等，所以无法判断二者的风险大小

C.由于甲项目期望值小于乙项目，所以甲项目的风险小于乙项目

D.由于甲项目的标准离差率大于乙项目，所以甲项目的风险大于乙项目

4.如果两个项目预期收益的标准差相同，而期望值不同，则这两个项目（　　）。

A.预期收益相同　B.标准离差率相同

C.预期收益不同　D.未来风险报酬相同

5.下列各项中会带来非系统性风险的是（　　）。

A.国家税法的变化　B.国家财政政策的变化

C.通货膨胀因素　D.个别公司工人的罢工

6.已知某证券的β系数为2，则该证券（　　）。

A.无风险

B.有非常低的风险

C.与金融市场所有证券的平均风险一致

D.是金融市场所有证券平均风险的2倍

7.投资者由于冒风险进行投资而获得的超过无风险收益率的额外收益，称为投资的（　　）。

A.实际收益率　B.期望报酬率　C.风险报酬率　D.必要报酬率

8.市场组合的风险是（　　）。

A.财务风险　B.经营风险　C.非系统性风险　D.系统性风险

9.两种证券完全正相关时，由此所形成的证券组合（　　）。

A.能适当地分散风险

B.不能分散风险

C.证券组合风险小于单项证券的风险

D.可分散全部风险

10.当某股票的预期收益率等于无风险收益率时，则其β系数应（　　）。

A.大于1　B.小于1　C.等于1　D.等于0

二、多项选择题

1.下列指标中反映单项资产风险的有（　　）。

A.期望值　B.概率　C.标准差　D.方差

2.下列各项所引起的风险中属于系统性风险的有（　　）。

A.自然灾害　B.通货膨胀　C.销售决策失误　D.罢工

3.下列公式正确的有（　　）。

A.风险收益率=风险报酬系数×标准离差率

B.风险收益率=风险报酬系数×标准离差

C.必要报酬率=无风险收益率+风险收益率

D.必要报酬率=无风险收益率+风险报酬系数×标准离差率

4.下列各项中属于转移风险的措施的有（　　）。

A.业务外包　　B.合资

C.计提存货减值准备　　D.特许经营

5.在下列各项中，能够影响特定投资组合β系数的有（　　）。

A.该组合中所有单项资产在组合中所占比重

B.该组合中所有单项资产各自的β系数

C.市场投资组合的无风险收益率

D.该组合的无风险收益率

三、判断题

1.标准差越小，表示离散程度越小，风险越大；反之，离散程度越大，风险越小。（　　）

2.市场风险为系统性风险。（　　）

3.标准离差可用来比较期望值不同的投资项目的风险程度。（　　）

4.对于多个投资方案而言，无论各方案的期望值是否相同，标准离差率最大的方案一定是风险最大的方案。（　　）

5.非系统性风险是通过资产组合可以分散的风险。（　　）

四、计算题

1.某企业有甲、乙两个项目，计划投资额均为1 000万元，其收益率的概率分布如表3-2所示。

表3-2　**甲、乙项目收益率的概率分布**

市场状况	概率	甲项目	乙项目
好	0.3	20%	30%
一般	0.5	10%	10%
差	0.2	5%	-5%

要求：

（1）分别计算甲、乙两个项目收益率的期望值。

（2）分别计算甲、乙两个项目收益率的标准差、标准离差率。

2.若一投资组合包含A、B两种股票，股票A的期望收益率为14%，标准差为10%，股票B的期望收益率为18%，标准差为16%，两种股票的相关系数为0.4，投资股票A的权重为40%，B的权重为60%，则该投资组合的期望收益率与标准差分别为多少？

3.假设短期国库券的利率为6%，市场组合收益率为10%。如果一项资产组合由25%的A公司股票和75%的B公司股票组成。A公司股票的β值为1.1，B公司股票的β值为1.25，那么该资产组合的必要报酬率为多少？

第四章

短期筹资方式

学习目标

在经济高质量发展的要求下，越来越多的企业更加关注如何采用更加高效的融资管理来满足其业务发展的需要，提升融资管理的质量与效益。针对企业不同的融资需求，教材第四章至第六章分别从短期筹资、长期筹资及资金成本与资本结构四个方面为读者提供融资管理方面的基础知识。

企业对资金的需求通常并不是稳定的，而是有一定的周期性或者说具有波动性。当企业预测未来的资金需求将上升，或由于经营活动的周期性或季节性而出现资金需求时，短期筹资是解决这些资金需求的一个较佳途径。短期筹资是支持企业流动资产的资金来源，它使企业产生1年或1年以内的债务，在资产负债表中显示为流动负债。

通过本章的学习，应达到以下目标：

1.思政目标：

※懂得企业短期的资金需求主要是通过负债的方式来获得，良好的信用是企业能够获得负债资金的基石，认识到“诚信”对企业及对个人的重要作用。

2.知识目标：

※了解企业筹资的目的；

※掌握企业短期筹资的渠道与方式；

※掌握短期筹资的特点与筹资策略的类型。

3.能力目标：

※能够运用不同的方法预测资金需要量；

※能够计算不同短期筹资方式下的资金成本。

引导案例

恒丰公司筹资方式问题

恒丰公司是一个季节性很强、信用为AA级的大中型企业，每年一到生产经营旺季，企业就面临着产品供不应求、资金严重不足的问题，让公司领导和财务经理大伤脑筋。2023年，公司同样碰到了这一问题，公司生产中所需的A种材料面临缺货，急需200万元资金投入，而公司目前尚无多余资金。若这一问题得不到解决，则给企业生产及当年效益带来严重影响。为此，公司领导要求财务经理张峰尽快想出办法解决。接到任务后，张峰马上会同公司其他财务人员商讨对策，以解燃眉之急。经过一番讨论，形成了四种备选筹资方案。

方案一：银行短期贷款。工商银行提供期限为3个月的短期借款200万元，年利率为8%。方案二：票据贴现。将面额为220万元的未到期（不带息）商业汇票提前3个月进行贴现，贴现率为9%。方案三：商业信用融资。天龙公司愿意以“2/10，n/30”的信用条件，向其销售200万元的A材料。方案四：安排专人将250万元的应收款项催回。

【案例思考】

请你协助财务经理张峰对恒丰公司的短期资金筹集方式进行选择。

第一节　筹资概述

资金是企业生存与发展的血液。任何一个以营利为目的的企业，在其初创阶段都必须以权益资本的形式从企业发起人以及一些原始投资者那里获得其所需的原始资本，并以此来吸引其他投资者或成为各类债务的基础和保证。筹资是指企业为满足其生产经营与资本支出等活动的需要，通过各种筹资渠道和方式经济地从外部有关单位和个人以及从企业内部筹措和集中资金的财务行为。企业筹资就是根据其生产经营、对外投资以及调整资本结构的需要，通过一定的筹资渠道，采用适当的筹资方式，经济有效地筹措资金的过程。资金筹集是企业生产经营活动的前提条件，也是企业生产顺利进行的保证。同时，筹资也为投资提供了基础和前提，没有资金筹集，就无法进行资金投放，从一定意义上讲，筹资的数量与结构直接影响企业效益的好坏，进而影响企业收益的分配。企业筹资一般分为短期筹资和长期筹资，短期筹资和长期筹资在筹资渠道、筹资方式等方面大不相同，本章主要对短期筹资进行介绍。

一、筹资目的

筹资活动是资金运转的起点，企业筹资的基本目的是满足正常的生产经营需要，主要表现在以下三个方面：

（一）满足企业设立的需要

资金是企业持续从事生产经营活动的基本条件。企业在新创建时筹集资金的主要目的是满足新企业的设立对资金的需要，其特点是以筹集资本金为主要内容。作为企业设立的前提，筹资活动是财务活动的起点，必须达到国家规定的最低限额才能进行企业的设立、登记，进而开展正常的生产经营活动。

（二）满足生产经营的需要

为满足生产经营需要而进行的筹资活动是企业最为经常性的活动，它能够为企业生产经营活动的正常开展提供财务保障。筹集资金，作为企业资金周转运动的起点，主要是出于为满足简单再生产和扩大再生产的资金需要的目的。企业在其产品生命周期的成长阶段，往往需要筹集大量的资金，用于生产经营规模的扩大、设备更新和技术改造，以满足企业发展对资金的需求和保证日常生产经营活动顺利进行。

（三）满足结构调整的需要

资本结构是企业各种筹资方式的组合及其比例关系，它是由企业采用各种筹资方式及其不同的组合而形成的。企业在不同时期由于筹资方式不同，组合会形成不同的资本结构。企业资本结构需要随着环境变化和企业发展中的变化做出相应的调整，使之趋于合理。

二、筹资渠道与筹资方式

企业筹集资金需要通过一定的渠道、采用一定的方式进行。筹资渠道与筹资方式既有联系又有区别。同一筹资渠道的资金可以采用不同的筹资方式取得，而同一筹资方式又可以筹措到不同筹资渠道的资金。所以，企业应该对筹资渠道和筹资方式分别加以研究，以确定最优的筹资结构。

（一）企业筹资渠道

筹集资金的渠道是指企业取得资金的来源和通道，体现着所筹集资金的源泉和流量。我国社会资金的提供者众多，数量分布广泛，为企业筹资提供了广泛的资金来源。认识和了解各筹资渠道及其特点，有助于企业充分拓宽和正确利用筹资渠道，实现各种筹资渠道的合理组合，有效地筹集资金。目前，我国企业的筹资渠道主要有以下七种：

1.国家财政资金

国家财政资金是指国家以财政拨款、财政贷款、国有资产入股等形式向企业投入的资金，它是我国国有企业的主要资金来源。国家财政资金基础坚固、来源充沛，是国有企业筹集资金的重要渠道。

2.银行信贷资金

银行信贷资金是指商业性银行和政策性银行贷放给企业使用的资金，前者追求贷款的盈利性，后者不以营利为目的。银行信贷资金有居民储蓄、单位存款等较稳定的资金来源，贷款方式灵活，能适应各种企业的资金需要，是企业一项十分重要的资金来源。

3.非银行金融机构资金

非银行金融机构中的部分机构为了达到一定的目的而聚集资金，它们可以通过一定的途径或方式将一部分不会立即投入使用的资金以各种方式投资于企业。这种筹资渠道的财力比银行信贷资金要小，但它们的资金供应比较灵活，而且可以提供多种特定服务，是一项很有前景的资金来源。

4.其他法人单位资金

其他法人单位资金是指其他法人单位以其可以支配的资产对企业投资形成的资金。企业在组织生产经营活动或其他业务活动中，往往会形成部分暂时或长期闲置的资金，可以在企业之间进行相互投资和提供短期商业信用。随着横向经济联合的发展，其他企业资金也成为企业资金的一项重要来源。

5.职工和民间资金

职工和民间资金是指企业职工和城乡居民闲置的消费资金。企业可以通过一定的方式合理地调整资金使用上的经济关系，把这些结余货币集中起来形成企业的资金，充分利用这一有很大发展空间的筹资渠道。

6.企业自留资金

企业自留资金是指企业通过各种途径和形式积累起来的属于企业自有的资金，包括企业在税后利润中提取的盈余公积、未分配利润和计提折旧费用而形成的资金。这些资金的主要特征是无须通过一定的方式去筹集，而是直接由企业内部自动生成或转移。

7.外商资金

外商资金是指外商向我国企业投入的资金。利用外资是弥补资金不足、促进企业不断壮大、推动经济发展的重要手段之一。随着国际经济业务的拓展，利用外商资金已成为企业筹资的一个重要来源。

（二）企业筹资方式

企业筹资方式是指企业筹集资金所采取的具体形式，体现着资金的属性。筹资方式属于企业的主观能动行为，我们应该正确认识筹资方式的种类及每种筹资方式的属性，以便选择最佳的筹资方式并进行有效组合，降低成本，提高筹资效益。一般情况下，长期资金采用长期筹资方式筹集，短期资金用短期筹资方式筹集。目前，我国企业的筹资方式主要有吸收直接投资、发行股票、金融机构贷款、商业信用、发行债券、租赁、联营和企业内部积累等。

企业的资金有多种来源渠道和方式，不同的来源渠道和方式又形成不同的资金成本。而资金成本是企业选择资金来源、拟订筹资方案的依据。企业通过金融市场，从多种渠道筹集资金，为提高企业的效益，企业必须千方百计降低资金的综合成本，根据目标资金结构充分分析各种资金来源中个别资金成本的高低，选择适当的资金来源，拟订相应的筹资方案。

筹资渠道解决的是资金来源的问题，筹资方式则解决企业如何取得资金的问题，两者相互独立又密不可分。特定的筹资渠道只能配以相应的筹资方式，而一定的筹资方式可能只适用于某一特定的筹资渠道。企业必须对筹资风险与筹资成本做出权衡，选择最佳的筹资渠道与筹资方式，以使企业保持一个合理的资本结构，保障良好的运营，实现企业价值最大化。

三、资金需要量预测

资金的需要量是筹资的数量依据，必须科学合理地进行预测。筹资数量预测的基本目的是保证筹集的资金既能满足生产经营的需要，又不会产生资金多余而闲置。

（一）因素分析法

因素分析法又称为分析调整法，是以有关项目基期年度的平均资金需要量为基础，根据预测年度的生产经营任务和资金周转加速的要求进行分析调整，来预测资金需要量的一种方法。

因素分析法的计算公式如下：

$$\text{资金需要量} = (\text{基期资金平均占用额} - \text{不合理资金占用额}) \times (1 \pm \text{预测期销售增减率}) \times (1 \pm \text{预测期资金周转速度变动率})$$

【例 4-1】甲企业上年度资金平均占用额为3 600万元，经分析，其中不合理部分为200万元，预计本年度销售增长8%，资金周转加速5%。

预测年度资金需要量=（3 600-200）×（1+8%）×（1-5%）=3 488.4（万元）

小贴士

因素分析法是假设销售增长与资金需要量同向变动，资金周转速度与资金需要量反向变动。

（二）销售百分比法

1.基本原理

销售百分比法是根据销售增长与资产增长之间的关系，预测未来资金需要量的方法。资产是资金使用的结果，反映了资金的占用。该方法将反映生产经营规模的销售因素与反映资金占用的资产因素连接起来，根据销售与资产之间的数量比例关系，预计企业的外部筹资需要量。

销售百分比法首先假设某些资产与销售额存在稳定的百分比关系，根据销售与资产的比例关系预计资产额，根据资产额预计相应的负债和所有者权益，进而确定筹资需要量。

2.基本步骤

（1）确定敏感性资产和敏感性负债项目。

运用销售百分比法要选定与销售收入有稳定百分比关系的项目，这类项目称为敏感性项目，包括敏感性资产与敏感性负债。其中，敏感性资产项目一般包括库存现金、应收账款、应收票据、存货等经营性资产项目；敏感性负债项目一般包括应付账款、应付票据、应交税费等经营性负债项目。

固定资产、长期股权投资、递延所得税资产、短期借款、非流动负债和股本（实收资本）、留存收益一般属于非敏感性项目。

小贴士

固定资产一般不属于敏感性资产，但如果现有的生产能力已经饱和，且需按照销售额的增长比例增加固定资产投资，则固定资产也可以作为敏感性资产；如果现有的生产能力已经饱和，但给出固定资产增加的具体数额，可直接在对外筹资需求量的公式中加上。

（2）确定敏感性资产项目与敏感性负债项目占基期销售收入的百分比。

$$\text{敏感性资产与敏感性负债项目的销售百分比} = \frac{\text{基期敏感性资产(负债)}}{\text{基期销售收入}}$$

（3）确定需要增加的筹资数量。

外部融资需求量=增加的敏感性资产-增加的敏感性负债-增加的留存收益+增加的固定资产

=增加的营运资金-增加的留存收益+增加的固定资产

$$\text{外部融资需求量} = \frac{A}{S1} \cdot \Delta S - \frac{B}{S1} \cdot \Delta S - P \cdot E \cdot S2 + F$$

式中：A为敏感性资产，B为敏感性负债，S1为基期销售收入，S2为预测期销售收入，ΔS为增加的销售收入，F为增加的固定资产。

【例4-2】某公司2022年销售收入为20 000万元，销售净利润率为12%，并将净利润的60%分配给投资者。2022年12月31日的资产负债表（简表）见表4-1。

表4-1 资产负债表（简表）

2022年12月31日　　单位：万元

资产	期末余额	负债及所有者权益	期末余额
货币资金	1 000	应付账款	1 000
应收账款	3 000	应付票据	2 000
存货	6 000	长期借款	9 000
固定资产	7 000	实收资本	4 000
无形资产	1 000	留存收益	2 000
资产总计	18 000	负债与所有者权益总计	18 000

该公司2023年计划销售收入比上年增长30%，为实现这一目标，公司需新增设备一台，价值148万元。据历年财务数据分析，公司流动资产与流动负债随销售额同比率增减。假定该公司2023年的销售净利率和利润分配政策与上年保持一致。

要求：

（1）计算2023年公司需增加的营运资金；

（2）预测2023年需要对外筹集资金量；

（1）计算2023年公司需增加的营运资金。

$$敏感性资产占销售收入的百分比 = \frac{10\,000}{20\,000} \times 100\% = 50\%$$

$$敏感性负债占销售收入的百分比 = \frac{3\,000}{20\,000} \times 100\% = 15\%$$

增加的销售收入 = 20 000 × 30% = 6 000(万元)

增加的营运资金 = 6 000 × 50% − 6 000 × 15% = 2 100（万元）

（2）预测2023年需要对外筹集资金量：

增加的留存收益 = 20 000 × (1 + 30%) × 12% × (1 − 60%) = 1 248（万元）

对外筹集资金量 = 148 + 2 100 − 1248 = 1 000（万元）

（三）资金习性预测法

资金习性预测法是指根据资金习性预测未来资金需要量的一种方法。所谓资金习性，是指资金的变动同产销量变动之间的依存关系。按照资金同产销量之间的依存关系，可以把资金区分为不变资金、变动资金和半变动资金。

不变资金是指在一定的产销量范围内，不受产销量变动的影响而保持固定不变的那部分资金。也就是说，产销量在一定范围内变动，这部分资金保持不变。这部分资金包括为维持营业而占用的最低数额的现金，原材料的保险储备，必要的产成品储备，厂房、机器设备等固定资产占用的资金。

变动资金是指随产销量的变动而同比例变动的那部分资金。它一般包括直接构成产品实体的原材料、外购件等占用的资金。另外，在最低储备以外的库存现金、存货、应收账款等也具有变动资金的性质。

半变动资金是指虽然受产销量变化的影响，但不成同比例变动的资金，如在一些辅助材料上占用的资金。半变动资金可采用一定的方法划分为不变资金和变动资金两部分。

这种方式是根据历史上企业资金占用总额与产销量之间的关系，把资金分为不变和变动两部分，然后结合预计的销售量来预测资金需要量。

设产销量为自变量X，资金占用总额为因变量Y，它们之间的关系可用下式表示：

$$Y=a+bX$$

式中，a为不变资金；b为单位产销量所需变动资金。

可见，只要求出a和b，并知道预测期的产销量，就可以用上述公式测算资金需求情况。可以用线性回归法或高低点法确定a和b

1.线性回归法

线性回归法是指根据资金需要量与营业业务量之间的依存关系建立数学模型，然后根据历史有关资料，用回归直线方程预测资金需要量的方法。

根据线性回归模型及联系历年的n期数据，即可建立决定回归直线的联立方程组如下：

$$\begin{cases}\sum Y = na + b\sum X \\ \sum XY = a\sum X + b\sum X^2\end{cases}$$

根据上述联立方程组，根据历史数据，可以解出a和b的值。

【例4-3】某企业2018—2022年的产销量和资金需要量如表4-2所示。假定2023年的产销量为8万件，请预测2023年的资金需要量。

表4-2　　**某企业2018—2022年产销量与资金需要量情况表**

年份	产销量（X）（万件）	资金需要量（Y）（万元）
2018	6.0	600
2019	6.2	640
2020	5.8	580
2021	7.0	700
2022	7.5	750

线性回归法的计算步骤如下：

（1）根据表4-2的资料，计算整理出表4-3相关数据如下：

表 4-3　　**回归方程数据计算表**

年份	产销量（X）（万件）	资金需要量（Y）（万元）	XY	X^2
2018	6.0	600	3 600	36.00
2019	6.2	640	3 968	38.44
2020	5.8	580	3 364	33.64
2021	7.0	700	4 900	49.00
2022	7.5	750	5 625	56.25
n=5	$\sum X=32.5$	$\sum Y=3\ 270$	$\sum XY=21\ 457$	$\sum X^2=213.33$

（2）将表 4-3 的数据代入上述联立方程组，可得下列联立方程组：

$$\begin{cases} 3\ 270 = 5a + 32.5b \\ 21\ 457 = 32.5a + 213.33b \end{cases}$$

求解上述联立方程组，可得：a≈22.72，b≈97.12

（3）确定资金需要量预测模型。将 a 和 b 代入 Y=a+bX，得到预测模型为：

Y=22.72+97.12X

（4）计算资金需要量。将 2023 年的预计产销量 8 万件代入上述模型，可以计算出资金需要量：

Y=22.72+97.12×8=799.68（万元）

小贴士

运用线性回归法必须注意以下几个问题：一是资金需要量与产销量要线性相关；二是确定 a、b 数值，应利用预测年度前连续若干年的历史资料，一般要有三年以上的资料。此外，还应考虑价格等因素的变动情况。

2. 高低点法

高低点法是根据企业一定期间资金占用的历史资料，选用最高业务量和最低业务量的资金占用量之差，同这两个业务量之差进行对比，先求出 b 的值，然后再代入原直线方程，求出 a 的值，从而推测资金需要量的模型。其计算公式为：

$$b = \frac{\text{最高业务量期资金占用} - \text{最低业务量期资金占用}}{\text{最高业务量} - \text{最低业务量}}$$

a=最高业务量期资金占用−b×最高业务量

或　=最低业务量期资金占用−b×最低业务量

【例 4-4】某企业 2019—2022 年销售收入与资产情况见表 4-4。

表 4-4　　**某企业 2019—2022 年销售收入与资产情况**　　单位：万元

年份	销售收入	现金	应收账款	存货	固定资产	流动负债
2019	6 000	1 400	2 100	3 500	6 500	1 080
2020	5 000	1 200	1 900	3 100	6 500	930
2021	6 800	1 620	2 560	4 000	6 500	1 200
2022	7 000	1 600	2 500	4 100	6 500	1 230

要求：

（1）采用高低点法分项建立资金需要量预测模型。

（2）预测当2023年销售收入为10 000万元时：①企业的资金需要总量；②2023年需要增加的资金；③若2023年销售净利率为10%，股利支付率为40%，则2023年需对外筹集的资金数额。

（1）现金占用情况：

$$b_{现} = \frac{\Delta Y}{\Delta X} = \frac{1\,600 - 1\,200}{7\,000 - 5\,000} = 0.2$$

$a_{现}$= Y−bX=1 600−0.2×7 000=200（万元）

应收账款占用情况：

$$b_{应} = \frac{\Delta Y}{\Delta X} = \frac{2\,500 - 1\,900}{7\,000 - 5\,000} = 0.3$$

$a_{应}$= Y−bX=2 500−0.3×7 000=400（万元）

存货占用情况：

$$b_{存} = \frac{\Delta Y}{\Delta X} = \frac{4\,100 - 3\,100}{7\,000 - 5\,000} = 0.5$$

$a_{存}$= Y−bX=4 100−0.5×7 000=600（万元）

固定资产占用情况：

$a_{固}$=6 500万元

流动负债占用情况：

$$b_{流} = \frac{\Delta Y}{\Delta X} = \frac{1\,230 - 930}{7\,000 - 5\,000} = 0.15$$

$a_{流}$= Y−bX=1 230−0.15×7 000=180（万元）

汇总计算：

b=0.2+0.3+0.5−0.15=0.85

a=200+400+600+6 500−180=7 520（万元）

Y=a+bX=7 520+0.85X

（2）当2023年销售收入预计达到10 000万元时：

①预计需要的资金总额=7 520+0.85×10 000=16 020（万元）

②2022年的资金总额=1 600+2 500+4 100+6 500−1 230=13 470（万元）

2023年需要增加的资金=16 020−13 470=2 550（万元）

③2023年对外筹资数额=2 550−10 000×10%×（1−40%）=1 950（万元）

【学思笃行】企业在融资前，必须采用科学的方法，合理预测资金需求量。正如《礼记·中庸》中讲道："凡事，预则立，不预则废。言前定，则不跲。事前定，则不困。行前定，则不疚。道前定，则不穷。"唯如此，才能保证企业行稳致远，实现高质量、可持续的发展。

四、短期筹资的特点与筹资策略的类型

（一）短期筹资的特点

短期筹资是指公司为满足临时性流动资产周转需要而进行的偿还期在1年之内或者一个经营周期内的筹资行为。由于短期资金一般是通过流动负债方式取得的，因此，短期筹

资亦可称为流动负债筹资或短期负债筹资。与长期负债筹资相比，短期筹资具有如下特点：

1.速度快

申请短期借款往往比申请长期借款更容易、更便捷，通常在较短时间内便可获得。长期借款借贷的时间长，贷方风险大，贷款人需要对公司的财务状况评估后方能做出决定。因此，当公司急需资本时，往往首先寻求短期借款。

2.弹性大

与长期债务相比，短期贷款给债务人更大的灵活性。长期债务债权人为了保护自己的利益，往往要在债务契约中对债务人提出有关限制性条款，诸如利率、偿还期、违约金、罚金等条款，使债务人丧失某些经营决策主动权。而短期借款契约中的限制条款比较少，使公司有更大的行动自由度，特别是对于生产具有季节性的公司，短期借款比长期借款具有更大的灵活性。

3.成本低

在正常情况下，短期负债融资所发生的利息支出低于长期负债融资的利息支出，而某些“自然性融资”（如应交税费、应计费用等）则没有利息负担。

4.融资风险大

尽管短期债务的成本低于长期债务，但其风险大于长期债务。这主要表现在两个方面：一是长期债务的利息相对比较稳定，即在相当长一段时间内保持不变；而短期债务的借款利率则随市场利率的变化而变化，时高时低，使公司难以适应。二是如果公司过分筹措短期债务，当债务到期时，公司不得不在短期内筹措大量资金还债，这极易导致公司财务状况恶化，甚至无法及时还债而破产。

（二）筹资策略的类型

公司的生产经营规模不是一成不变的。就整体而言，形成变动的原因主要有季节性循环和经济周期两个方面。在经营旺季，厂商会迅速扩大经营规模，对短期资金的需求上升；在经营淡季，厂商对短期资金的需求会下降。此外，当经济进入高涨期时，所有行业均提高营运资本量；当经济进入萧条期时，短期资本需求也随之缩小。

无论公司经营规模怎样波动，对短期资本的需求仍然有一个基本稳定不变的量，这是保证公司正常经营的最低需要量。因此，从生产经营的角度看，公司对短期资本的需求有稳定性与波动性两个特征。根据公司短期资本需求的特征，在短期筹资管理的原则上，可以有稳健型、激进型和折中型三种类型。

公司的流动资产一般分为临时性资产（波动性流动资产）和永久性资产两部分。前者是指由于季节性或临时性原因占用的流动资产，如销售旺季增加的应收账款和存货等；后者是指用于满足公司长期稳定需要的流动资产，如保险储备中的存货或现金等。与此相对应，公司的资本需求也分为临时性资本需求和永久性资本需求两部分。前者一般是通过短期债务筹资满足公司临时性流动资产需要，后者一般是通过长期筹资满足公司永久性流动资产和固定资产需要。

1.稳健型策略

稳健性策略，又称为保守型筹资策略。这是一种较为谨慎的筹资策略，如图4-1所示。图中虚线在永久性流动资产线以上，这表明公司的长期资本不但能满足永久性资产的资本需求，而且还能满足部分短期或临时性流动资产的资本需求。长期资本来源超出永久性资产需求部分，通常以可迅速变现的有价证券形式存在，当临时性流动资产需求处于低谷时，这部分证券可获得部分短期投资收益；当临时性流动资产需求处于高峰时，则将其转换为现金。

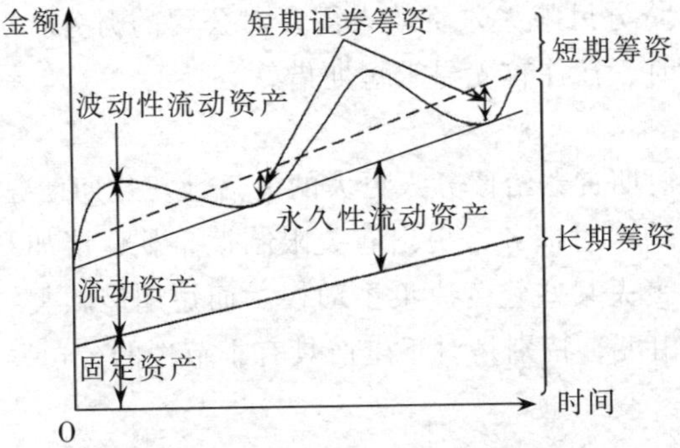

图4-1　稳健型（保守型）筹资策略

稳健型策略的主要目的是规避风险。采取这一策略，公司短期负债比例相对较低，其优点是可增强公司的偿债能力，降低利率变动风险。但这种策略可使公司的资本成本增加，利润减少；如用股权资本代替负债，还会丧失财务杠杆利益，降低股东的收益率。这种策略通常适合于长期资本闲置，但又找不到更好的投资机会的公司。

2.激进型策略

这是一种扩张型融资策略，如图4-2所示。图中虚线在永久性流动资产以下，这表明公司长期资本不能满足永久性资产的资本需求，要依赖短期负债来弥补。激进型融资策略的主要目的是追求高利润。但采取这种策略，一方面降低了公司的流动比率，加大了偿债风险；另一方面短期负债融资利率的多变性又增加了公司盈利的不确定性。因此，短期负债的低成本所带来的收益将被这些高风险所抵销。这种策略一般适合于长期资本来源不足，或短期负债成本较低的公司。

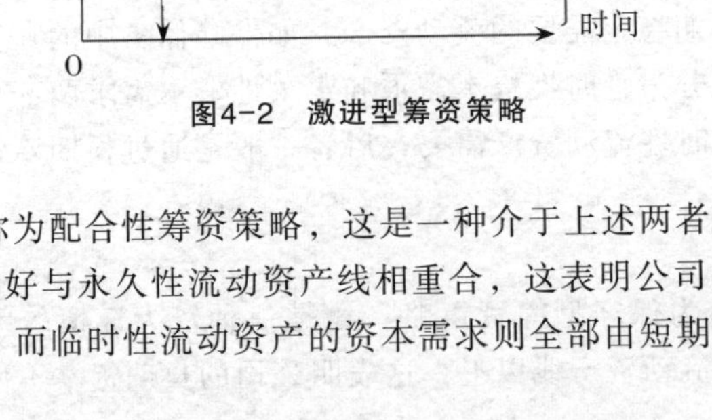

图4-2　激进型筹资策略

3.折中型策略

折中型策略，又称为配合性筹资策略，这是一种介于上述两者之间的融资策略，如图4-3所示。图中虚线刚好与永久性流动资产线相重合，这表明公司的长期资本正好满足永久性资产的资本需求，而临时性流动资产的资本需求则全部由短期负债融资解决。这种策略的风险介于稳健型和激进型策略之间。这种策略要求公司负债的到期结构与公司资产的寿命周期相匹配，这样一方面可以减少公司到期不能偿债的风险；另一方面可以减少公司闲置资本占用量，提高资本的利用效率。这种策略是一种理想的融资策略，在现实经济活动中往往难以实现。

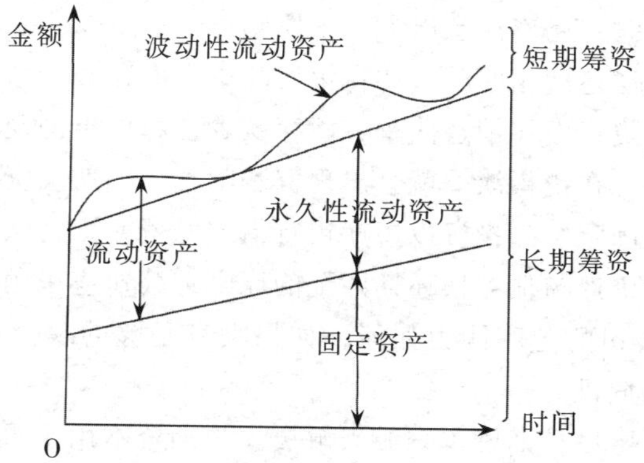

图4-3 折中型（配合性）筹资策略

【例 4-5】某公司目前正在考虑三种流动资产投资与融资策略。

A.稳健型策略：流动资产投资600万元，短期负债融资300万元。

B.折中型策略：流动资产投资500万元，短期负债融资400万元。

C.激进型策略：流动资产投资400万元，短期负债融资500万元。

三种不同策略风险与收益情况如表4-5所示。

表4-5 **营运资本组合策略** 单位：万元

项目	A（稳健）	B（折中）	C（激进）
流动资产	600	500	400
固定资产	800	800	800
资产总额	1 400	1 300	1 200
短期负债（6%）	300	400	500
长期负债（8%）	350	300	250
负债总额	650	700	750
股东权益	750	600	500
负债与股东权益总额	1 400	1 300	1 250
预期息税前利润	200	200	200
利息费用			
短期负债	18	24	30
长期负债	28	24	20
税前利润	154	152	150
所得税（25%）	38.5	38	37.5
税后利润	115.5	114	112.5
净资产收益率	15.4%	19%	22.5%
净营运资本	300	100	-100
流动比率	2	1.25	0.8

从表4-5中可知，激进型策略的股东权益利润率为22.5%，流动比率为0.8，其特点是收益高，风险大；稳健型策略的股东权益利润率为15.4%，但流动比率为2，其特点是收益小，风险也小，短期偿债能力有保证；折中型策略的收益和风险介于两者之间。

上述各种策略孰优孰劣，并无绝对标准，公司应结合自身的实际情况，灵活运用这些策略。在选择组合策略时，还应注意以下几个原则：

第一，资产与债务偿还期相匹配。如在销售旺季，库存资产增加所需要的资本，一般应以短期银行借款来解决；而在销售淡季，库存减少，释放出的现金即可用于归还银行借款。如果采用长期资本，在销售淡季就会出现资本闲置，即使投资于有价证券，其收益相对也较低。相反，如果固定资产投资以短期银行借款融资，则无法用该项投资产生的现金流入量还本付息。按照资产与债务偿还期匹配的原则，公司应采用长期资本来源用于固定资产投资。因为不论公司的盈利能力如何，如果没有足够的现金支付到期债务或当前费用，公司就会陷入财务危机。

第二，净营运资本要以长期资本来源来解决。长期资本用于短期投资，综合资本收益将有所下降。

第三，保留一定的留存收益，这样可使公司在需要时能够更方便地使用资本。保留一定的留存收益并非一定意味着公司实际上拥有一部分现金结余，它还包括公司的借贷能力，即公司保留一部分向银行借款的能力不用，在必要时用这部分能力随时从银行取得借款。但这一原则容易造成资本使用效率低下，导致某种机会成本的损失，因此，公司应在资本使用便捷性和资本使用效率性之间寻找一个合适的均衡点。

第二节 商业信用

商业信用指在商品交易中以延期付款或预收货款进行购销活动而形成的借贷关系，它是公司间直接的信用行为。商业信用产生于商品交换之中，是所谓的“自发性筹资”。它运用广泛，在短期负债筹资中占有相当大的比重。商业信用的具体形式主要有应付账款、应付票据、预收账款等。

一、应付账款

应付账款即赊销商品，这是一种典型的商业信用形式。在这种方式下，买卖双方发生商品交易，买方收到商品后不立即支付货款，也不出具借据，而是形成“欠账”，延迟一定时期后才付款。这种关系完全由买方的信用来维持。对于卖方来说，可以利用这种方式促销，而对于买方来说，延期付款等于向卖方借用资本购进商品，以满足短期资本的需要。

公司在一定时期应付账款筹资额度的大小不但与公司生产经营状况有关，也与供应商（卖方）提供的信用条件有关。如供应商的信用条件是“n/30”，表示购货方必须在30天内支付货款。有时供应商为促使购货方按期付款、及早付款，通常给予购货方一定的现金折扣。例如，信用条件为“2/10，n/30”，表示购货方如于购货后10天内付款，可以享受2%的购货折扣；如于10天到30天内付款，购货方必须支付全额货款，允许购货方付款的期限最长为30天。

应付账款筹资按其是否支付代价，分为免费信用、有代价信用和展期信用。

（1）免费信用是指企业无须支付任何代价而取得的信用，一般包括法定付款期限和销售者允许的折扣期限。前者如中国人民银行支付结算办法规定允许有3天的付款期限，即付款人可从收到付款通知3天内享受免费信用；后者为一定信用条件的折扣期内购买者可享受免费信用，如信用条件为“2/10，n/30”中的10天为免费信用。

（2）有代价信用是指企业需要支付一定的代价而取得的信用。如在有折扣销售的方式下，购货方如欲取得商业信用，则需放弃折扣，而所放弃的折扣就是取得此种信用的代价。

（3）展期信用是指企业在销售者提供的信用期限届满后以拖延付款方式强制取得的信用。展期信用虽不付出代价，但不同于一般免费信用，它是明显违反结算制度的行为，且会影响企业信誉，是不可取的。

① 应付账款的成本。若买方企业购买货物后在卖方规定的折扣期内付款，便可享受免费信用，这种情况下企业没有因为享受信用而付出代价。

【例4-6】某企业按“2/10，n/30”的条件购入货物100万元。如果该企业在10天内付款，便享受了10天的免费信用期，并获得折扣2万元（100×2%），免费信用额为98万元。

若买方企业放弃折扣，在10天后（不超过30天）付款，该企业便要承受因放弃折扣而造成的隐含利息成本。一般而言，放弃现金折扣的成本可由下式求得：

$$放弃现金折扣的成本=\frac{折扣百分比}{1-折扣百分比}\times\frac{360}{信用期-折扣期}\times100\%$$

运用上式，该企业放弃折扣所负担的成本为：

$$\frac{2\%}{1-2\%}\times\frac{360}{30-10}\times100\%=36.73\%$$

公式表明，放弃现金折扣的成本与折扣的百分比的大小、折扣期的长短同方向变化，与信用期的长短成反方向变化。可见，如果买方企业放弃折扣而获得信用，其代价是较高的。然而，企业在放弃折扣的情况下，推迟付款的时间越长，其成本就会越小。例如，如果企业延至50天付款，其成本则为：

$$\frac{2\%}{1-2\%}\times\frac{360}{50-10}\times100\%=18.37\%$$

② 利用现金折扣的决策。在附有信用条件的情况下，因为获得不同信用要负担不同的代价，买方企业便要在利用哪种信用之间做出决策。

如果能以低于放弃折扣的隐含利息成本（实质是一种机会成本）的利率借入资金，就应在折扣期内用借入的资金支付货款，享受现金折扣。比如，与上例同期的银行短期借款年利率为12%，则买方企业应利用更便宜的银行借款在折扣期内偿还应付账款；反之，企业应放弃折扣。

如果在折扣期内将应付账款用于短期投资，所得的投资收益率高于放弃折扣的隐含利息成本，则应放弃折扣而去追求更高的利益。当然，假使企业放弃折扣优惠，也应将付款日推迟至信用期内的最后一天（如上例中的第30天），以降低放弃折扣的成本。

如果企业因缺乏资金而展延付款期（如上例中将付款日推迟到第50天），则需在降低了的放弃现金折扣成本与展延付款带来的损失之间做出选择。展延付款带来的损失主要是指因企业信誉恶化而丧失对供应商乃至其他贷款人的信用，或日后招致苛刻的信用条件。

如果面对两家以上提供不同信用条件的卖方，应通过衡量放弃折扣成本的大小，选择信用成本最小（或所获利益最大）的一家。比如，上例中另有一家供应商提出“1 /20，n/30”的信用条件，其放弃折扣的成本为：

$$\frac{1\%}{1-1\%}\times\frac{360}{30-20}\times100\%=36.36\%$$

与上例中“2/10，n/30”信用条件的情况相比，后者的成本较低，如果买方企业估计会拖延付款，那么宁肯选择第二家供应商。

二、应付票据

应付票据是购销双方按购销合同进行商品交易、延期付款而签发的、反映债权债务关系的一种信用凭证。根据承兑人的不同，应付票据分为商业承兑汇票和银行承兑汇票两种。商业承兑汇票是由收款人签发，经付款人承兑，或由付款人签发并承兑的票据；银行承兑汇票是由收款人或承兑申请人签发、由承兑申请人向开户银行申请，经申请银行同意，并由银行承兑的票据。商业汇票承兑后，承兑人（即付款人）负有将来无条件支付票款的责任，经承兑的商业票据允许背书转让。

应付票据的承兑期限由交易双方商定，一般为1～6个月，最长一般不超过9个月；在特殊情况下经交易双方商定，还可适当延长。应付票据可以带息，也可以不带息。带息应付票据利息率通常低于其他筹资方式的利率，如低于短期借款利率，且不用保持相应的补偿性余额和支付各种手续费等。

使用应付票据结算方式，收款人需要资金时，可持未到期的商业承兑汇票或银行承兑汇票向其开户银行申请贴现。贴现银行需要资金时，可持未到期的汇票向其他银行转贴现。

贴现和转贴现的期限一律从其贴现之日起到汇票到期日止。实际支付贴现金额按票面金额扣除贴现息后计算。

票据贴现实际上是持票人把未到期的汇票转让给银行，贴付一定利息以取得银行借款的行为。因此，它是商业信用发展的产物，实为一种银行信用。应付票据贴现息及应付贴现票款的计算方法如下：

贴现息=汇票金额×贴现天数×（月贴现率/30天）

应付贴现票款=汇票金额−贴现息

【例 4-7】甲公司向乙公司购进原材料一批，价款100 000元，双方商定6个月后付款，采用商业承兑汇票结算。乙公司于4月10日开出汇票，并经甲公司承兑。汇票到期日为10月10日。如乙公司急需资金，于5月10日办理贴现，其月贴现率为0.6%，试计算应付贴现票款是多少。(一年按360天计算)

贴现息=100 000×150×（0.6%/30）=3 000（元）

应付贴现票款=100 000−3 000=97 000（元）

三、预收账款

预收账款是卖方企业在交付货物之前向买方预先收取部分或全部货款的信用形式。对于卖方来说，预收账款相当于向买方借用资本后用货物抵偿。通常，购买单位对于紧俏商品乐于采用这种形式，以便获得所需商品。另外，生产周期长、售价高的商品，如轮船、飞机等，生产企业也经常向订货者分次预收货款，以缓解资金占用过多的压力。

此外，企业还往往有一部分由于结算原因而形成的“应付费用”，如应付水电费、应付福利费、应交税费等。这些费用的发生是受益在先，支付在后，而且支付期晚于结算期。于是在企业中形成一部分经常占用的流动负债，可作为企业资金的补充来源，而且不必花费资金成本。此项“应付费用”，在西方称为“自然筹资”，我国过去将其中经常占用或最低占用的部分称为“定额负债”。这种“应付费用”并非企业主动筹资的结果，企业也无权扩大其规模，不同于一般的筹资，但它确实又可为企业提供一定数量的可经常占用的资金来源，这在筹资过程中应加以考虑。

四、商业信用筹资评价

（一）商业信用的优点

（1）筹资便利。利用商业信用筹措资金非常方便，因为商业信用与商品购销同时进行，不用做非常正规的安排。

（2）限制条件少。企业利用银行借款筹资，银行对贷款的使用大都会规定一些限制条件，而商业信用则限制较少。

（3）有时无筹资成本。如果在现金折扣期的后期付款，则可利用一段时间的商业信用而不发生筹资成本。

（二）商业信用的缺点

（1）商业信用的期限较短，如果取得现金折扣，则时间更短。

（2）有时筹资成本较高。如果放弃现金折扣，则需付出很高的筹资成本。

第三节　短期借款

短期借款是指企业向银行和其他非银行金融机构借入的期限在1年以内的借款。短期借款一般分为无担保借款和担保借款两大类。无担保借款是指企业凭借自身信誉从银行取得的借款，又称信用借款；担保借款是指借款企业以本企业某些资产作为偿债担保品而取得的借款，又称抵押借款。其具体内容包括应收账款担保（抵押给银行）借款和应收账款让售（将债权卖给银行）借款、应收票据贴现借款、存货担保借款等。

一、短期借款的种类

短期借款有多种形式，可根据不同方式对其进行分类。

（一）按偿还方式不同分类

短期借款按偿还方式不同可分为一次性偿还借款和分期偿还借款。

一次性偿还借款就是要求借款者在借款期限到期前，一次性还清本金和利息的借款。一次性偿还借款一般是有特定用途的，如用于应对临时性的资金短缺。分期偿还借款指借款人按照借款协议规定，在还款期内分次偿还借款，还款期结束，借款全部还清。分期偿还借款适合于借款金额大、借款期限长的借款。

（二）按利息支付方法不同分类

短期借款按利息支付方法不同可分为收款法借款、贴现法借款和加息法借款。

收款法是在借款到期时向银行支付利息的方法，银行向企业贷款一般都采用这种方法收取利息。贴现法又称折价法，是指银行向企业发放贷款时，先从本金中扣除利息部分，到期时借款企业偿还全部贷款本金的一种利息支付方法。加息法是银行发放分期等额偿还贷款时采用的利息收取方法。

（三）按有无担保分类

短期借款按有无担保可分为抵押借款和信用借款。

抵押借款是指企业以提供担保品为条件向银行取得的借款。信用借款又称无担保借款，是借款人完全依靠信用而不需要提供经济担保和财产抵押取得的借款。

二、短期借款的信用条件

按照国际惯例，银行发放短期借款往往涉及以下信用条件：

（一）信贷限额

信贷限额即信贷额度，是借款人与银行在协议中规定的允许借款人借款的最高限额。

（二）周转信贷协定

它是银行从法律上承诺向企业提供不超过某一最高限额的贷款协定。在协定的有效期内，只要企业借款总额未超过最高限额，银行必须满足企业任何时候提出的借款要求。企业要享有周转信贷协定，通常要对贷款限额的未使用部分付给银行一笔承诺费。

【例 4-8】某企业与银行商定周转信贷额为 2 000 万元，承诺费率为 0.5%，借款企业年度内使用了 1 500 万元，余额 500 万元，则借款企业应向银行支付承诺费的金额为：

承诺费=500×0.5%=2.5（万元）

（三）补偿性余额

它是银行要求借款人在银行中保持按贷款限额或实际借款额的一定百分比计算的最低存款余额。补偿性余额的要求提高了借款的实际利率。补偿性余额贷款实际利率的计算公式为：

$$\text{补偿性余额贷款实际利率}=\frac{\text{名义借款金额}\times\text{名义利率}}{\text{名义借款金额}\times(1-\text{补偿性余额比例})}=\frac{\text{名义利率}}{1-\text{补偿性余额比例}}$$

补偿性余额有助于银行降低贷款风险，补偿其可能遭受的损失，但对借款企业来说，补偿性余额则提高了借款的实际利率，加重了企业的利息负担。

【例 4-9】某企业按年利率 8% 向银行借款 200 万元，银行要求保留 20% 的补偿性余额，企业实际可动用的借款只有 160 万元，则该项借款的实际利率为：

$$\text{补偿性余额贷款实际利率}=\frac{8\%}{1-20\%}\times100\%=10\%$$

（四）偿还条件

无论何种借款，银行一般都会规定还款的期限。根据我国金融制度的规定，贷款到期后仍无能力偿还的，视为逾期贷款，银行要照章加收逾期罚息。

（五）以实际交易为贷款条件

当企业发生经营性临时资金需求，向银行申请贷款以求解决时，银行会以企业将进行的实际交易为贷款基础，单独立项，单独审批，最后做出决定并确定贷款的相应条件和信用保证。

三、短期借款利息支付方法

一般来说，借款企业通常用以下方法支付银行贷款利息：

（一）利随本清法

利随本清法亦称收款法，是在借款到期时向银行支付利息的方法。采用这种方法，借款的名义利率等于其实际利率。

（二）贴现法

贴现法是银行向企业发放贷款时，先从本金中扣除利息部分，在贷款到期后借款企业再偿还全部本金的一种计息方法。贴现法实际贷款利率公式为：

$$贴现贷款实际利率 = \frac{利息}{贷款金额 - 利息} \times 100\%$$

或

$$贴现贷款实际利率 = \frac{名义利率}{1 - 名义利率} \times 100\%$$

【例4-10】某企业从银行取得借款200万元，期限为1年，名义利率为8%，利息为16万元。按照贴现法付息，企业实际得到的贷款额为184万元，该项贷款的实际利率为：

$$贴现贷款实际利率 = \frac{16}{200 - 16} \times 100\% = 8.7\%$$

（三）加息法

加息法是银行发放分期等额偿还贷款本息时采用的利息收取方法。在约定分期等额偿还贷款本息的情况下，银行将根据名义利率计算的利息加到贷款本金上，计算出贷款本利和，要求企业在贷款期内分期还本付息。由于贷款分期均衡偿还，借款企业实际上只平均使用了贷款本金的半数，却支付全额利息。这样，借款企业实际利率2倍于名义利率。

四、短期借款筹资评价

（一）短期借款筹资的优点

相对于其他融资方式，短期借款筹资有以下几个优点：

1.筹资速度快

短期借款筹资通常比较迅速，以从银行筹措资金方式为主。银行在货币市场占有关键地位，资金充足，企业可随时取得借款。

2.借款弹性好

企业与银行直接接触，可通过直接商谈来确定借款时间、数量和利息率。借款期间，如有特殊情况，可与银行协商，修改借款数量和条件。

（二）短期借款筹资的缺点

短期借款筹资也存在一些缺点，主要表现在以下几个方面：

1.财务风险较大

短期借款的期限短，其还本付息的压力大，因此其偿债风险也相对较大。

2.限制条款较多

向银行借款，银行要对企业的经营和财务状况进行调查，有些银行还要企业把流动比率维持在一定范围内，这些都构成了对企业的限制。

此外，周转借款支付的承诺费和担保借款支付的管理费会加大借款成本。把变现力较强的应收账款用作担保，可能会削弱其他债权人的利益。

第四节 短期筹资的其他方式

一、短期融资券

短期融资券是由企业发行的无担保短期本票。在我国，短期融资券是指企业依据《短期融资券管理办法》的条件和程序，在银行间债券市场发行和交易并约定在一定时间内（1年以内）还本付息的有价证券。

（一）短期融资券的特征

我国短期融资券具有以下特征：

（1）发行人为非金融企业；

（2）它是一种短期债券品种；

（3）发行利率（价格）由发行人和承销商协商确定；

（4）发行对象为银行间债券市场的机构投资者，不向社会公众发行；

（5）实行余额管理，待偿还融资券余额不超过企业净资产的40%；

（6）可以在全国银行间债券市场机构投资者之间流通转让。

（二）短期融资券的种类

（1）按发行方式的不同，可将短期融资券分为经纪人代销的融资券和直接销售的融资券两种。

（2）按发行人的不同，可将短期融资券分为金融企业的融资券和非金融企业的融资券两种。在我国，目前发行和交易的是非金融企业的融资券。

（3）按融资券的发行和流通范围，可将短期融资券分为国内融资券和国际融资券两种。

（三）短期融资券的发行条件

短期融资券的发行人为非金融企业，发行和交易的对象是银行间债券市场的机构投资者，融资券的发行由符合条件的金融机构承销，对企业发行融资券实行余额管理，待偿还融资券余额不超过企业净资产的40%，融资券采用实名记账方式在中央国债登记结算有限责任公司（简称中央结算公司）登记托管，可以在全国银行间债券市场的机构投资者之间流通转让。

（四）短期融资券的发行程序

公司做出发行短期融资券的决策，办理发行短期融资券的信用评级，并向有关审批机构提出发行申请，审批机关对企业提出的申请进行审查和批准，然后由公司正式发行短期融资券取得资金。

（五）发行短期融资券的风险

发行短期融资券为企业短期融资提供了一个新的渠道，也暴露出了一些风险。

1.信用风险

目前，我国由于公司治理结构不规范，违规成本低，与企业财务状况紧密相连的风险提示处于空白状态。部分企业为了达到低成本融资的目的，对披露的财务数据、经营业绩进行一定的修饰，隐藏了一定的信用风险。如果现有制度安排中隐藏的信用风险得不到及时发现和披露，一旦市场扩容，或经济环境变化，都会使信用风险迅速扩大。少数企业违约的信用风险有可能通过市场传导为系统性风险，甚至影响到整个金融体系的稳定。

2.滚动发行机制隐含“短债长用”的投资风险

按现行规定，人民银行对企业发行短期融资券实行余额管理，监管部门只需控制融资券待偿余额不超过企业净资产的40%即可。这就使部分企业有可能绕过中长期企业债的限制，通过滚动发行短期融资券进行长期融资。由于监管缺失，难以避免企业将通过短期债融入的资金用作长期投资。任何中长期投资项目都面临市场、技术、产品等方面的风险，随着短期融资券发行规模的扩大，其隐含的投资风险将不断加大。

3.短期融资券风险可能向银行转移

这主要体现在三个方面：一是隐性担保的潜在风险。短期融资券是无担保信用债券，不少企业将银行授信额度作为提高偿债能力的条件，主承销银行出于自身利益，心甘情愿地提供隐性担保。一旦出现违约风险，企业的信用风险就可能向银行转移和积聚。二是银行自销、自买短期融资券，容易产生泡沫，造成短期融资券异常“火爆”的假象。一旦个别企业出现兑付风险，必然引发投资者对相同信用等级短期融资券产生怀疑，可能引发大范围抛售，金融机构持有的短期融资券价值将迅速下降。如果银行将短期融资券作为流动性的重要工具，必然导致银行体系流动性风险的爆发。三是银行竞相承销短期融资券，互相挖客户，容易产生道德风险和违规风险。

4.信用评级不成熟，道德风险加大

其突出表现在评级缺乏时效，使短期融资券发行时的评级出现终身化倾向；评级手段落后，大多采用长期债券的评级方法，没有短期债券的特性；评级标准不统一；监管主体缺位，至今没有明确评级机构的监管部门，有关法律法规不健全。

为了促进短期融资券市场的健康发展，防范风险，建议采取以下措施：一要建立、健全发行主体财务会计指标的披露制度，加强风险提示；二要适当调整管理制度，防止企业“短债长用”；三要提高机构投资者风险识别和防范能力，确定购买短期融资券的限定比例；四是人民银行应当加强短期融资券的风险监控。

（六）短期融资券筹资评价

利用短期融资券筹资主要有以下优点：

（1）短期融资券的融资成本较低。一般情况下，短期融资券的利率加发行成本要低于同期贷款利率。

（2）短期融资券融资数额比较大。银行发行贷款限制条件较多，一般情况下，银行不会向企业发放巨额短期贷款，而发行短期融资券的数额往往较大，可以融到更多的资金。

（3）发行短期融资券可以提高企业信誉度和知名度。发行短期融资券的企业往往都是知名企业，若能发行自己的短期融资券，则说明企业有较好的信誉度。

短期融资券筹资的缺点主要有：

（1）发行短期融资券的风险比较大。短期融资券还本付息的时间短、数额大，若到期不能按时偿还，就会影响企业的信誉度，甚至造成严重的后果。

（2）发行短期融资券的弹性比较小。只有需要的资金量达到一定量时，才能发行短期融资券，且即使企业资金充裕，也要到期才能偿还。

（3）发行短期融资券的条件比较严格，只有资本实力强、信誉好、经济效益好的企业才能发行短期融资券。

二、应计费用

应计费用是指实际已发生的，但在会计期末尚未被支付的费用。应计费用亦称应计负债，这些费用并不表示会被拖欠偿还。如尚未支付的工资、税金、利息和股利等，这些都是企业的短期负债。在企业自发性短期负债融资中，与应付账款融资相比，应计费用更能体现自发融资的特点。

对一般企业而言，最普遍的应计费用包括工资和税金。这两种费用在其支付前都有一定的积累数额，在规定的时间支付前是企业的一种无成本的短期融资来源。

对企业来说，应计费用并不真正代表一种自由的融资。对税金费用来说，企业必须准时缴纳税金，否则就会受处罚，并会被征收利息罚金。对应付工资来说，若不能及时发放，就会损害员工的利益，影响员工的积极性，从而影响企业的发展。

本章小结

本章首先系统阐述了筹资的目的、特点、类型以及筹资渠道与方式，有效的筹资方案必须正确确定筹资渠道和合理选择筹资方式，并使筹资渠道与筹资方式两者能合理配合。企业在筹资之前必须对资金的需要量进行正确的预测，因此，在明确各种筹资方式的原理和内容的基础上，接着介绍了资金需要量预测的基本方法，包括因素分析法、销售百分比法和资金习性预测法，并用具体实例加以说明，以便学习者灵活掌握、综合应用。本章最后主要介绍了短期筹资的几种方式：商业信用、短期借款以及短期筹资的其他方式。同时，分析了各种短期筹资方式的特征及优缺点。

核心词汇

短期筹资　商业信用　短期借款　短期筹资方式　短期融资券　筹资评价

思政小课堂

2021年10月30日，习近平总书记在二十国集团领导人第十六次峰会第一阶段会议上的讲话提出：“中国古人说：‘诚信者，天下之结也。’就是说诚信是结交天下的根本。中国将坚持对外开放的基本国策，发挥超大规模市场优势和内需潜力，着力推动规则、规制、管理、标准等制度型开放，不断加大知识产权保护力度，持续打造市场化、法治化、国际化营商环境，为中外企业提供公平公正的市场秩序。”

“民无信不立”，企业要想发展壮大，走得长远，信誉是保证。无论是个人还是企业，诚信都是立足之本，这也是社会主义核心价值观的重要内容。

知识演练

一、单项选择题

1.下列各项中，不属于商业信用的是（　　）。

A.应付账款　　B.应付工资　　C.应付票据　　D.预收账款

2.商业信用是（　　）之间的信用行为。

A.企业与国家　　B.企业与企业　　C.企业与员工　　D.企业与银行

3.如果一个企业为了能够正常运转，不论在生产经营的旺季或淡季，都需要保持一定的临时性借款时，则有理由推测该企业所采用的营运资本融资政策是（　　）。

A.稳健型融资政策　　B.配合型融资政策

C.激进型融资政策　　D.折中型融资政策

4.某企业需借入资金600 000元。由于贷款银行要求将贷款数额的20%作为补偿性余额，故企业贷款数额为（　　）。

A.600 000元　　B.720 000元　　C.750 000元　　D.672 000元

5.以下营运资本筹集政策中，临时性负债占全部资金来源比重最大的是（　　）。

A.稳健型融资策略　　B.激进型融资策略

C.折中型融资策略　　D.配合型融资策略

6.企业从银行借入短期借款，不会导致实际利率高于名义利率的利息支付方式是（　　）。

A.收款法　　B.贴现法

C.加息法　　D.分期等额偿还本利和的方法

7.某企业按年利率5.8%向银行借款1 000万元，银行要求保留15%的补偿性余额，则这项借款的实际利率约为（　　）。

A.5.8%　　B.6.4%　　C.6.8%　　D.7.3%

8.某企业赊销货物的信用条件是：20日内付款，给予2%的现金折扣，30日内全部付清。这一信用条件可简略表示为（　　）。

A.“n/30，2/20”　　B.“2/20，n/30”　　C.“20/2，n/30”　　D.“20/2，30/n”

9.下列各项中属于商业信用的是（　　）。

A.商业银行贷款　　B.应付账款　　C.应付工资　　D.融资租赁信用

10.下列各项中，不属于短期筹资特点的是（　　）。

A.筹资速度快　　B.筹资有弹性　　C.筹资成本低　　D.筹资风险低

11.下列关于短期融资券的说法中，错误的是（　　）。

A.短期融资券数额比较大，适合需要巨额资金的企业

B.短期融资券筹资的成本比较低

C.发行短期融资券的条件比较严格

D.短期融资券筹资的弹性比较大，但一般不能提前偿还

12.商业信用筹资的最大优越性在于（ ）。

A.不负担成本 B.期限较短

C.容易取得 D.是一种短期融资形式

二、多项选择题

1.与长期负债融资相比，短期负债融资的特点有（ ）。

A.速度快 B.弹性大 C.成本低 D.融资风险大

2.风险与报酬都得到中和的短期筹资政策与短期资产政策的配合方式有（ ）。

A.紧缩的持有政策与稳健型筹资政策 B.宽松的持有政策与稳健型筹资政策

C.宽松的持有政策与激进型筹资政策 D.紧缩的持有政策与激进型筹资政策

E.紧缩的持有政策与折中型筹资政策

3.下列各项中，属于商业信用的有（ ）。

A.卖方信贷 B.应付账款 C.应付票据 D.预收货款

4.商业信用筹资的优点主要表现在（ ）。

A.筹资风险小 B.筹资成本低 C.限制条件少 D.筹资方便

5.在短期借款的利息计算和偿还方法中，企业实际负担利率高于名义利率的有（ ）。

A.利随本清法付息 B.贴现法付息

C.贷款期内定期等额偿还贷款 D.到期一次偿还贷款

6.利用短期融资券筹集资金的优点有（ ）。

A.资本成本较低 B.发行风险较小

C.筹资数额较大 D.能提高企业信誉

E.筹资弹性较大

7.按发行方式的不同，可将短期融资券分为（ ）。

A.国内融资券 B.经纪人代销融资券

C.国际融资券 D.金融企业融资券

E.直接销售融资券

三、判断题

1.某企业按年利率10%向银行借款，银行要求维持借款额的15%作为补偿性余额，则该项借款的实际利率为12.5%。（ ）

2.利用商业信用筹资的限制较多，而利用银行信用筹资的限制较少。（ ）

3.我国企业短期融资券的发行必须由符合条件的金融机构承销，企业自身不具有销售融资券的资格。（ ）

4.商业信用方式筹集的资金可以供企业长期使用。（ ）

5.贴现率是指贴现息与贴现金额的比率。（ ）

6.商业信用是指商品交易中的延期付款或延期交货所形成的借贷关系，是企业之间的一种直接信用关系。（ ）

7.赊购商品和预付货款是商业信用筹资的两种典型形式。（ ）

8.商业信用筹资的优点是使用方便、成本低、限制少，缺点是时间短。（ ）

9.短期融资券筹资数额比较大，而银行一般不会向企业发放巨额的流动资金借款，因此对于需要巨额资金的企业而言，短期融资券更适用。（　　）

四、计算题

1.某企业2022年12月31日资产负债表（简表）如表4-5所示。

表4-5　资产负债表（简表）

2022年12月31日　单位：万元

资产	金额	负债及所有者权益	金额
现金	50	短期借款	105
应收账款	310	应付账款	260
预付账款	30	应付票据	100
存货	520	预收账款	170
固定资产	1 070	长期负债	200
无形资产	120	实收资本	1 200
		留存利润	65
合计	2 100	合计	2 100

2022年销售收入为2 000万元，2023年预计销售收入增长为2 500万元，销售净利润率为7%，净利润留用比例为40%。(假设固定资产尚有剩余生产能力)

要求：

（1）计算2022年资产和负债各敏感项目的销售百分比。

（2）计算2023年该企业需追加的筹资额和外部筹资额。

2.某企业按“2/10，n/30”条件购入一批货物，即企业如果在10日内付款，可享受2%的现金折扣，倘若企业放弃现金折扣，货款应在30天内付清。

要求：

（1）计算企业放弃该项现金折扣的机会成本。

（2）若企业准备放弃折扣，将付款日期推迟到50天，计算放弃现金折扣的机会成本。

3.C公司向银行借入短期借款10 000元，支付银行贷款利息的方式同银行协商后的结果是：如果采用收款法，则利率为14%；如果采用贴现法，则利率为12%；如果采用补偿性余额，则利率为10%，银行要求的补偿性余额比例为20%。

要求：

（1）计算采用贴现法的实际利率。

（2）计算采用收款法的实际利率。

（3）计算采用补偿性余额的实际利率。

（4）哪种支付方式对公司最有利？

第五章

长期筹资方式

学习目标

资金是企业的血液，任何一家企业不管其经营效益如何，只要企业还处于发展阶段，通常都会遇到资金不足的问题。短期筹资能满足企业不超过1年以内的资金需求，而长期筹资一般能满足企业1年以上的资金需求，为企业注入新鲜的血液供其发展。长期筹资方式按照资本属性的不同，可分为负债筹资、权益筹资和混合筹资，在资产负债表中显示为非流动负债和所有者权益。

通过本章的学习，应达到以下目标：

1.思政目标：

※认识权益资金是债务筹资的保障，企业要获得长远发展，提高自身造血能力是关键，由此联系自身，培养自强不息的奋斗精神。

2.知识目标：

※理解长期筹资的含义及分类；

※理解股权筹资与债务筹资的含义；

※理解各种筹资方式的优缺点。

3.能力目标：

※能计算债券、股票发行价格和融资租赁的租金；

※通过各类筹资方式的比较，使学生具备分析企业各类筹资方案的能力。

引导案例

江苏鼎昌科技有限公司股权众筹融资案例

江苏鼎昌科技股份有限公司成立于2009年，是由行业内知名专家及其团队共同创办的国家级高新技术企业。鼎昌科技专注于一物一码技术以及核心软硬件的研发与生产，针对快消品、医药保健、农产品、电子及工业制造等行业提供可变数字喷码、数据采集与关联、智慧物流、智慧营销、大数据分析等整体解决方案和增值服务，帮助企业实现产品全生命周期的数字化管理，提高产品的过程管控和产品销量。鼎昌科技先后为数十家大型公司提供从赋码到码应用与数据分析的整体解决方案，获得客户的一致好评。

2015年，该公司由于新技术开发等需求，需要向外部进行融资。从资产负债表上来看，鼎昌科技没有长期借款，相应的短期借款为3 000万元，从中可以反映出该公司缺少获得长期借款的渠道；另外，债券市场也将想要通过发行证券筹集资金的中小企业排除在外。我国的《证券法》(2014版）第十六条中对拟发行债券融资的企业设定了最低的净资产要求：有限责任公司最少要达到6 000万元，而股份有限公司低一些，但是也要达到3 000万元。2015年年末，江苏鼎昌科技的净资产为2 900万元，通过发行债券的方式融资显然也不可行（注：2019年修订的《证券法》取消了此发行条件限制)。

为解决长期资金需求问题，2016年，江苏鼎昌科技股份有限公司在新三板市场挂牌，采取发行股票定增的融资形式来吸引资金。同年9月，该公司发布面向普通大众的股票发行方案。一般投资者、战略投资者都可以参与其中。初始融资金额为1 500万元，主要是通过“众投邦”这一平台进行融资。很多专业投资机构都进行了投资，比如天星资本。股权众筹开始面向大众。前期，公司就起草了对他们的业绩承诺以及回购的条件，尤其是对那些控股股东更是明确了细则，在未来的两年中，要给予净利润2 500万元、4 500万元的回报。

通过股权众筹的方式，该企业共筹措资金11 132万元，主要是通过新三板市场进行发行，每股22元，共计506万股。其中，仅“众投邦”这一家平台，就融得了1 500万元的启动资金。2018年10月，公司完成募集资金，华丽退出新三板市场。

资料来源　高斌. 江苏鼎昌科技有限公司股权众筹融资案例研究［D］. 郑州：华北水利水电大学，2020.

【案例思考】

结合以上案例，思考什么是股权众筹，该种融资方式有什么优点？

第一节　长期筹资概述

企业筹资是指企业由于生产经营、对外投资和调整资本结构等活动对资金的需要，采取适当的方式，获取所需资金的一种行为。按所筹集资金的使用期限不同，企业筹资分为短期筹资和长期筹资两种类型。本章主要介绍长期筹资。

一、长期筹资的概念

长期筹资是指企业作为筹资主体，根据其经营活动、投资活动和调整资本结构等长期需要，通过长期筹资渠道和资本市场，运用长期筹资方式，经济有效地筹措和集中长期资本的活动。长期筹资是企业筹资的主要内容，资金使用期限一般在1年以上。

二、长期筹资的意义

（一）满足日常经营活动需要

任何企业在生存发展过程中，都需要始终维持一定的资本规模，由于生产经营活动的发展变化，往往需要追加筹资。

（二）满足对外投资需要

企业为了稳定一定的供求关系并获得一定的投资收益，对外开展投资活动，往往也需要筹集资本。

（三）调整资本结构需要

企业根据内外部环境的变化，适时采取调整企业资本结构的策略，也需要及时地筹集资本。

三、长期筹资的动机

（一）创立性筹资动机

创立性筹资动机是企业在刚成立时，需要一定的启动资金来创立企业而产生的筹资动机。

（二）扩张性筹资动机

扩张性筹资动机是企业因扩大生产经营规模或增加对外投资的需要而产生的追加筹资动机。

（三）调整性筹资动机

企业的调整性筹资动机是企业因调整现有资本结构的需要而产生的筹资动机。

（四）混合性筹资动机

企业同时既为扩张规模又为调整资本结构而产生的筹资动机，称为混合性筹资动机。通过混合性筹资，企业不仅扩大了资金规模，还偿还了部分旧债，即在这种融资中混合了扩张性筹资和调整性筹资两种动机。

四、长期筹资的原则

企业筹资管理的基本要求是，在严格遵守国家法律法规的基础上，分析影响筹资的各种因素，权衡资金的性质、数量、成本和风险，合理选择筹资方式，提高筹资效果。其具体原则如下：

（一）筹措合法

筹措合法原则是指企业筹资要遵循国家法律法规，合法筹措资金。不论是直接筹资还是间接筹资，企业最终都通过筹资行为向社会获取了资金。企业的筹资活动不仅为自身的生产经营提供了资金来源，也会影响投资者的经济利益，影响着社会经济秩序。企业的筹资行为和筹资活动必须遵循国家的相关法律法规，依法履行法律法规和投资合同约定的责任，合法合规筹资，依法披露信息，维护各方的合法权益。

（二）规模适当

规模适当原则是指要根据生产经营及其发展的需要，合理安排资金需求。企业筹集资金，要合理预测确定资金的需要量。筹资规模与资金需要量应当匹配一致，既要避免因筹资不足，影响生产经营的正常进行；又要防止筹资过多，造成资金闲置。

（三）取得及时

取得及时原则是指要合理安排筹资时间，适时取得资金。企业筹集资金，需要合理预测确定资金需要的时间。要根据资金需求的具体情况，合理安排资金的筹集到位时间，使筹资与用资在时间上相衔接。既避免过早筹集资金形成的资金投放前的闲置，又防止取得资金的时间滞后，错过资金投放的最佳时间。

（四）来源经济

来源经济原则是指要充分利用各种筹资渠道，选择经济、可行的资金来源。企业所筹集的资金都要付出资本成本的代价，进而对企业的资金使用提出了最低报酬要求。不同筹资渠道和方式所取得的资金，其资本成本各有差异。企业应当在考虑筹资难易程度的基础上，针对不同来源资金的成本，认真选择筹资渠道，并选择经济、可行的筹资方式，力求降低筹资成本。

（五）结构合理

结构合理原则是指筹资管理要综合考虑各种筹资方式，优化资本结构。企业筹资要综合考虑股份资金与债务资金的关系、长期资金与短期资金的关系、内部筹资与外部筹资的关系，合理安排资本结构，保持适当偿债能力，防范企业财务危机。

五、长期筹资的类型

（一）内部筹资与外部筹资

按资本来源的范围不同，企业筹资可分为内部筹资和外部筹资两种类型。

内部筹资是指企业通过利润留存而形成的筹资来源。内部筹资数额大小主要取决于企业可分配利润的多少和利润分配政策，一般无须花费筹资费用，从而降低了资本成本。外部筹资是指企业向外部筹措资金而形成的筹资来源。处于初创期的企业，内部筹资的可能性是有限的，处于成长期的企业，内部筹资往往难以满足需要，这就需要企业广泛地开展外部筹资，如发行股票、债券，取得商业信用、银行借款等。企业向外部筹资大多需要花费一定的筹资费用，从而提高了筹资成本。

（二）直接筹资与间接筹资

企业的筹资活动按其是否借助银行等金融机构，可分为直接筹资和间接筹资两种类型。

直接筹资是企业直接与资金供应者协商融通资金的筹资活动。直接筹资不需要通过金融机构来筹措资金，是企业直接从社会取得资金的方式。直接筹资方式主要有发行股票、发行债券、吸收直接投资等。直接筹资方式既可以筹集股权资金，也可以筹集债务资金。相对来说，直接筹资的筹资手续比较复杂，筹资费用较高；但筹资领域广阔，能够直接利用社会资金，有利于提高企业的知名度和资信度。间接筹资是企业借助于银行和非银行金融机构来筹集资金。在间接筹资方式下，银行等金融机构发挥中介作用，预先集聚资金，然后提供给企业。间接筹资的基本方式是银行借款，此外还有融资租赁等方式。间接筹资形成的主要是债务资金，主要用于满足企业资金周转的需要。间接筹资手续相对比较简便，筹资效率高，筹资费用较低，但容易受金融政策的制约和影响。

（三）权益性筹资、负债性筹资与混合性筹资

按照资本属性的不同，企业的长期筹资可以分为权益性筹资、负债性筹资和混合性筹资。

权益性筹资也称为自有资金筹资，是指企业通过吸收直接投资、发行股票、留存收益等方式筹集资金。企业采用吸收自有资金的方式筹集资金，一般不用还本，财务风险小，但付出的资金成本相对较高。

负债性筹资又称为借入资金筹资，是指企业通过向银行借款、发行债券、融资租赁等方式筹集资金。企业采用借入资金的方式筹集资金，到期要归还本金和支付利息，一般承担较大风险，但相对而言付出的资金成本较低。

混合性筹资是指企业发行可转换公司债和发行认股权证，这种筹资方式有权益性筹资的特性，也具有负债性筹资的特性。

第二节　吸收直接投资

一、吸收直接投资的含义

吸收直接投资是指非股份制企业按照“共同投资、共同经营、共担风险、共享利润”的原则直接吸收国家、法人、个人、外商投入资金的一种筹资方式。吸收直接投资不以股票为媒介，无须公开发行证券。吸收直接投资中的出资者都是企业的所有者，他们对企业拥有经营管理权，并按出资比例分享利润、承担损失。吸收直接投资的实际出资额中，注册资本部分，形成实收资本；超过注册资本的部分，属于资本溢价，形成资本公积。

二、吸收直接投资的渠道

企业通过吸收直接投资方式筹集资金有以下四种渠道：

（一）吸收国家投资

吸收国家投资是指有权代表国家投资的政府部门或者机构以国有资产投入企业，由此形成的资本叫国有资本。吸收国家投资一般具有以下特点：

（1）产权归属国家；

（2）资金的运用和处置受国家约束较大；

（3）在国有企业中采用比较广泛。

（二）吸收法人投资

法人投资是指法人单位以其依法可支配的资产投入企业，由此形成的资本叫法人资本。吸收法人投资一般具有以下特点：

（1）发生在法人单位之间；

（2）以参与公司利润分配或控制为目的；

（3）出资方式灵活多样。

（三）吸收社会公众投资

社会公众投资是指社会个人或本公司职工以个人合法财产投入公司，由此形成的资本称为个人资本。吸收社会公众投资一般具有以下特点：

（1）参加投资的人员较多；

（2）每人投资的数额相对较少；

（3）以参与公司利润分配为目的。

（四）吸收外商投资和港澳台投资

外商投资和港澳台投资是指外国投资者或我国港澳台地区投资者将资金投入企业，由此形成的资本叫外商资本或港澳台资本。

三、吸收直接投资的出资方式

吸收直接投资中的投资者可采用货币、实物、土地使用权、工业产权、特定债权等多种形式出资。具体出资方式如下：

（一）以货币资产出资

以货币资产出资是吸收直接投资中最重要的出资方式。企业有了货币资产，便可以获取其他物质资源，支付各种费用，满足企业创建开支和随后的日常周转需要。该出资方式具有最大的灵活性。因此，企业要争取投资者尽可能采用货币资产方式出资。

（二）以实物资产出资

实物出资是指投资者以房屋、建筑物、设备等固定资产和材料、燃料、产品等流动资产所进行的投资。实物投资应符合以下条件：

（1）适合企业生产、经营、研发等活动的需要；

（2）技术性能良好；

（3）作价公平合理；

（4）实物不能涉及抵押、担保、诉讼冻结。

实物出资中实物的作价，应当评估作价，核实财产，不得高估或者低估作价。法律、行政法规对评估作价有规定的，从其规定。国有及国有控股企业接受其他企业的非货币资产出资，必须委托有资格的资产评估机构进行资产评估。

（三）以土地使用权出资

土地使用权是指土地经营者对依法取得的土地在一定期限内有进行建筑、生产经营或其他活动的权利。土地使用权具有相对的独立性，在土地使用权存续期间，包括土地所有者在内的其他任何人和单位，不能任意收回土地和非法干预使用权人的经营活动。企业吸收土地使用权投资应符合以下条件：

（1）适合企业生产、经营、研发等活动的需要；

（2）地理、交通条件适宜；

（3）作价公平合理。

（四）以工业产权出资

工业产权通常是指专有技术、商标权、专利权、非专利技术等无形资产。投资者以工业产权出资应符合以下条件：

（1）有助于企业研究、开发和生产出新的高科技产品；

（2）有助于企业提高生产效率，改进产品质量；

（3）有助于企业降低生产消耗、能源消耗等各种消耗；

(4) 作价公平合理。

吸收工业产权等无形资产出资的风险较大。因为以工业产权投资，实际上是把技术转化为资本，使技术的价值固定化了，而技术具有强烈的时效性，会因其不断老化落后而导致实际价值不断减少甚至完全丧失。此外，国家相关法律法规对无形资产出资方式另有限制。股东或者发起人不得以劳务、信用、自然人姓名、商誉、特许经营权或者设定担保的财产等作价出资。

(五) 以特定债权出资

特定债权，指企业依法发行的可转换债券以及按照国家有关规定可以转作股权的债权。在实践中，企业可以将特定债权转为股权的情形主要有：

(1) 上市公司依法发行的可转换债券；

(2) 金融资产管理公司持有的国有及国有控股企业债权；

(3) 企业实行公司制改建时，经银行以外的其他债权人协商同意，可以按照有关协议和企业章程的规定，将其债权转为股权；

(4) 根据《利用外资改组国有企业暂行规定》，国有企业的境内债权人将持有的债权转给外国投资者，企业通过债转股改组为外商投资企业；

(5) 按照《企业公司制改建有关国有资本管理与财务处理的暂行规定》，国有企业改制时，账面原有应付工资余额中欠发职工工资部分，在符合国家政策、职工自愿的条件下，依法扣除个人所得税后可转为个人投资；未退还职工的集资款也可转为个人投资。

四、吸收直接投资的程序

企业吸收直接投资，一般要遵循如下程序：

(一) 确定吸收直接投资所需的资金数量

企业新建或扩大经营规模时，应根据企业的生产经营情况先确定资金的总需要量及理想的资本结构，然后据以确定吸收直接投资所需的资金数量。

(二) 寻求投资单位

企业既要广泛了解有关投资者的资信、财力和投资意向，又要通过信息交流和宣传，使出资方了解企业的经营能力、财务状况以及未来预期，以便于公司从中寻找最合适的合作伙伴。

(三) 协商和签署投资协议

找到合适的投资伙伴后，双方进行具体协商，确定出资数额和出资方式及出资时间。企业应尽可能吸收货币投资，如果投资方确有先进且适合需要的固定资产和无形资产，也可采取非货币投资方式。对实物投资、工业产权投资、土地使用权投资等非货币资产投资，双方应按公平合理的原则协商定价。当出资数额、资产作价确定后，双方签署投资的协议或合同，以明确双方的权利和责任。

(四) 执行投资协议，取得筹集资金

企业与投资者按协议约定，做好投资交接及有关手续，并在以后确保投资者参与经营管理的权利及盈利分配权利。

五、吸收直接投资的优缺点

（一）吸收直接投资的优点

（1）筹资方式简便，筹资速度快。吸收直接投资的双方直接接触磋商，没有中间环节。只要双方协商一致，筹资即可成功。

（2）有利于增强企业信誉。吸收直接投资所筹集的资金属于自有资金，与借入资金比较，能提高企业的信誉和借款能力。

（3）有利于尽快形成生产能力。吸收直接投资可直接获得现金、先进设备和先进技术，与通过有价证券间接筹资比较，能尽快地形成生产能力，尽快开拓市场。

（4）有利于降低财务风险。吸收直接投资可以根据企业的经营状况向投资者支付报酬，没有固定的财务负担，比较灵活，所以财务风险较小。

（二）吸收直接投资的缺点

（1）资金成本较高。企业向投资者支付的报酬是根据企业实现的净利润和投资者的出资额计算的，不能减免企业所得税，当企业盈利丰厚时，企业向投资者支付的报酬很高。

（2）企业控制权容易分散。吸收直接投资的新投资者享有企业经营管理权，这会造成原有投资者控制权的分散与减弱。

（3）不易进行产权交易。吸收投入资本由于没有证券作为媒介，不利于产权交易，难以进行产权转让。

第三节 发行股票

股票是股份公司为筹集权益资金而发行的有价证券，是持股人拥有公司股份的凭证，股票作为一种所有权凭证，代表着对发行公司净资产的所有权。股票只能由股份有限公司发行。股票按股东权利和义务的不同，有普通股和优先股之分。本节仅介绍股票与筹资有关的内容。

一、发行普通股

普通股是股份公司发行的具有管理权而股利不固定的股票，是股份制企业筹集权益资金的最主要方式。

（一）普通股股票的特点

1.永久性

公司发行股票所筹集的资金属于公司的长期自有资金，没有期限，无须归还。换言之，股东在购买股票之后，一般情况下不能要求发行企业退还股金。

2.流通性

股票作为一种有价证券，在资本市场上可以自由流通，也可以继承、赠送或作为抵押品。股票特别是上市公司发行的股票具有很强的变现能力，流动性很强。

3.风险性

由于股票的永久性，股东成为企业风险的主要承担者。风险的表现形式有：股票价格的波动性、红利的不确定性、破产清算时股东处于剩余财产分配的最后顺序等。

4.参与性

股东作为股份公司的所有者，拥有参与企业管理的权利，包括重大决策权、经营者选择权、财务监控权、公司经营的建议和质询权等。此外，股东还有承担有限责任、遵守公司章程等义务。

（二）普通股股东的权利

1.普通股股东对公司有经营管理权

股东对公司的管理权主要体现在重大决策参与权、经营者选择权、财务监控权、公司经营的建议和质询权、股东大会召集权等方面。

2.普通股股东对公司有盈利分享权

股东有权通过股利方式获取公司的税后利润，利润分配方案由董事会提出并经过股东大会批准。

3.普通股股东有优先认股权

原有股东拥有优先认购本公司增发股票的权利。

4.普通股股东有剩余财产要求权

当公司解散、清算时，股东有对清偿债务、清偿优先股股东以后的剩余财产索取的权利。

5.普通股股东有股票转让权

股东有权将其所持有的股票出售或转让。

（三）普通股的发行价格

普通股的发行价格可以按照不同情况采取两种办法：一是按票面金额等价发行；二是按高于票面金额的价格发行，即溢价发行。

公司始发股的发行价格与票面金额通常是一致的，增发新股的发行价格则需根据公司盈利能力和资产增值水平加以确定，主要有以下三种：

1.以未来股利计算

$$每股价格=\frac{预期股利}{利息率}=\frac{票面价值\times 股利率}{利息率}$$

公式中的利息率最好使用金融市场平均利率，也可使用投资者的期望报酬率、筹资者的资本成本。

2.以市盈率计算

每股价格=每股税后利润×合适的市盈率

3.以资产净值计算

$$每股价格=\frac{资产总额-负债总额}{普通股总股数}$$

不论用以上三种方法中的哪一种，如果计算得到的结果低于股票面值，那么股票的发行价格就取股票面值。

（四）普通股筹资的优缺点

1.普通股筹资的优点

（1）能提高股份公司的信誉。普通股筹资能增加股份公司权益资金的比重，较多的权益资金为债务人提供了较高的偿债保障，这有助于提高公司的信誉，有助于增强公司的举债能力。

（2）筹资风险小。普通股既无到期日，又无固定的股利负担，因此不存在不能偿付的风险。

（3）能增强公司经营灵活性。普通股筹资比发行优先股或债券限制少，它的价值较少因通货膨胀而贬值，普通股资金的筹集和使用都较灵活。

2.普通股筹资的缺点

（1）资金成本较高。发行普通股的资金成本一般高于债务资金，因为普通股股东期望报酬高，又因为股利要从税后净利润中支付，且发行费用也高于其他证券。

（2）容易分散公司控制权。新股东的增加，导致分散和削弱原股东对公司的控股权，也有可能会降低原股东的收益水平。

（3）新股东的加入会降低普通股每股收益，从而可能引起股价的下跌。

（4）不易及时形成生产能力。普通股筹资吸收的一般都是货币资金，还需要通过购置和建造形成生产经营能力。相对吸收直接投资方式来说，不易及时形成生产能力。

二、发行优先股

优先股是股份公司发行的具有一定优先权的股票。它既具有普通股的某些特征，又与债券有相似之处。从法律上讲，企业对优先股不承担还本义务，因此它是企业自有资金的一部分。

（一）优先股的特点

优先股的特点是较普通股有某些优先权利，同时也有一定限制，其“优先”表现在：

1.优先分配股利权

优先股股利的分配在普通股之前，其股利率是固定的。

2.优先分配剩余财产权

当企业清算时，优先股的剩余财产请求权位于债权人之后，但位于普通股之前。

其限制表现在：优先股参与公司决策管理等权利受到限制。

（二）优先股筹资的优缺点

1.优先股筹资的优点

（1）没有固定的到期日，不用偿还本金。

（2）与债券相比，筹资风险较小。优先股的股利支付率虽然固定，但无约定性。当公司财务状况不佳时，也可暂不支付，不像债券到期无力偿还本息有破产风险。

（3）与普通股相比，一般不会分散公司的控制权。优先股属于自有资金，能增强公司信誉及借款能力，又能保持原普通股股东的控制权。

2.优先股筹资的缺点

（1）与普通股相比，筹资风险大，资金成本高。优先股股利通常被视为固定成本，与负债筹资的利息没有什么差别，且该股利要从税后利润中支付，股利支付虽无约定性且可以延时，但终究是一种较重的财务负担。

（2）优先股较普通股限制条款多。

第四节 留存收益

留存收益也是权益资金的一种，是指企业的盈余公积、未分配利润等。与其他权益资金相比，取得更为主动、简便，它不需作筹资活动，又无筹资费用，因此这种筹资方式既节约了成本，又增强了企业的信誉。留存收益的实质是投资者对企业的再投资，但这种筹资方式受制于企业盈利的多寡及企业的分配政策。

一、留存收益的筹资途径

（一）盈余公积

盈余公积是指有指定用途的留存净利润，其提取基数是抵减年初累计亏损后的本年度净利润。盈余公积主要用于企业未来的经营发展，经投资者审议后也可以用于转增股本（实收资本）和弥补以前年度经营亏损。盈余公积不得用于以后年度的对外利润分配。

（二）未分配利润

未分配利润是指未限定用途的留存净利润。未分配利润有两层含义：第一，这部分净利润本年没有分配给公司的股东投资者；第二，这部分净利润未指定用途，可以用于企业未来经营发展、转增股本（实收资本）、弥补以前年度经营亏损、以后年度利润分配。

二、利用留存收益的筹资特点

（一）不发生筹资费用，资本成本较低

与普通股筹资相比较，留存收益筹资不需要发生筹资费用，资本成本较低。

（二）维持公司的控制权分布

利用留存收益筹资，不用对外发行新股或吸收新投资者，由此增加的权益资本不会改变公司的股权结构，不会稀释原有股东的控制权。

（三）筹资数额有限

当期留存收益的最大数额是当期的净利润，不如外部筹资一次性可以筹集大量资金。如果企业发生亏损，当年没有利润留存。另外，股东和投资者从自身期望出发，往往希望企业每年发放一定股利，保持一定的利润分配比例。

第五节 长期借款

长期借款是指直接向银行或其他金融机构筹借的、偿还期限在1年以上的借款。它是企业长期负债融资的主要方式之一。

一、长期借款的种类

（一）按提供贷款的机构分

按提供贷款的机构，可分为政策性银行贷款、商业银行贷款和其他金融机构贷款。

政策性银行贷款是指执行国家政策性贷款业务的银行向企业发放的贷款，通常为长期贷款。如国家开发银行贷款，主要满足企业承建国家重点建设项目的资金需要；中国进出口银行贷款，主要为大型设备的进出口提供买方信贷或卖方信贷；中国农业发展银行贷

款，主要用于确保国家对粮、棉、油等政策性收购资金的供应。商业性银行贷款是指由各商业银行，如中国工商银行、中国建设银行、中国农业银行、中国银行等，向企业提供的贷款，用以满足企业生产经营的资金需要，包括短期贷款和长期贷款。其他金融机构贷款，如从信托投资公司取得实物或货币形式的信托投资贷款，从财务公司取得的各种中长期贷款，从保险公司取得的贷款等。其他金融机构贷款一般较商业银行贷款的期限要长，要求的利率较高，对借款企业的信用要求和担保的选择比较严格。

（二）按机构对贷款有无担保要求分

按机构对贷款有无担保要求，可分为信用贷款和担保贷款。

信用贷款是指以借款人的信誉或保证人的信用为依据而获得的贷款。企业取得这种贷款，无须以财产作抵押。对于这种贷款，由于风险较高，银行通常要收取较高的利息，往往还附加一定的限制条件。担保贷款是指由借款人或第三方依法提供担保而获得的贷款。担保包括保证责任、财产抵押、财产质押，由此，担保贷款包括保证贷款、抵押贷款和质押贷款三种基本类型。

（三）按企业取得贷款的用途分

按企业取得贷款的用途，可分为基本建设贷款、专项贷款和流动资金贷款。

基本建设贷款是指企业因从事新建、改建、扩建等基本建设项目需要资金而向银行申请借入的款项。专项贷款是指企业因专门用途而向银行申请借入的款项，包括更新改造技改贷款、大修理改造贷款、研发和新产品研制贷款、小型技术措施贷款、出口专项贷款、引进技术转让费周转金贷款、进口设备外汇贷款、进口设备人民币贷款及国内配套设备贷款等。流动资金贷款是指企业为满足流动资金的需求而向银行申请借入的款项，包括流动资金借款、生产周转借款、临时借款、结算借款和卖方信贷。

二、长期借款的程序

（一）提出申请，银行审批

企业根据筹资需求向银行提出书面申请，按银行要求的条件和内容填报借款申请书。银行按照有关政策和贷款条件，对借款企业进行信用审查，核准企业申请的借款金额和用款计划。银行审查的主要内容包括：企业的财务状况、信用情况、盈利的稳定性、发展前景、借款投资项目的可行性、抵押品和担保情况。

（二）签订合同，取得借款

借款申请获批准后，银行与企业进一步协商贷款的具体条件，签订正式的借款合同，规定贷款的数额、利率、期限和一些约束性条款。借款合同签订后，企业在核定的贷款指标范围内，根据用款计划和实际需要，一次或分次将贷款转入公司的存款结算户，以便使用。

三、长期借款的保护性条款

长期借款的金额高、期限长、风险大，除借款合同的基本条款之外，债权人通常还在借款合同中附加各种保护性条款，以确保企业按要求使用借款和按时足额偿还借款。保护性条款一般有以下三类：

（一）例行性保护条款

这类条款作为例行常规，在大多数借款合同中都会出现，主要包括：（1）定期向提供贷款的金融机构提交企业财务报表，以便随时掌握企业的财务状况和经营成果；（2）保持存货储备量，不准在正常情况下出售较多的非产成品存货，以保持企业正常生产经营能力；（3）及时清偿债务，包括到期清偿应缴纳税金和其他债务，以防被罚款而造成不必要的现金流失；（4）不准以资产作其他承诺的担保或抵押；（5）不准贴现应收票据或出售应收账款，以避免或有负债等。

（二）一般性保护条款

一般性保护条款是对企业资产的流动性及偿债能力等方面的要求条款，这类条款应用于大多数借款合同，主要包括：（1）保持企业的资产流动性。要求企业需持有一定最低额度的货币资金及其他流动资产，以保持企业资产的流动性和偿债能力，一般规定了企业必须保持的最低营运资金数额和最低流动比率数值。（2）限制企业非经营性支出。如限制支付现金股利、购入股票和职工加薪的数额规模，以减少企业资金的过度外流。（3）限制企业资本支出的规模。控制企业资产结构中的长期性资产的比例，以减少企业日后不得不变卖固定资产以偿还贷款的可能性。（4）限制企业再举债规模，目的是防止其他债权人取得对企业资产的优先索偿权。（5）限制企业的长期投资。如规定企业不准投资于短期内不能收回资金的项目，不能未经银行等债权人同意而与其他企业合并等。

（三）特殊性保护条款

这类条款是针对某些特殊情况而出现在部分借款合同中的条款，只有在特殊情况下才能生效，主要包括：（1）要求企业的主要领导人购买人身保险；（2）借款的用途不得改变；（3）违约惩罚条款等。

上述各项条款结合使用，将有利于全面保护银行等债权人的权益。但借款合同是经双方充分协商后决定的，其最终结果取决于双方谈判能力的大小，而不是完全取决于银行等债权人的主观意愿。

四、长期借款筹资的优缺点

（一）长期借款筹资的优点

1.筹资速度快

与发行公司债券、融资租赁等债务筹资其他方式相比，银行借款的程序相对简单，所花时间较短，公司可以迅速获得所需资金。

2.资本成本较低

利用银行借款筹资，一般比发行债券、融资租赁的利息负担要低，而且无须支付证券发行费用、租赁手续费用等筹资费用。

3.筹资弹性好

在借款之前，公司可以根据当时的资本需求与银行等贷款机构直接商定贷款的时间、数量和条件。在借款期间，若公司的财务状况发生某些变化，也可与债权人再协商，变更借款数量、时间和条件，或提前偿还本息。因此，借款筹资对公司具有较大的灵活性。

4.可以发挥财务杠杆的作用

不论企业盈利多少，银行只按借款合同收取利息，在投资收益率大于借款利率的情况下，企业所有者将会因财务杠杆的作用而得到更多的收益。

（二）长期借款筹资的缺点

1.筹资风险较高

企业举借长期借款，需要定期还本付息，在经营不利的情况下，可能会产生不能偿付的风险，甚至会导致破产。

2.限制条款多

与发行公司债券相比较，银行借款合同对借款用途有明确规定，通过借款的保护性条款，对公司资本支出额度、再筹资、股利支付等行为有严格的约束，以后公司的生产经营活动和财务政策必将受到一定程度的影响。

3.筹资数额有限

向银行借款的数额往往受到贷款机构资本实力的制约，难以像发行公司债券、股票那样一次筹集到大笔资金，无法满足公司大规模筹资的需要。

第六节 发行债券

债券是企业依照法定程序发行的、承诺按一定利率定期支付利息，并到期偿还本金的有价证券，是持券人拥有公司债权的书面证书，它代表债券持券人与发债主体之间的债权债务关系。

一、债券的种类

（一）按发行主体分类

按发行主体可分为政府债券、金融债券和企业债券。

政府债券是由中央政府或地方政府发行的债券。政府债券风险小、流动性强。

金融债券是银行或其他金融机构发行的债券。金融债券风险不大、流动性较强、利率较高。

企业债券是由各类企业发行的债券。企业债券风险较大、利率较高、流动性差别较大。

（二）按是否记名分类

按是否记名可分为记名债券和无记名债券。

记名债券，应当在债券存根簿上载明债券持有人的姓名及住所、债券持有人取得债券的日期及债券的编号等信息。记名债券，由债券持有人以背书方式或者法律、行政法规规定的其他方式转让，转让后将受让人的姓名或者名称及住所记载于债券存根簿。

无记名债券，应当在债券存根簿上载明债券总额、利率、偿还期限和方式、发行日期及债券的编号。无记名债券的转让，由债券持有人将该债券交付给受让人后即发生转让的效力。

（三）按有无抵押担保分类

按有无抵押担保可分为信用债券、抵押债券和担保债券。

信用债券又称无抵押担保债券，是以债券发行者自身的信誉发行的债券。政府债券属于信用债券，信誉良好的企业也可发行信用债券。企业发行信用债券往往有一些限制条件，如不准企业将其财产抵押给其他债权人，不能随意增发企业债券，未清偿债券之前股利不能分得过多等。

抵押债券是指以一定抵押品作抵押而发行的债券。当企业不能偿还债券时，债权人可将抵押品拍卖以获取债券本息。

担保债券是指由一定保证人作担保而发行的债券。当企业没有足够资金偿还债券时，债权人可以要求保证人偿还。

（四）按是否可转换成普通股分类

按是否可转换成普通股可分为可转换债券和不可转换债券。

二、债券的发行

国有企业、股份有限公司、有限责任公司只要具备发行债券的条件，都可以依法申请发行债券。

（一）发行方式

债券的发行方式有委托发行和自行发行两种。委托发行是指企业委托银行或其他金融机构承销全部债券，并按总面额的一定比例支付手续费。自行发行是指债券发行企业不经过金融机构直接把债券配售给投资单位或个人。

（二）发行债券的要素

1.债券的面值

债券面值包括两项基本内容：币种和票面金额。币种可以是本国货币，也可以是外国货币，这取决于债券发行的地区及对象。票面金额是债券到期时偿还本金的金额。票面金额印在债券上，固定不变，到期必须足额偿还。

2.债券的期限

债券从发行之日起至到期日之间的时间称为债券的期限。

3.债券的利率

债券的利率也称票面利率。债券上一般都注明年利率，利率有固定的，也有浮动的。面值与利率相乘即为年利息。

4.偿还方式

债券的偿还方式有分期付息、到期还本及到期一次还本付息两种。

5.发行价格

债券的发行价格有三种：一是按债券面值等价发行，等价发行又叫面值发行；二是按低于债券面值折价发行；三是按高于债券面值溢价发行。

债券之所以会偏离面值发行是因为债券票面利率与金融市场平均利率不一致。如果债券利率大于市场利率，则由于未来利息多计，导致债券内在价值大而应采用溢价发行。如果债券利率小于市场利率，则由于未来利息少计，导致债券内在价值小而应采用折价发行。这是基于债券发行价格应该与它的价值贴近。债券溢价、折价可依据资金时间价值原理算出的内在价值确定。

若债券属于每年年末支付利息，到期支付面值的类型，则该债券的发行价格计算公式为：

债券发行价格=债券面值×（P/F，i，n）+债券应付利息×（P/A，i，n）

若债券属于一次还本付息的类型，则该债券的发行价格计算公式为：

债券发行价格=（债券面值+债券应付利息×n）×（P/F，i，n）

小贴士

债券应付利息=债券面值×债券的票面利率

【例 5-1】星河公司准备通过发行债券方式进行筹资，面值100元，期限5年，发行时市场利率10%，每年年末付息，到期还本。

要求：分别按票面利率为8%、10%、12%计算债券的发行价格。

若票面利率为8%：

发行价格=100×8%×（P/A，10%，5）+100×（P/F，10%，5）

=8×3.7908+100×0.6209=92.42（元）

若票面利率为10%：

发行价格=100×10%×（P/A，10%，5）+100×（P/F，10%，5）

=10×3.7908+100×0.6209=100（元）

若票面利率为12%：

发行价格=100×12%×（P/A，10%，5）+100×（P/F，10%，5）

=12×3.7908+100×0.6209=107.58（元）

由上可见，上述三种情况分别以折价、等价、溢价发行。此类问题的市场利率是复利年利率，当债券以单利计息、到期一次还本付息时，即使票面利率与市场利率相等，也不应是面值发行。

【例 5-2】以【例 5-1】为资料，改成单利计息，到期一次还本付息，其余不变。

若票面利率为8%：

发行价格=100×（1+5×8%）×（P/F，10%，5）

=140×0.6209=86.93（元）

若票面利率为10%：

发行价格=100×（1+5×10%）×（P/F，10%，5）

=150×0.6209=93.14（元）

若票面利率为12%：

发行价格=100×（1+5×12%）×（P/F，10%，5）

=160×0.6209=99.34（元）

三、债券筹资的优缺点

（一）债券筹资的优点

1.与发行股票相比，资金成本较低

债券利息作为财务费用在税前列支，而股票的股利需由税后利润发放，利用债券筹资的资金成本较低。

2.维持企业现有的控制权

债券持有人无权干涉企业的经营管理，因而不会减弱原有股东对企业的控制权。

3.可以发挥财务杠杆作用

债券利率在发行时就确定，如遇通货膨胀，则实际减轻了企业负担；如企业盈利情况好，由财务杠杆作用导致原有投资者获取更大的得益。

（二）债券筹资的缺点

1.筹资风险高

债券筹资有固定到期日，要承担还本付息义务。当企业经营不善时，会减少原有投资者的股利收入，甚至会因不能偿还债务而导致企业破产。

2.限制条件多

债券持有人为保障债权的安全，往往要在债券合同中签订保护条款，这对企业造成较多约束，影响企业财务灵活性。

3.筹资数量有限

债券筹资的数量通常比银行借款多，但它筹集的毕竟是债务资金，不可能太多，否则会影响企业信誉，也会因资金结构变差而导致总体资金成本的提高。

第七节　融资租赁

租赁是指通过签订资产出让合同的方式，使用资产的一方（承租方）通过支付租金，向出让资产的一方（出租方）取得资产使用权的一种交易行为。在这项交易中，承租方通过得到所需资产的使用权，完成了筹集资金的行为。

一、租赁的种类

租赁按其性质可分为经营租赁和融资租赁。

经营租赁是由租赁公司向承租单位在短期内提供设备，并提供维修、保养、人员培训等的一种服务性业务，又称服务性租赁。经营租赁比较适用于租用技术过时较快的生产设备。

融资租赁是由租赁公司按承租单位要求出资购买设备，在较长的合同期内提供给承租单位使用的融资信用业务，它是以融通资金为主要目的的租赁。

融资租赁与经营租赁的区别见表5-1。

表5-1　**融资租赁与经营租赁的区别**

对比项目	融资租赁	经营租赁
业务原理	融资融物于一体	无融资特征，只是一种融物方式
租赁目的	融通资金，添置设备	暂时性使用，预防无形损耗风险
租期	较长，相当于设备经济寿命的大部分	较短
租金	包括设备价款	只有设备使用费
契约的法律效力	不可撤销合同	可撤销合同
租赁标的	一般为专用设备，也可为通用设备	通用设备居多
维修与保养	专用设备多为承租人负责，通用设备多为出租人负责	全部为出租人负责
承租人	一般为一个	设备经济寿命内轮流租给多个承租人
灵活方便	不明显	明显

二、融资租赁的形式

（一）直接租赁

直接租赁是指承租人直接向出租人租入所需要的资产。直接租赁的出租人主要是制造厂商、租赁公司。直接租赁是融资租赁中最为普遍的一种，是融资租赁的典型形式。

（二）售后回租

售后回租是指承租人先把其拥有所有权的资产出售给出租人，然后再将该项资产租回的租赁。这种租赁方式既使承租人通过出售资产获得一笔资金，以改善其财务状况，满足企业对资金的需要，又使承租人通过回租而保留了企业对该项资产的使用权。

（三）杠杆租赁

杠杆租赁是由资金出借人为出租人提供部分购买资产的资金，再由出租人购入资产租给承租人的方式。因此，杠杆租赁涉及出租人、承租人和资金出借人三方。从承租人的角度来看，它与其他融资租赁形式并无多大区别。从出租人的角度来看，它只支付购买资产的部分资金（20%~40%），其余部分（60%~80%）是向资金出借人借来的。在杠杆租赁方式下，出租人具有三重身份，即资产所有权人、出租人、债务人。出租人既向承租人收取租金，又向借款人偿还本息，其间的差额就是出租人的杠杆收益。从资金出借人的角度来看，它向出租人借出资金是由出租人以租赁物为抵押的，它的债权对出租人没有追索权，但对租赁物有第一留置权，即当承租人不履行支付租金义务时，资金出借人不能向出租人追索债务，但可向法院申请执行其担保物权。该项租赁物被清偿的所得，首先用以清偿资金出借人的债务，如有剩余再给出租人。

三、融资租赁的程序

（一）做出租赁决策

当企业需要长期使用某项设备而又没有购买该项设备所需资金时，一般有两种选择：一是筹措资金购买该项设备；二是融资租入该项设备。孰优孰劣，可以通过现金流量的分析计算做出合适的抉择。

（二）选择租赁公司

当企业决定采用融资租赁方式取得某项设备时，即应开始选择租赁公司。从融资条件、租赁费率等有关资料比较，择优选定。

（三）办理租赁委托

当企业选定租赁公司后，便可向其提出申请，办理委托。这种委托包括填写“租赁申请书”及提供财务状况的文件资料。

（四）签订购货协议

租赁公司受理租赁委托后，即由租赁公司与承租企业的一方或双方选择设备的制造商或销售商，与其进行技术与商务谈判，签订购货协议。

（五）签订租赁合同

租赁合同由承租企业与租赁公司签订。租赁合同用以明确双方的权利与义务，它是租赁业务的最重要的文件，具有法律效力。融资租赁合同的内容包括一般条款和特殊条款两部分。

（六）办理验货及投保

承租企业收到租赁设备，要进行验收。验收合格后签发租赁设备收据及验收合格证并提交租赁公司，租赁公司据以向制造商或销售商付款。同时，承租企业向保险公司办理投保事宜。

（七）交付租金

承租企业在租赁期内按合同规定的租金数额、交付日期、交付方式，向租赁公司交付租金。

（八）租赁期满的设备处理

融资租赁合同期满，承租企业可按合同规定对租赁设备留购、续租或退还。一般来说，租赁公司会把租赁设备在期满时以低价甚至无偿转让给承租企业。

四、融资租赁租金的计算

融资租赁租金是承租企业支付给租赁公司让渡租赁设备的使用权或价值的代价。租金的数额大小、支付方式对承租企业的财务状况有直接的影响，也是租赁决策的重要依据。

（一）租金的构成

（1）租赁资产的价款，包括设备的买价、运杂费及途中保险费等。

（2）利息，即租赁公司所垫资金的应计利息。

（3）租赁手续费，包括租赁公司承办租赁业务的营业费用及应得到的利润。租赁手续费的高低由租赁公司与承租企业协商确定，一般以租赁资产价款的某一百分比收取。

（二）租金的支付方式

（1）按支付时期长短，可分为年付、半年付、季付、月付。

（2）按每期支付租金的时间，可分为先付租金和后付租金。先付租金指在期初支付；后付租金指在期末支付。

（3）按每期支付金额，可分为等额支付和不等额支付。

（三）租金的计算方法

融资租赁租金计算方法较多，常用的有平均分摊法和等额年金法。

1.平均分摊法

平均分摊法是指先以商定的利息率和手续费率计算出租赁期间的利息和手续费，然后连同租赁设备的购置成本的应摊销总额按租金支付次数平均计算出每次应付租金的数额的方法。平均分摊法下，每次应付租金数额的计算公式为：

$$R=\frac{(C-S)+I+F}{N}$$

式中，R表示每次应付租金数额；C表示租赁设备的购置成本；S表示期满时由租入方留购，支付给出租方的转让价；I表示租赁期间利息；F表示租赁期间手续费；N表示租赁期间租金支付次数。

【例5-3】星河公司向租赁公司租入一套设备，设备原价200万元，租期5年，预计租赁期满租入企业支付的转让价为10万元。年利率为10%，手续费为设备原价的2%，租金每年年末支付一次。要求：计算该企业每年应付租金的数额。

$$R=\frac{(200-10)+\left[200\times(F/P,\ 10\%,\ 5)-200\right]+200\times2\%}{5}=63.22\text{（万元）}$$

2.等额年金法

等额年金法是运用年金现值的计算原理计算每次应付租金的方法。在这种方法下，要将利息率和手续费率综合在一起确定一个租费率，作为贴现率。这种方法与平均分摊法相比，计算复杂，但因为考虑了资金的时间价值，结论更具客观性。等额年金法下，每次应付租金数额的计算公式为：

$$R=\frac{C-S(P/F,\ i,\ n)}{(P/A,\ i,\ n)}$$

式中，R表示每次期末应付租金数额；C表示租赁设备的购置成本；S表示期满时由租入方留购，支付给出租方的转让价；i表示租费率；n表示租赁期间支付租金次数。

关于这一公式的正确使用应注意如下三点：

第一，这一公式假定每期租金是期末支付的，即租金是普通年金。假如每期租金是期初支付的，即租金是即付年金，那么计算公式应是：

$$R=\frac{C-S(P/F,\ i,\ n)}{(P/A,\ i,\ n-1)+1}$$

第二，公式中的i是租费率，它是综合了资金利息率和租赁手续费率后由租赁双方认可的，它比纯粹的借款利率要大些。当租赁手续费是租赁开始一次付清的，也即各期租金不含手续费时，租费率与租金利息率相同。

第三，公式中分子、分母的i是统一的，都是租费率，否则会造成租赁期结束时账面余额与预计残值不一致。

【例5-4】星河公司向租赁公司租入一套设备，设备原价100万元，租期5年，预计租赁期满租入企业支付的转让价为5万元。年利率为10%，手续费为设备原价的2%。

要求：分别对以下三种情况用等额年金法计算该企业每年应付租金额。

①租费率为12%，租金在每年年末支付。

②租费率为12%，租金在每年年初支付。

③租金在每年年末支付，但租赁手续费在租入设备时一次付清。

设三种情况的每年应付租金额分别为R_1、R_2、R_3，则：

$$R_1=\frac{100-5\times(P/F,12\%,5)}{(P/A,12\%,5)}=\frac{100-5\times0.5674}{3.6048}\approx26.95\text{（万元）}$$

$$R_2=\frac{100-5\times(P/F,12\%,5)}{(P/A,12\%,4)+1}=\frac{100-5\times0.5674}{3.0373+1}\approx24.07\text{（万元）}$$

$$R_3=\frac{100-5\times(P/F,10\%,5)}{(P/A,10\%,5)}=\frac{100-5\times0.6209}{3.7908}\approx25.56\text{（万元）}$$

五、融资租赁的优缺点

（一）融资租赁的优点

1.不需要大量资金就能迅速获得资产

在资金缺乏的情况下，通过融资租赁方式可快速获取所需资产。融资租赁集融资与融物于一身，融资租赁使企业在资金短缺的情况下引进设备成为可能。特别是针对中小企业、新创企业而言，融资租赁是一条重要的融资途径。大型企业的大型设备、工具等固定资产，也经常通过融资租赁方式满足巨额资金的需要，如商业航空公司的飞机，大多是通过融资租赁取得的。

2.财务风险小，财务优势明显

融资租赁与购买的一次性支出相比，能够避免一次性支付的负担，而且租金支出是未来的、分期的，企业无须一次筹集大量资金偿还。还款时，租金可以通过项目本身产生的收益来支付，是一种基于未来的“借鸡生蛋、卖蛋还钱”的筹资方式。

3.筹资的限制条件较少

企业运用股票、债券、长期借款等筹资方式，都受到相当多的资格条件的限制，如足够的抵押品、银行贷款的信用标准、发行债券的政府管制等。相比之下，融资租赁筹资的限制条件很少。

4.能延长资金融通的期限

通常为购置设备而贷款的借款期限比该资产的物理寿命要短得多，而融资租赁的融资期限却可接近其全部使用寿命期限，并且其金额随设备价款金额而定，无融资额度的限制。

（二）融资租赁的缺点

融资租赁的缺点主要就是资金成本高。融资租赁的租金通常比银行借款或发行债券所负担的利息高得多，租金总额通常要比设备价值高出30%。尽管与借款方式相比，融资租赁能够避免到期一次性集中偿还的财务压力，但高额的固定租金也给各期的经营带来了负担。

【学思笃行】实现绿色发展是实体经济高质量发展的内在要求，要推动绿色发展，就要加大对绿色发展的金融支持。习近平总书记强调，要完善绿色低碳政策和市场体系，完善能源“双控”制度，完善有利于绿色低碳发展的财税、价格、金融、土地、政府采购等政策，加快推进碳排放权交易，积极发展绿色金融。绿色金融作为支持环境改善、应对气候变化和资源节约高效利用的经济活动，是对环保、节能、清洁能源、绿色交通、绿色建筑等领域的项目投融资、项目运营、风险管理等所提供的金融服务，是金融服务实体经济实现绿色发展的重要一环。2016年到2021年，我国的绿色债券市场发展越来越成熟，发行数量逐年上升，发行规模更是以50%的速率增加，说明发行绿色债券的主体越来越多，企业与投资者对绿色债券的认可度也越来越高。

同学们，请你们查找一下有哪些企业发行了绿色债券，企业发行绿色债券需要满足什么条件？

提示：可参考中国人民银行、国家发展改革委、证监会印发的《绿色债券支持项目目录（2021年版）》。

本章小结

企业筹资是指企业根据其生产经营、对外投资以及调整资本结构等需要，通过一定的渠道采取适当的方式获取所需资金的一种行为。按照资金的来源渠道不同，可将企业筹资分为权益性筹资、负债性筹资和混合性筹资；按照所筹资金使用期限的长短不同，可将企业筹资分为短期资金筹集与长期资金筹集。

权益性筹资是企业资金的主要来源，包括投资者投入企业的资本金及企业在经营过程中形成的积累。权益性筹资包含吸收直接投资、发行股票和利用留存收益三种主要形式。权益性筹资的优点是有利于增强企业信誉，缺点是资金成本较高。在实际工作中，股票发行价格的确定方法主要有市盈率法、净资产倍率法和现金流量折现法。

负债性筹资是指通过负债筹集资金，负债是企业的一项重要资金来源。长期负债筹资的主要方式有长期借款、发行债券、融资租赁等。负债性筹资的优点是资金成本较低，缺点是财务风险大。由于债券利率与市场利率可能存在差异，债券的发行价格有等价发行、溢价发行和折价发行三种形式。

融资租赁是承租人为融通资金而向出租人租用由出租人出资按承租人要求购买的租赁物的租赁。它是以融物为形式、融资为实质的经济行为。融资租赁一般有租赁期长、不可撤销性、完全补偿性、净租赁和资产承租人留购等特点。租金的计算方法有平均分摊法、等额年金法等。

核心词汇

吸收直接投资　发行股票　留存收益　长期借款　发行债券　融资租赁　债券价格　股票价格　租金

思政小课堂

资金是企业运行的血液，决定着企业的生存和发展。企业进行长期筹资可以为其注入新鲜的血液供其发展。每一种筹资方式都有其自身的特点，无论选择何种方式进行筹资，合法合规是前提条件，立足自身是基本要求，长远发展是核心要义，职业操守是坚守底线，社会效益是共同目标。古人云："君子爱财，取之有道，视之有度，用之有节。"在正义的道路上方可越走越远，在追求财富和创造社会价值的道路上任重而道远，不管是企业还是个人都应尽心尽力让自己做到"爱富不嫌贫""不忘初心、牢记使命"。

知识演练

一、单项选择题

1.按照筹集资金使用时间长短不同，可将筹资分为（　　）。

A.直接筹资和间接筹资　　B.内源筹资和外源筹资

C.权益筹资和负债筹资　　D.短期筹资和长期筹资

2.相对于负债融资方式而言，采用吸收直接投资方式筹措资金的优点是（　　）。

A.有利于降低资金成本　　B.有利于降低财务风险

C.有利于集中企业控制权　　D.有利于发挥财务杠杆作用

3.发行普通股股票是一种（　　）。

A.权益筹资方式　　B.负债筹资方式　　C.投资方式　　D.销售方式

4.相对于股票筹资而言，长期借款的缺点是（　　）。

A.筹资速度慢　　B.筹资成本高　　C.借款弹性差　　D.财务风险大

5.相对于借款购置设备而言，融资租赁设备的主要缺点是（　　）。

A.筹资速度较慢　　B.融资成本较高　　C.到期还本负担重　　D.设备淘汰风险大

6.在不考虑筹款限制的前提下，下列筹资方式中个别资金成本最高的通常是（　　）。

A.发行普通股　　B.留存收益筹资　　C.长期借款筹资　　D.发行公司债券

二、多项选择题

1.以下筹资方式中属于权益筹资的有（　　）。

A.吸收直接投资　　B.发行普通股　　C.发行优先股　　D.留存收益

2.以下筹资方式中属于负债筹资的有（　　）。

A.发行股票　　B.发行债券　　C.长期借款　　D.融资租赁

3.优先股的优先权主要表现在（　　）。

A.优先认股　　B.优先取得股息

C.优先行使投票权　　D.优先分配剩余财产

4.融资租赁的具体形式有（　　）。

A.直接租赁　　B.服务租赁　　C.售后租回　　D.杠杆租赁

5.影响债券发行价格的因素包括（　　）。

A.债券面额　　B.票面利率　　C.市场利率　　D.债券期限

三、计算题

1.甲企业拟发行面值为1 000元的债券一批，该债券期限5年，票面利率5%，要求：

（1）分期付息，到期还本，计算市场利率分别为4%、5%、6%时的发行价格；

（2）单利计息，到期一次还本付息，计算市场利率分别为4%、5%、6%时的发行价格。

2.某企业为扩大经营规模融资租入一台机床，该机床的市价为198万元，租期10年，租赁公司的融资成本为20万元，租赁手续费为15万元。租赁公司要求的报酬率为15%。

要求：

（1）确定租金总额。

（2）如果采用等额年金法，每年年初支付，则每期租金为多少？

（3）如果采用等额年金法，每年年末支付，则每期租金为多少？

第六章

资本成本与资本结构

学习目标

我们在前面章节已经了解了企业在进行筹资安排时，有多种筹资方式可以选择，但是不同的筹资方式成本是不同的，面临的风险也不相同，那么企业选择何种筹资方式，才能实现资本成本最低、企业价值最大的最优资本结构，这是本章需要解决的问题。

通过本章的学习，应该达到以下目标：

1.思政目标：

※在认识杠杆原理的基础上，辩证地看经营杠杆及财务杠杆给企业带来的影响；

※思考如何经营好人生的杠杆。

2.知识目标：

※掌握资本成本的概念，掌握筹资费用和用资费用的概念；

※掌握经营杠杆系数、财务杠杆系数和总杠杆系数的含义；

※掌握最佳资本结构的含义。

3.能力目标：

※能计算各类筹资方式下个别资本成本率，会计算加权平均资本成本及边际资本成本；

※能计算经营杠杆系数、财务杠杆系数及总杠杆系数；

※能使用比较综合资本成本法、EBIT-EPS（每股收益无差异法）确定最优资本结构。

引导案例

确定最优的筹资方案

渤海公司目前发行在外普通股100万股（每股1元），已发行10%利率的债券400万元。该公司打算为一个新的投资项目融资500万元，新项目投产后公司每年息税前利润增加到200万元，现有两个方案可供选择：

方案1：按12%的利率发行债券；

方案2：按每股20元发行新股，公司适用所得税税率25%。

【案例思考】

1.该公司应该选择哪个融资方案?

2.两个融资方案，哪个融资方案的财务风险更小?

第一节 资本成本

一、资本成本的含义与作用

资本成本是衡量资本结构优化程度的标准，也是对投资获得经济效益的最低要求，通常用资本成本率表示。企业所筹得的资本付诸使用以后，只有项目的投资报酬率高于资本成本率，才表明所筹集的资本取得了较好的经济效益。

（一）资本成本的含义

资本成本是指企业为筹集和使用资本而付出的代价，包括筹资费用和用资费用。资本成本是资本所有权与资本使用权分离的结果。对出资者而言，由于让渡了资本使用权，必须要求取得一定的补偿，资本成本表现为让渡资本使用权所带来的投资报酬。对筹资者而言，由于取得了资本使用权，必须支付一定代价，资本成本表现为取得资本使用权所付出的代价。资本成本可以用绝对数表示，也可以用相对数表示。用绝对数表示的资本成本，主要由以下两个部分构成：

1.筹资费用

筹资费用是指企业在资本筹措过程中为获取资本而付出的代价，如向银行支付的手续费，因发行股票、公司债券而支付的发行费等。筹资费用通常在资本筹集时一次性发生，在资本使用过程中不再发生，因此视为筹资数额的一项扣除。

2.用资费用

用资费用是指企业在资本使用过程中因占用资本而付出的代价，如向银行等债权人支付的利息，向股东支付的股利等。用资费用是因为占用了他人资金而必须支付的，是资本成本的主要内容。

（二）资本成本的作用

1.资本成本是比较筹资方式、选择筹资方案的依据

企业筹集长期资金的方式很多，如长期借款、发行债券、发行股票等。在评价各种筹资方式时，一般需考虑的因素包括对企业控制权的影响、对投资者吸引力的大小、融资的难易和风险、资本成本的高低等，而资本成本是其中的重要因素。在其他条件相同时，企业筹资应选择资本成本率最低的方式。

2.平均资本成本是衡量资本结构是否合理的重要依据

企业财务管理的目标是企业价值最大化，企业价值是企业资产带来的未来现金流量的贴现值。在计算企业价值时，通常采用企业的平均资本成本作为贴现率，当平均资本成本

最小时，企业价值最大，此时的资本结构是企业理想的资本结构。

3.资本成本是评价投资项目可行性的主要标准

任何投资项目，如果它预期的投资报酬率超过该项目使用资金的资本成本率，则该项目在经济上就是可行的。因此，资本成本率是企业用以确定项目要求达到的投资报酬率的最低标准。

4.资本成本是评价企业整体业绩的重要依据

一定时期企业资本成本率的高低，不仅反映企业筹资管理的水平，还可作为评价企业整体经营业绩的标准。企业的生产经营活动，实际上就是所筹集资本经过投放后形成资产的营运活动，企业的总资产税后报酬率高于其平均资本成本率，这样才能带来剩余收益。

二、个别资本成本的计算

个别资本成本是指单一融资方式本身的资本成本，包括银行借款资本成本、公司债券资本成本、融资租赁资本成本、优先股资本成本、普通股资本成本和留存收益资本成本等，其中前三类是债务资本成本，后三类是权益资本成本。个别资本成本的高低，用相对数即资本成本率表达。

为了便于分析比较，资本成本通常用不考虑货币时间价值的一般模式计算。计算时，将初期的筹资费用作为筹资额的一项扣除，扣除筹资费用后的筹资额称为筹资净额，一般模式通用的计算公式为：

$$资本成本率=\frac{年用资费用}{筹资总额-筹资费用}\times 100\%$$

$$=\frac{年用资费用}{筹资总额\times(1-筹资费用率)}\times 100\%$$

小贴士

对于金额大、时间超过1年的长期资本，更为准确一些的资本成本计算方式是采用贴现模式，即将债务未来还本付息或股权未来股利分红的贴现值与目前筹资净额相等时的贴现率作为资本成本率。在本教材中我们只介绍通常使用的一般模式的计算方法。

（一）债务资本成本

债务筹资的特征主要有：①债务筹资产生合同义务。筹资企业在取得资金的同时，必须承担规定的合同义务，这种义务包括在未来某一特定时间归还本金，以及支付本金以外的利息。②企业债权人本息的请求权优先于支付股东的股利。③企业债权人只能获得合同约定的利息，没有权利要求合同约定的利息以外的收益。

1.银行借款的资本成本率

银行借款资本成本包括借款利息和借款手续费用，手续费用是筹资费用的具体表现。利息费用在税前支付，可以起抵税作用，一般计算税后资本成本率，以便与权益资本成本率具有可比性。银行借款的资本成本率按一般模式计算为：

$$K_1=\frac{借款总额\times 年利率\times(1-所得税税率)}{借款总额\times(1-筹资费用率)}\times 100\%$$

或

$$K_l = \frac{L \times i \times (1 - T)}{L(1 - f)} \times 100\% = \frac{i \times (1 - T)}{1 - f} \times 100\%$$

式中，K_l表示银行借款资本成本率；L表示借款总额，即借款本金金额；i表示银行借款年利率；f表示筹资费用率；T表示所得税税率。

小贴士

资本成本有两种表示方法：一种是绝对数表示方法；另一种是相对数表示方法，通常所说的资本成本，就是指相对数表示方法下的资本成本率。

【例 6-1】渤海集团取得5年期长期借款200万元，年利率为6%，每年付息一次，到期一次还本，借款费用率为0.2%，企业所得税税率为25%，则该项借款的资本成本率计算如下：

$$K_l = \frac{6\% \times (1 - 25\%)}{1 - 0.2\%} \times 100\% \approx 4.51\%$$

该笔长期借款的资本成本率为4.51%。

2.债券资本成本率

债券的利息也可以在所得税前列支，但是债券的筹资费用比较高。债券的筹资费用包括申请费、注册费、印刷费以及推销费等。债券的发行价格有等价、折价、溢价等情况。债券的利息按照债券的票面金额和票面利率确定，但是债券的筹资额按发行价格确定，而不是债券的票面价格。债券资本成本率的计算公式为：

$$K_b = \frac{债券面值 \times 票面年利率 \times (1 - 所得税税率)}{筹资总额 \times (1 - 筹资费用率)} \times 100\%$$

或

$$K_b = \frac{M \times r \times (1 - T)}{P_0(1 - f)} \times 100\%$$

式中，K_b表示债券资本成本率；M表示债券面值；r表示票面年利率；f表示筹资费用率；P_0表示发行价格；T表示所得税税率。

【例 6-2】渤海集团以1 100元的价格溢价发行面值为1 000元、期限为5年、票面利率为7%的公司债券一批，每年付息一次，到期一次还本，发行费用率为3%，所得税税率为25%，该批债券的资本成本率为：

$$K_b = \frac{1\,000 \times 7\% \times (1 - 25\%)}{1\,100 \times (1 - 3\%)} \times 100\% = 4.63\%$$

此次发行债券的资本成本率为4.63%。

小贴士

在实务中，由于债券的发行费用较高，同时，债券的利率水平也要高于长期借款，因此，债券资本成本率一般高于长期借款。

（二）权益资本成本

企业向股东支付的股利是由缴完所得税后的净利润支付的，因此，股利的支付并没有抵减所得税的效应。企业权益资本成本主要包括优先股资本成本、普通股资本成本及留存收益资本成本。

1.优先股的资本成本率

优先股的资本成本主要是向优先股股东支付的各期股利。对于固定股息率优先股而言，如果各期股利是相等的，优先股的资本成本率按一般模式计算为：

$$K_p = \frac{\text{优先股年股利额}}{\text{优先股总额} \times (1 - \text{筹资费用率})} \times 100\%$$

或

$$K_p = \frac{D}{P_0(1 - f)} \times 100\%$$

式中，K_p表示优先股资本成本率；D表示年股利支付额；f表示筹资费用率；P_0表示发行价格。

【例6-3】渤海公司拟发行优先股筹资，总面值为200万元，发行总额为250万元，筹资费率为4%，规定年股利率为10%，计算该公司优先股资本成本率。

$$K_p = \frac{200 \times 10\%}{250 \times (1 - 4\%)} \times 100\% \approx 8.33\%$$

该优先股资本成本率约为8.33%。

2.普通股资本成本率

普通股资本成本主要是向股东支付的各期股利。由于各期股利并不一定固定，随企业各期收益波动，因此普通股的资本成本只能按贴现模式计算，并假定各期股利的变化呈一定规律性。如果是上市公司普通股，其资本成本还可以根据该公司股票收益率与市场收益率的相关性，按资本资产定价模型法估计。

（1）股利增长模型法。

假定资本市场有效，股票市场价格与价值相等。某股票本期支付的股利为D_0，未来各期股利按g速度增长。目前股票市场价格为P_0，则普通股资本成本率为：

$$K_s = \frac{\text{第一年股利额}}{\text{普通股总额} \times (1 - \text{筹资费用率})} \times 100\% + \text{股利年增长率}$$

或

$$K_s = \frac{D_1}{P_0(1 - f)} \times 100\% + g$$

其中：$D_1 = D_0 \times (1 + g)$

式中，K_s表示普通股资本成本率；D_1表示预计第一年支付的股利；f表示筹资费用率；P_0表示发行价格。

【例6-4】渤海公司普通股市价30元/股，筹资费用率为2%，本年发放现金股利每股0.6元，预期股利年增长率为10%，则：

$$K_s = \frac{0.6 \times (1 + 10\%)}{30 \times (1 - 2\%)} \times 100\% + 10\% = 12.24\%$$

该普通股的资本成本率为12.24%。

（2）资本资产定价模型法。

假定资本市场有效，股票市场价格与价值相等。无风险报酬率为R_f，市场平均报酬率为R_m，某股票贝塔系数为β，则普通股资本成本率为：

$$K_s = R_f + \beta(R_m - R_f)$$

【例6-5】渤海公司普通股β系数为1.5，一年期国债利率为5%，市场平均报酬率为

15%，则该普通股资本成本率为：

K_s=5%+1.5×（15%−5%）=20%

该普通股的资本成本率为20%。

3. 留存收益的资本成本率

留存收益是由企业税后净利润形成的，是一种所有者权益，其实质是所有者向企业的追加投资。企业利用留存收益筹资无须发生筹资费用。如果企业将留存收益用于再投资，所获得的收益率低于股东自己进行一项风险相似的投资项目的收益率，企业就应该将其分配给股东。

留存收益的资本成本率，表现为股东追加投资要求的报酬率，其计算与普通股资本成本率相同，也分为股利增长模型法和资本资产定价模型法，不同点在于不考虑筹资费用，公式为：

$$K_s = \frac{\text{第一年股利额}}{\text{普通股总额}} \times 100\% + \text{股利年增长率}$$

或

$$K_s = \frac{D_1}{P_0} \times 100\% + g$$

【例6-6】渤海公司普通股目前的股价为25元/股，筹资费率为6%，刚刚支付的每股股利为2元，股利固定增长率为2%，则该公司利用留存收益的资本成本率为：

$$K_s = \frac{2 \times (1 + 2\%)}{25} \times 100\% + 2\% = 10.16\%$$

公司利用留存收益的资本成本率为10.16%。

三、加权平均资本成本率

加权平均资本成本是指多元化融资方式下的综合资本成本，反映着企业资本成本整体水平的高低。在衡量和评价单一融资方案时，需要计算个别资本成本；在衡量和评价企业筹资总体的经济性时，需要计算企业的加权平均资本成本。加权平均资本成本用于衡量企业资本成本水平，确立企业理想的资本结构。

加权平均资本成本，是以各项个别资本在企业总资本中的比重为权数，对各项个别资本成本率进行加权平均而得到的总资本成本率。其计算公式为：

$$K_{WACC} = \sum_{i=1}^{n} K_i \times W_i$$

式中，K_{WACC}表示加权平均资本成本；K_i表示第i种筹资方式下的个别资本成本；W_i表示第i种个别资本在全部资本中的比重。

加权平均资本成本的计算，存在着权数价值的选择问题，即各项个别资本按什么权数确定资本比重。通常，可供选择的价值形式有账面价值、市场价值、目标价值等。

（一）账面价值权数

账面价值权数即以各项个别资本的会计报表账面价值为基础来计算资本权数，确定各类资本占总资本的比重。其优点是：资料容易取得，可以直接从资产负债表中得到，而且计算结果比较稳定。其缺点是：当债券和股票的市价与账面价值差距较大时，按账面价值计算出来的资本成本不能反映目前从资本市场上筹集资本的现时机会成本，不适合评价现时的资本结构。

（二）市场价值权数

市场价值权数即以各项个别资本的现行市价为基础来计算资本权数，确定各类资本占总资本的比重。其优点是能够反映现时的资本成本水平，有利于进行资本结构决策。但现行市价处于经常变动之中，不容易取得，而且现行市价反映的只是现时的资本结构，不适用未来的筹资决策。

（三）目标价值权数

目标价值权数即以各项个别资本预计的未来价值为基础确定资本权数，确定各类资本占总资本的比重。目标价值是目标资本结构要求下的产物，是公司筹措和使用资金对资本结构的一种要求。对于公司筹措新资金，需要反映期望的资本结构来说，目标价值是有益的，适用于未来的筹资决策，但目标价值的确定难免具有主观性。

以目标价值为基础计算资本权重，能体现决策的相关性。目标价值权数的确定，可以选择未来的市场价值，也可以选择未来的账面价值。选择未来的市场价值，与资本市场现状联系比较紧密，能够与现时的资本市场环境状况结合起来，目标价值权数的确定一般以现时市场价值为依据。但市场价值波动频繁，可行方案是选用市场价值的历史平均值，如30日、60日、120日均价等。总之，目标价值权数是主观愿望和预期的表现，依赖于财务经理的价值判断和职业经验。

【例6-7】渤海公司本年末长期资本账面总额为1 000万元，其中：银行长期贷款400万元，长期债券150万元，股东权益450万元，个别资本成本分别为5%、6%、9%。该公司的加权平均资本成本为：

$$K_{WACC} = 5\% \times \frac{400}{1\,000} + 6\% \times \frac{150}{1\,000} + 9\% \times \frac{450}{1\,000} = 6.95\%$$

四、边际资本成本

边际资本成本是企业追加筹资的成本。企业的个别资本成本和加权平均资本成本，是企业过去筹集的单项资本的成本或目前使用全部资本的成本。然而，企业在追加筹资时，不能仅仅考虑目前所使用资本的成本，还要考虑新筹集资金的成本，即边际资本成本。

边际资本成本，是企业进行追加筹资的决策依据。其计算步骤如下：

第一步，确定公司最佳（目标）资本结构。

第二步，确定不同筹资方式在不同筹资范围的个别资金成本率（确定个别资金分界点）。

第三步，确定筹资总额分界点。

筹资总额分界点是指在保持某资本成本率的条件下可以筹集到的资金总限度。在筹资总额分界点范围内筹资，原来的资本成本率不会改变，一旦筹资额超过分界点，即使维持现有资本结构，其资本成本率也会增加。

计算筹资总额分界点的公式如下：

$$筹资总额分界点 = \frac{某种筹资方式的成本分界点}{目标资本结构中该种筹资方式所占比重}$$

第四步，根据计算出的分界点，可得出若干组新的筹资范围，对各筹资范围分别计算加权平均资金成本，即可得到各种筹资范围的边际资金成本。

【例 6-8】渤海公司采取长期借款和发行普通股两种方式筹集所需资金，相关资料见表 6-1。要求：计算筹资突破点；计算各组筹资总额范围的边际资本成本。

第一步，确定公司目标资本结构。根据所给资料，该公司目标资本结构为长期借款占 30%，普通股筹资占 70%。

第二步，确定不同筹资方式在不同筹资范围的个别资金成本率（确定个别资金分界点），如表 6-2 所示。

第三步，确定筹资总额分界点，如表 6-2 所示。

表 6-1　**渤海公司筹资相关资料**

筹资方式	目标资本结构（%）	新筹资的数额范围	资金成本（%）
长期借款	30	≤12 万元	8
		12 万～60 万元	9
		>60 万元	10
普通股	70	≤21 万元	18
		21 万～70 万元	19
		>70 万元	20

表 6-2　**筹资总额分界点计算表**

筹资方式及目标资本结构	资金成本（%）	个别筹资方式的筹资范围（万元）	筹资突破点（万元）	筹资总额的范围（万元）
长期借款 30%	8	≤12	12÷30%=40 60÷30%=200	≤40
	9	12～60		40～200
	10	>60		>200
普通股 70%	18	≤21	21÷70%=30 70÷70%=100	≤30
	19	21～70		30～100
	20	>70		>100

第四步，计算边际资本成本。

按筹资突破点大小对筹资总额顺序重新分组，可以得到五组筹资总额的范围：①30 万元以内；②30 万～40 万元；③40 万～100 万元；④100 万～200 万元；⑤200 万元以上。

对上述五组筹资总额范围分别计算加权平均资本成本（即各种筹资总额范围的边际资本成本）。计算过程及结果见表 6-3。

表6-3　　边际资本成本计算表

筹资总额的范围（万元）	筹资方式	资本结构	个别资本成本	边际资本成本
30以内	长期借款	30%	8%	30%×8%+70%×18%=15.0%
	普通股	70%	18%	
30～40	长期借款	30%	8%	30%×8%+70%×19%=15.7%
	普通股	70%	19%	
40～100	长期借款	30%	9%	30%×9%+70%×19%=16.0%
	普通股	70%	19%	
100～200	长期借款	30%	9%	30%×9%+70%×20%=16.7%
	普通股	70%	20%	
200以上	长期借款	30%	10%	30%×10%+70%×20%=17.0%
	普通股	70%	20%	

第二节　杠杆效应

财务管理中存在着类似于物理学中的杠杆效应，表现为：由于特定固定支出或费用的存在，当某一财务变量以较小幅度变动时，另一相关变量会以较大幅度变动。财务管理中的杠杆效应，包括经营杠杆、财务杠杆和总杠杆三种效应形式。杠杆效应既可以产生杠杆利益，也可能带来杠杆风险。

一、经营杠杆效应

（一）经营杠杆

经营杠杆是指由于固定性经营成本的存在，而使得企业的资产报酬（息税前利润）变动率大于业务量变动率的现象。经营杠杆反映了资产报酬的波动性，用以评价企业的经营风险。用息税前利润（EBIT）表示资产总报酬，则：

$$EBIT = S - V - F = (P - V_C) \times Q - F = M - F$$

式中，EBIT表示息税前利润；S表示销售额；V表示变动性经营成本；F表示固定性经营成本；Q表示产销业务量；P表示销售单价；Vc表示单位变动成本；M表示边际贡献。

上式中，影响EBIT的因素包括产品售价、产品需求、产品成本等因素。当产品成本中存在固定成本时，如果其他条件不变，产销业务量的增加虽然不会改变固定成本总额，但会降低单位产品分摊的固定成本，从而提高单位产品利润，使息税前利润的增长率大于产销业务量的增长率，进而产生经营杠杆效应。

当不存在固定性经营成本时，所有成本都是变动性经营成本，边际贡献等于息税前利润，此时息税前利润变动率与产销业务量的变动率完全一致。

（二）经营杠杆系数

只要企业存在固定性经营成本，就存在经营杠杆效应。但以不同产销业务量为基础，其经营杠杆效应的大小程度是不一致的。测算经营杠杆效应的常用指标为经营杠杆系数。经营杠杆系数（DOL）是息税前利润变动率与产销业务量变动率的比值，计算公式为：

$$DOL = \frac{\Delta EBIT/EBIT_0}{\Delta Q/Q_0} = \frac{息税前利润变动率}{产销业务量变动率}$$

式中，DOL表示经营杠杆系数；ΔEBIT表示息税前利润变动额；ΔQ表示产销业务量变动值。上式经整理，经营杠杆系数的计算也可以简化为：

$$DOL = \frac{M_0}{M_0 - F_0} = \frac{M_0}{EBIT_0} = \frac{EBIT_0 + F_0}{EBIT_0}$$

式中，DOL表示经营杠杆系数；M_0表示基期的边际贡献；F_0表示基期的固定性经营成本；$EBIT_0$表示基期的息税前利润。

【例6-9】某企业生产单一产品，上年产销量5 000件，单价10元，单位变动成本6元，固定成本总额为8 000元，计划产销量为6 000件。试计算经营杠杆系数。

EBIT=5 000×（10-6）-8 000=12 000（元）

$$DOL = \frac{12\,000 + 8\,000}{12\,000} \approx 1.67$$

（三）经营杠杆与经营风险

经营风险是指企业由于生产经营上的原因而导致的资产报酬波动的风险。引起企业经营风险的主要原因是市场需求和生产成本等因素的不确定性，经营杠杆本身并不是资产报酬不确定的根源，只是资产报酬波动的表现。但是，经营杠杆放大了市场和生产等因素变化对利润波动的影响。经营杠杆系数越高，表明息税前利润受产销量变动的影响程度越大，经营风险也就越大。根据经营杠杆系数的计算公式，有：

$$DOL = \frac{EBIT_0 + F_0}{EBIT_0} = 1 + \frac{F_0}{EBIT_0}$$

上式表明，在息税前利润为正的前提下，经营杠杆系数最低为1，不会为负数；只要有固定性经营成本存在，经营杠杆系数总是大于1。

从上式可知，影响经营杠杆的因素包括：企业成本结构中的固定成本比重；息税前利润水平。其中息税前利润水平又受产品销售数量、销售价格、成本水平（单位变动成本和固定成本总额）高低的影响。固定成本比重越高、成本水平越高、产品销售数量和销售价格水平越低，经营杠杆效应越大；反之，则相反。

【例6-10】某企业生产A产品，固定成本60万元，变动成本率40%，当企业的销售额分别为400万元、200万元、100万元时，经营杠杆系数分别是多少？以上计算结果说明了什么问题？

当销售额为400万元时，DOL的计算如下：

$$DOL_1 = \frac{400 \times (1 - 40\%)}{400 \times (1 - 40\%) - 60} \approx 1.33$$

当销售额为200万元时，DOL的计算如下：

$$DOL_2 = \frac{200 \times (1 - 40\%)}{200 \times (1 - 40\%) - 60} = 2$$

当销售额为100万元时，DOL的计算如下：

$$DOL_3=\frac{100\times(1-40\%)}{100\times(1-40\%)-60}=\infty$$

小贴士

变动成本率=变动成本/销售收入

以上计算结果表明：

（1）在固定成本不变的情况下，经营杠杆系数反映销售额增长（减少）所引起利润增长（减少）的幅度。比如，DOL_1说明在销售额为400万元时，销售额的增长（减少）会引起利润1.33倍的增长（减少）；DOL_2说明在销售额为200万元时，销售额的增长（减少）将引起利润2倍的增长（减少）。

（2）在固定成本不变的情况下，销售额越大，经营杠杆系数越小，经营风险也就越小；反之，销售额越小，经营杠杆系数越大，经营风险也就越大。比如当销售额为400万元时，DOL_1为1.33；当销售额为200万元时，DOL_2为2。显然后者利润的不稳定性大于前者，故而后者的经营风险大于前者。

（3）当销售额达到盈亏临界点时，经营杠杆系数趋近于无穷大，如DOL_3的情况。此时企业经营只能保本，若销售额稍有增加便可出现盈利，若销售额稍有减少便会发生亏损。

二、财务杠杆效应

（一）财务杠杆

财务杠杆是指由于固定性资本成本的存在，而使得企业的普通股收益（或每股收益）变动率大于息税前利润变动率的现象。财务杠杆反映了权益资本报酬的波动性，用以评价企业的财务风险。用普通股收益或每股收益表示普通股权益资本报酬，则：

当不存在优先股时：

$$EPS=\frac{(EBIT-I)\times(1-T)}{N}$$

当存在优先股时：

$$EPS=\frac{(EBIT-I)\times(1-T)-D_P}{N}$$

式中，EPS表示每股收益；I表示债务资金利息；D_P表示优先股股利；T表示所得税税率；N表示普通股股数。

上式中，影响普通股收益的因素包括资产报酬、资本成本、所得税税率等因素。

当有利息费用等固定性资本成本存在时，如果其他条件不变，息税前利润的增加虽然不改变固定利息费用总额，但会降低每元息税前利润分摊的利息费用，从而提高每股收益，使得普通股收益的增长率大于息税前利润的增长率，进而产生财务杠杆效应。

当不存在固定利息、股息等资本成本时，息税前利润就是利润总额，此时利润总额变动率与息税前利润变动率完全一致。如果两期所得税税率和普通股股数保持不变，每股盈余的变动率与利润总额变动率完全一致，进而与息税前利润变动率一致。

（二）财务杠杆系数

只要企业融资方式中存在固定性资本成本，就存在财务杠杆效应。测算财务杠杆效应的常用指标为财务杠杆系数。

财务杠杆系数（DFL）是普通股收益变动率与息税前利润变动率的比值，计算公式为：

$$DFL = \frac{\Delta EPS/EPS_0}{\Delta EBIT/EBIT_0}$$

在不存在优先股股息的情况下，上式经整理，财务杠杆系数的计算也可以简化为：

$$DFL = \frac{EBIT_0}{EBIT_0 - I_0}$$

当存在优先股股息的情况下，财务杠杆系数的计算公式如下：

$$DFL = \frac{EBIT_0}{EBIT_0 - I_0 - \frac{D_P}{1 - T}}$$

式中，DFL表示财务杠杆系数；D_P表示优先股股利。

【例6-11】有A、B、C三个公司，资本总额均为1 000万元，所得税税率均为25%，每股面值均为1元。

A公司资本全部由普通股组成；

B公司债务资本300万元（利率10%），普通股700万元；

C公司债务资本500万元（利率10.8%），普通股500万元。

三个公司2022年EBIT均为200万元，试计算三家公司的财务杠杆系数（DFL）。

第一步，计算三家公司的EBIT=200万元。

第二步，计算三家公司的利息额：

A公司：没有利息

B公司：300×10%=30（万元）

C公司：500×10.8%=54（万元）

第三步，计算三家公司的财务杠杆系数：

A公司：DFL=1

B公司：$DFL=\frac{EBIT_0}{EBIT_0 - I_0} = \frac{200}{200 - 30} = 1.18$

C公司：$DFL=\frac{EBIT_0}{EBIT_0 - I_0} = \frac{200}{200 - 54} = 1.37$

可见，资本成本固定型的资本所占比重越高，财务杠杆系数就越大。A公司由于不存在固定资本成本的资本，没有财务杠杆效应；B公司存在债务资本，其普通股收益增长幅度是息税前利润增长幅度的1.18倍；C公司不仅存在债务资本，而且债务资本的比重比B公司高，其普通股收益增长幅度是息税前利润增长幅度的1.37倍。

（三）财务杠杆与财务风险

财务风险是指企业由于筹资原因产生的资本成本负担而导致的普通股收益波动的风险。引起企业财务风险的主要原因是资产报酬的不利变化和资本成本的固定负担。由于财务杠杆的作用，当企业的息税前利润下降时，企业仍然需要支付固定的资本成本，导致每股收益以更快的速度下降。财务杠杆放大了息税前利润变化对每股收益的影响，财务杠杆系数越高，表明每股收益的波动程度越大，财务风险也就越大。在不存在优先股股息的情况下，根据财务杠杆系数的计算公式，可以推导出如下等式：

$$DFL=\frac{EBIT_0}{EBIT_0-I_0}=1+\frac{I_0}{EBIT_0-I_0}$$

上面分式中，分子是企业筹资产生的固定性资本成本负担，分母是归属于股东的收益。上式表明，在企业有正的税后利润的前提下，财务杠杆系数最低为1，不会为负数；只要有固定性资本成本存在，财务杠杆系数总是大于1。

从上式可知，影响财务杠杆的因素包括：企业资本结构中债务资金比重；每股收益水平；所得税税率水平。其中，每股收益又受息税前利润、固定性资本成本高低的影响。债务成本比重越高、固定的资本成本支付额越高、息税前利润水平越低，财务杠杆效应越大；反之，则相反。

【例6-12】以【例6-11】的计算结果为例，三个公司2022年的财务杠杆系数分别为A公司1.00，B公司1.18，C公司1.37。这意味着，如果EBIT下降，A公司的EPS与之同步下降，而B公司和C公司EPS会以更大的幅度下降，导致各公司EPS不为负数的EBIT最大降幅如表6-4所示。

表6-4 各公司EPS不为负数的EBIT最大降幅

公司名称	DFL	EPS降低（%）	EBIT降低（%）
A	1.00	100	100
B	1.18	100	84.75
C	1.37	100	72.99

上述结果表明，EBIT只要降低72.99%，C公司每股收益就会出现亏损；EBIT降低84.75%，B公司每股收益会出现亏损；EBIT降低100%，A公司每股收益会出现亏损。显然，C公司不能支付利息、不能满足普通股股利要求的财务风险高于其他公司。

三、总杠杆效应

（一）总杠杆

经营杠杆和财务杠杆可以独自发挥作用，也可以综合发挥作用，总杠杆是用来反映二者之间共同作用结果的，即每股收益与产销业务量之间的变动关系。

由于固定性经营成本的存在，产生经营杠杆效应，导致产销业务量变动对息税前利润变动有放大作用；同样由于固定性资本成本的存在，产生财务杠杆效应，导致息税前利润变动对普通股每股收益变动有放大作用。两种杠杆共同作用，将导致产销业务量稍有变动，就会引起普通股每股收益更大的变动。

总杠杆是指由于固定经营成本和固定资本成本的存在，普通股每股收益变动率大于产销业务量的变动率的现象。

（二）总杠杆系数

只要企业同时存在固定性经营成本和固定性资本成本，就存在总杠杆效应。

产销量变动通过息税前利润的变动传导至普通股收益，使得每股收益发生更大的变动。用总杠杆系数（DTL）表示总杠杆效应程度，可见，总杠杆系数是经营杠杆系数和财务杠杆系数的乘积，是普通股收益变动率与产销业务量变动率的倍数，计算公式为：

$$DTL=\frac{\Delta EPS/EPS_0}{\Delta Q/Q_0}$$

在不存在优先股股息的情况下，上式经整理，总杠杆系数的计算也可以简化为：

DTL=DOL×DFL

【例 6-13】蓝天公司目前每年销售额为70万元，变动成本为42万元，年固定成本总额为18万元（不包括利息），所得税税率为25%，债务资本20万元，年利率为10%，则该公司DOL、DFL和DTL分别为：

EBIT=70-18-42=10（万元）

$$DOL=\frac{10+18}{10}=2.8$$

$$DFL=\frac{10}{10-20\times 10\%}=1.25$$

DTL=2.8×1.25=3.5

（三）总杠杆与公司风险

公司风险包括企业的经营风险和财务风险，反映了企业的整体风险。总杠杆系数反映了经营杠杆和财务杠杆之间的关系，用以评价企业的整体风险水平。

在总杠杆系数一定的情况下，经营杠杆系数与财务杠杆系数此消彼长。总杠杆效应的意义在于：第一，能够说明产销业务量变动对普通股收益的影响，据以预测未来的每股收益水平；第二，揭示了财务管理的风险管理策略，即要保持一定的风险状况水平，需要维持一定的总杠杆系数，经营杠杆和财务杠杆可以有不同的组合。

一般来说，固定资产比重较大的资本密集型企业，经营杠杆系数高，经营风险大，企业筹资主要依靠权益资本，以保持较小的财务杠杆系数和财务风险；变动成本比重较大的劳动密集型企业，经营杠杆系数低，经营风险小，企业筹资可以主要依靠债务资金，保持较大的财务杠杆系数和财务风险。

一般来说，在企业初创阶段，产品市场占有率低，产销业务量小，经营杠杆系数大，此时企业筹资主要依靠权益资本，在较低程度上使用财务杠杆；在企业扩张成熟期，产品市场占有率高，产销业务量大，经营杠杆系数小，此时，企业资本结构中可扩大债务资本比重，在较高程度上使用财务杠杆。

【学思笃行】关于杠杆原理，最为大众所熟知的是初中物理中提到有关阿基米德的一句名言："给我一个支点，我能撬动整个地球！"。其实，早在春秋战国时期，墨子已对杠杆有所阐述，《墨子·经说下》中说："衡，加重于其一旁，必捶，权重相若也。相衡，则本短标长。两加焉，重相若，则标必下，标得权也。"这句话里面有等臂的，有不等臂的；有改变两端重量使它偏动的，也有改变两臂长度使它偏动的，较为全面地指出了杠杆的平衡原理。

第三节 资本结构

资本结构及其管理是企业筹资管理的核心问题。如果企业现有资本结构不合理，应通过筹资活动优化调整资本结构，使其趋于科学合理。

一、资本结构的含义

筹资管理中，资本结构有广义和狭义之分。广义的资本结构是指全部债务与股东权益的构成比例；狭义的资本结构则是指长期负债与股东权益的构成比例。本书所指的资本结构，是指狭义的资本结构。

资本结构是在企业多种筹资方式下筹集资金形成的，各种筹资方式不同的组合决定着企业资本结构及其变化。企业筹资方式虽然很多，但总的来看分为债务资本和权益资本两大类。权益资本是企业必备的基础资本，因此资本结构问题实际上也就是债务资本的比例问题，即债务资金在企业全部资本中所占的比重。

不同的资本结构会给企业带来不同的后果。企业利用债务资本进行举债经营具有双重作用，既可以发挥财务杠杆效应，也可能带来财务风险。因此，企业必须权衡财务风险和资本成本的关系，确定最佳的资本结构。评价企业资本结构最佳状态的标准应该是既能够提高股权收益或降低资本成本，又能控制财务风险，最终目的是提升企业价值。

股权收益表现为净资产报酬率或普通股每股收益；资本成本表现为企业的平均资本成本率。根据资本结构理论，当企业平均资本成本率最低时，企业价值最大。所谓最佳资本结构，是指在一定条件下使企业平均资本成本率最低、企业价值最大的资本结构。资本结构优化的目标是降低平均资本成本率或提高普通股每股收益。从理论上讲，最佳资本结构是存在的，但由于企业内部条件和外部环境的经常性变化，动态地保持最佳资本结构十分困难。因此，在实践中，目标资本结构通常是企业结合自身实际进行适度负债经营所确立的资本结构，是根据满意化原则确定的资本结构。

二、资本结构理论

资本结构理论是现代企业财务领域的核心部分，在不同的时代背景下，学者们提出了不同的资本结构理论。

（一）净收益理论

净收益理论是1952年美国经济学家大卫·杜兰特（David Durand）在《企业债务和股东权益成本：趋势和计量问题》一文中提出的。该理论认为：由于债务资金成本低于权益资金成本，运用债务筹资可以降低企业资金的综合资金成本，且负债程度越高，综合资金成本就越低，企业价值就越大。按照该理论，当负债比率达到100%时，企业综合资金成本最低，企业价值最大。

净收益理论有两个假设：①债务资本成本和权益资本成本均不受财务杠杆的影响（不考虑财务风险）；②长期债务成本总是低于权益资本成本。

如图6-1所示，K_s表示权益资本成本，K_b表示债务资本成本，K_W表示综合资本成本，由图6-1可以看出，由于债务资本成本低于权益资本成本，所以随着负债比率的提高，综合资本成本就不断下降，企业价值也就变大。

净收益理论是一种极端的资本结构理论观点。该理论虽然考虑到负债的财务杠杆利益，但忽略了负债的财务风险因素，认为负债对企业总是有利的，负债为100%时企业价值最大。这种结论与现实是不相符的。事实上，如果企业的负债比率过高，企业的综合平均资本成本就会上升，企业的价值反而下降。

（二）净营业收益理论

净营业收益理论的基本观点是：企业价值仅仅取决于企业资产的获利能力即息税前利润，而与资本结构无关。也就是说，是营业净利而不是净利润决定企业价值。

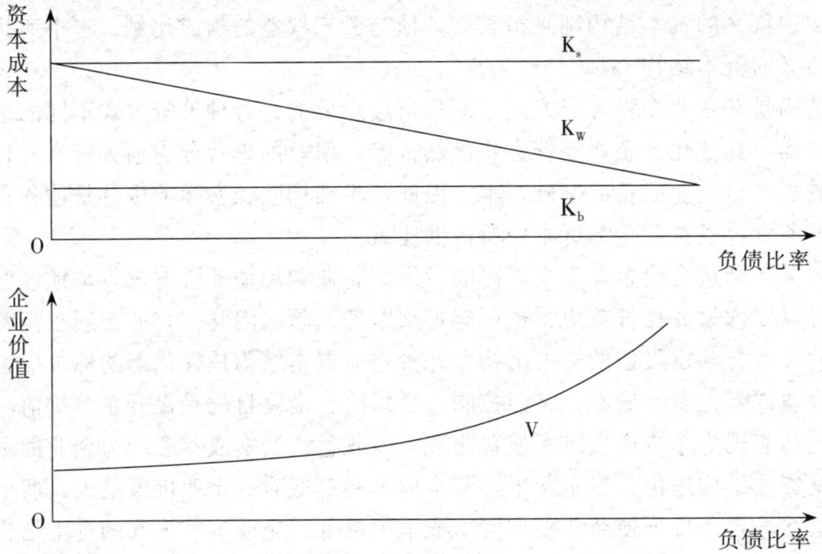

图6-1　净收益理论

净营业收益理论观点建立在以下假设条件下：

（1）假设债务资本成本固定不变，企业能以固定的利率筹措负债资金；

（2）权益资本成本随着企业负债率的提高而上升，即假设随着负债程度的增加，股东认为自身风险会增加，因此会要求更高的报酬率；

（3）假设负债带来的收益正好被负债带来的成本（权益资本成本上升）所抵销。

如图6-2所示，在债务资本成本 K_b 不变的情况下，随着负债比率的提高，权益资本成本 K_s 也会相应提高，在假设负债带来的收益正好被负债带来的成本（权益资本成本上升）所抵销的条件下，综合资本成本 K_W 保持不变，因而企业价值也保持不变。

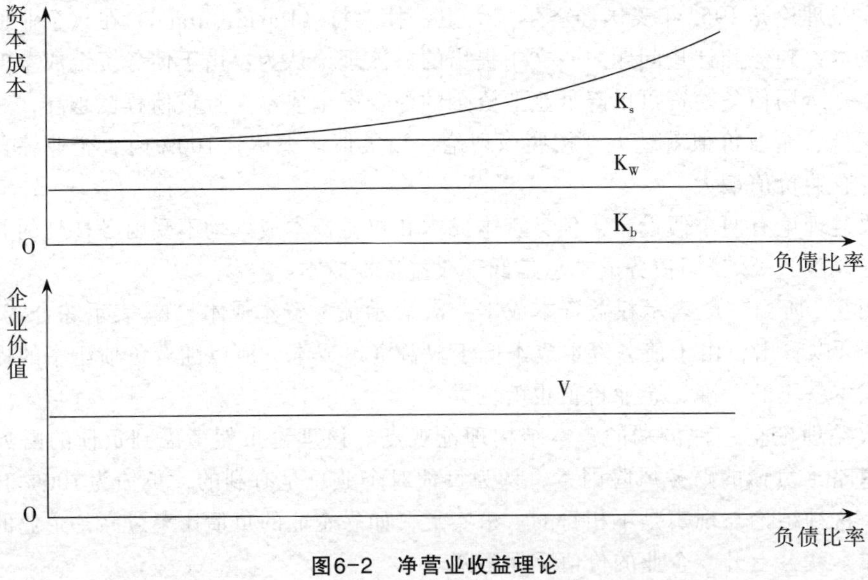

图6-2　净营业收益理论

净营业收益理论是另一种极端的资本结构理论观点。该理论虽然认识到负债会产生财务风险，也可能影响企业权益资本的成本，但实际上企业的综合资本成本不可能是一个常数。企业净营业收益的确会影响企业价值，但企业价值不仅仅取决于净营业收益的多少。对净营业收益理论的讨论纯粹是定义性的，缺乏实践方面的现实意义。

（三）传统理论

西方大多数财务学者和实际工作者在20世纪50年代都采用了一种折中理论，介于净收益理论和净营业收益理论之间，称为传统理论。该理论假设：

（1）债务资本成本和权益资本成本并非固定不变，因此，企业加权平均资本成本也是变化的；

（2）在一定的负债率范围内，债务资本成本和权益资本成本的上升均不明显，但超过一定负债率范围后，债务资本成本和权益资本成本均不断加速上升。

由图6-3可以看出，在一定的负债率范围下，债务资本成本 K_b 及权益资本成本 K_s 上升并不明显，这是由于负债所占比重提高，同时债务资本成本低于权益资本成本，因而综合资本成本 K_W 随着负债比率的提高而下降；但超过一定负债率范围后，债务资本成本 K_b 及权益资本成本 K_s 将会有明显的上升，此时，综合资本成本 K_W 也会上升。

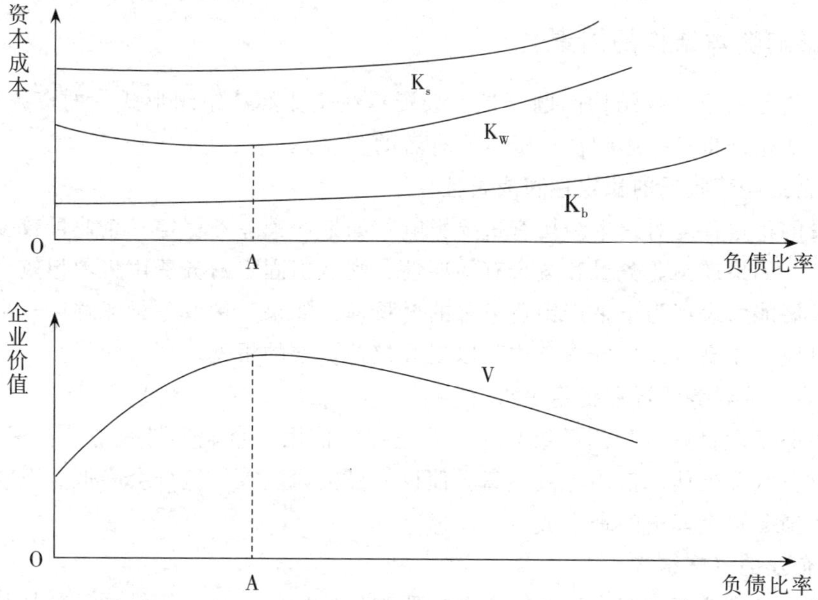

图6-3 传统理论图示

（四）MM 理论

最初的MM理论是建立在以下基本假设基础上的：（1）企业只有长期债券和普通股股票，债券和股票均在完善的资本市场上交易，不存在交易成本；（2）个人投资者与机构投资者的借款利率与企业的借款利率相同且无借债风险；（3）具有相同经营风险的企业处于同一风险等级，经营风险可以用息税前利润的方差衡量；（4）每一个投资者对企业未来的收益、风险的预期都相同；（5）所有的现金流量都是永续的，债券也是。

该理论认为，不考虑企业所得税，有无负债不改变企业的价值，因此企业价值不受资本结构的影响。而且，有负债企业的股权成本随着负债程度的增大而增大。

在考虑企业所得税带来的影响后，学者们提出了修正的 MM 理论。该理论认为企业可利用财务杠杆增加企业价值，因负债利息可带来避税利益，企业价值会随着资产负债率的增加而增加。具体而言，有负债企业的价值等于同一风险等级中某一无负债企业的价值加上税负节余的价值；有负债企业的股权成本等于相同风险等级的无负债企业的股权成本加上与以市值计算的债务与股权比例成比例的风险报酬，且风险报酬取决于企业的债务比例以及企业所得税税率。

之后，米勒进一步将个人所得税因素引入修正的 MM 理论，并建立了同时考虑企业所得税和个人所得税的 MM 资本结构理论模型。

（五）权衡理论

修正的 MM 理论只是接近了现实，在现实经济实践中，各种负债成本随负债比率的增大而上升，当负债比率达到某一程度时，企业负担破产成本的概率会增加。经营良好的企业，通常会维持其债务不超过某一限度。为解释这一现象，权衡理论应运而生。

权衡理论通过放宽 MM 理论完全信息以外的各种假定，考虑在税收、财务困境成本存在的条件下，资本结构如何影响企业市场价值。权衡理论认为，有负债企业的价值等于无负债企业价值加上税负节余现值，再减去财务困境成本的现值。

三、影响资本结构的因素

资本结构是一个产权结构问题，是社会资本在企业经济组织形式中的资源配置结果。资本结构的变化，将直接影响社会资本所有者的利益。

（一）企业经营状况的稳定性和成长性

业务量的稳定程度对资本结构有重要影响：如果产销业务稳定，企业可较多地负担固定财务费用；如果产销业务量和盈余有周期性，则负担固定财务费用将承担较大的财务风险。经营发展能力表现为未来产销业务量的增长率，如果产销业务量能够以较高的水平增长，企业可以采用高负债的资本结构，以提升权益资本的报酬。

（二）企业的财务状况和信用等级

企业财务状况良好，信用等级高，向企业提供信用，企业容易获得债务资金；相反，如果企业财务状况欠佳，信用等级不高，债权人投资风险大，这样会降低企业获得信用的能力，加大债务资金筹资的资本成本。

（三）企业的资产结构

资产结构是企业筹集资本后进行资源配置和使用后的资金占用结构，包括长短期资产构成和比例，以及长短期资产内部的构成和比例。资产结构对企业资本结构的影响主要包括：拥有大量固定资产的企业主要通过发行股票融通资金；拥有较多流动资产的企业更多地依赖流动负债融通资金，资产适用于抵押贷款的企业负债较多，以技术研发为主的企业则负债较少。

（四）企业投资人和管理当局的态度

从企业所有者的角度看，如果企业股权分散，企业可能更多地采用权益资本筹资以分散企业风险。如果企业为少数股东控制，股东通常重视企业控股权问题，为防止控股权稀释，企业一般尽量避免普通股筹资，而是采用优先股或债务资金筹资。

从企业管理当局的角度看，高负债资本结构的财务风险高，一旦经营失败或出现财务危机，管理当局将面临市场接管的威胁或者被董事会解聘。因此，稳健的管理当局偏好于选择低负债比例的资本结构。

（五）行业特征和企业发展阶段

不同行业的资本结构差异很大。产品市场稳定的成熟产业经营风险低，因此可提高债务资金比重，发挥财务杠杆作用。高新技术企业产品、技术、市场尚不成熟，经营风险高，因此可降低债务资金比重，控制财务杠杆风险。同一企业不同发展阶段，资本结构安排不同。企业初创阶段，经营风险高，在资本结构安排上应控制负债比例；企业发展成熟阶段，产品产销业务量稳定并持续增长，经营风险低，可适度增加债务资金比重，发挥财务杠杆效应；企业收缩阶段，产品市场占有率下降，经营风险逐步加大，应逐步降低债务资金比重，保证经营现金流量能够偿付到期债务，保持企业持续经营能力，减少破产风险。

（六）经济环境的税务政策和货币政策

资本结构决策必然要研究理财环境因素，特别是宏观经济状况。政府调控经济的手段包括财政税收政策和货币金融政策，当所得税税率较高时，债务资金的抵税作用大，企业充分利用这种作用以提高企业价值。货币金融政策影响资本供给，从而影响利率水平的变动，当国家执行紧缩的货币政策时，市场利率较高，企业债务资金成本增大。

四、资本结构决策方法

资本结构优化要求企业权衡负债的低资本成本和高财务风险的关系，确定合理的资本结构。资本结构优化的目标是降低平均资本成本率或提高企业价值。

（一）比较资本成本法

比较资本成本法是计算不同资本结构（或筹资方案）的加权平均资本成本，并以此为标准相互比较进行资本结构决策。

1.初始资本结构决策

在实际中，企业对拟定的筹资总额可以采用多种筹资方式来筹集，企业可以通过计算比较不同方案的资本成本，对方案进行选择。

【例6-14】渤海公司有三个筹资方案备选，有关数据见表6-5。

表6-5 **渤海公司筹资备选方案** 金额单位：万元

筹资方式	方案A			方案B			方案C		
	数额	比重	资本成本	数额	比重	资本成本	数额	比重	资本成本
长期借款	60	6%	6%	120	12%	6.5%	180	18%	7%
公司债券	240	24%	9%	180	18%	8%	220	22%	9%
优先股	100	10%	13%	200	20%	13%	100	10%	13%
普通股	600	60%	16%	500	50%	15%	500	50%	15%
合计	1 000	100%	—	1 000	100%	—	1 000	100%	—

分别计算三个方案的综合资本成本 K_W：

方案A：$K_W = 6\% \times 6\% + 24\% \times 9\% + 10\% \times 13\% + 60\% \times 16\% = 13.42\%$

方案B：$K_W = 12\% \times 6.5\% + 18\% \times 8\% + 20\% \times 13\% + 50\% \times 15\% = 12.32\%$

方案C：$K_W = 18\% \times 7\% + 22\% \times 9\% + 10\% \times 13\% + 50\% \times 15\% = 12.04\%$

计算结果表明：方案C的综合资本成本最低，在其他有关因素大致相同时，方案C是最优的筹资方案。

2.追加资本结构决策

一般而言，按照最佳资本结构的要求，选择追加筹资方案可有两种方法：一种方法是直接测算比较各备选追加筹资方案的边际资本成本，从中选择最优筹资方案；另一种方法是将备选追加筹资方案与原有最佳资本结构汇总，测算各追加筹资条件下汇总资本结构的加权平均资本成本，比较确定最优追加筹资方案。

【例6-15】渤海公司拟追加筹资500万元，可采用普通股、优先股、长期债券三种方式筹资。现有两个追加筹资方案可供选择，有关资料见表6-6。

表6-6 两种追加筹资方案的资本结构及资本成本 金额单位：万元

筹资方式	方案1			方案2		
	追加筹资额	所占比重	资本成本	追加筹资额	所占比重	资本成本
长期债券	200	40%	9%	300	60%	10%
优先股	50	10%	13%	50	10%	13%
普通股	250	50%	15%	150	30%	16%
合计	500	100%	—	500	100%	—

根据表6-6的资料，分别计算两种追加筹资方案的边际资本成本。

方案1边际资本成本=40%×9%+10%×13%+50%×15%=12.4%

方案2边际资本成本=60%×10%+10%×13%+30%×16%=12.1%

计算结果表明：方案2的边际资本成本低于方案1的边际资本成本，企业应该选择方案2。

（二）每股收益无差别点分析法

可以用每股收益的变化来判断资本结构是否合理，即能够提高普通股每股收益的资本结构就是合理的资本结构。在资本结构管理中，利用债务资本筹资的目的之一就在于债务资本能够带来财务杠杆效应，利用负债筹资的财务杠杆作用来增加股东财富。

每股收益受到经营利润水平、债务资本成本水平等因素的影响，分析每股收益与资本结构的关系，可以找到每股收益无差别点。

所谓每股收益无差别点，是指不同筹资方式下每股收益都相等时的息税前利润或业务量水平。根据每股收益无差别点，可以分析判断在什么样的息税前利润水平或产销业务量水平前提下，适于采用何种筹资组合方式，进而确定企业的资本结构安排。

在每股收益无差别点上，无论是采用债务或股权筹资方案，每股收益都是相等的。当预期息税前利润或业务量水平大于每股收益无差别点时，应当选择债务筹资方案；反之，选择股权筹资方案。在每股收益无差别点上，不同筹资方案的每股收益是相等的，用公式表示如下：

$$\frac{(\overline{EBIT} - I_1)(1 - T) - D_{P1}}{N_1} = \frac{(\overline{EBIT} - I_2)(1 - T) - D_{P2}}{N_2}$$

式中，$\overline{EBIT}$表示息税前利润平衡点，即每股收益无差别点；I_1、I_2表示两种筹资方式下的债务利息；D_{P1}、D_{P2}表示两种筹资方式下的优先股股利；N_1、N_2表示两种筹资方式下普通股股数；T表示所得税税率。

【例 6-16】某公司原有资本700万元，其中债务资本200万元（每年需负担利息24万元），普通股股本500万元（发行普通股10万股，每股面值50元）。因扩大业务需要追加融资300万元，现有两种融资方式：

一是全部发行普通股（增发6万股，每股面值50元）；

二是全部筹借长期债务（债务利率仍为12%，利息36万元）。

扩大规模后，该公司预计息税前利润可以达到180万元，请问该公司应该选择哪种筹资方案。

根据上述数据，代入每股收益无差别点公式可得：

$$\frac{(\overline{EBIT}-24)(1-25\%)}{10+6}=\frac{(\overline{EBIT}-24-36)(1-25\%)}{10}$$

可以解得：

$\overline{EBIT}=120$万元

当$\overline{EBIT}=120$万元时，可以解得：

$\overline{EPS}=4.5$元/股

这里，EBIT为120万元是两个筹资方案的每股收益无差别点。在此点上，两个方案的每股收益相等，均为4.5元/股，如图6-4所示。企业预期追加筹资后息税前利润为180万元，高于无差别点120万元，应当采用财务风险较大的第二种融资方案，即采用长期债务的筹资方式。

通过计算可知，在息税前利润为180万元的情况下，方案1的EPS约为7.31元/股，方案2的EPS约为9元/股，显然方案2即采用长期债务的筹资方式优于方案1。

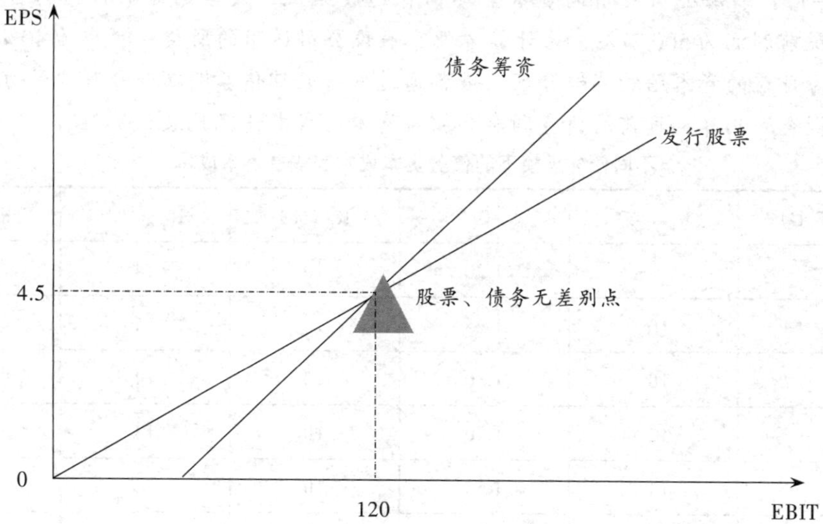

图6-4　每股收益无差别点分析图

（三）公司价值比较法

以上两种方法都是从账面价值的角度进行资本结构优化分析，没有考虑市场反应，亦即没有考虑风险因素。公司价值比较法是在考虑市场风险的基础上，以公司市场价值为标准，进行资本结构优化，即能够提升公司价值的资本结构就是合理的资本结构。这种方法主要用于对现有资本结构进行调整，适用于资本规模较大的上市公司资本结构优化分析。同时，在公司价值最大的资本结构下，公司的平均资本成本率也是最低的。

公司价值比较法的应用步骤如下：

第一步，测算公司价值。

公司价值包括其股票的价值和债券的价值。股票和债券的价值实际上是其未来能够为公司带来的现金流量的现值，具体可用下面的公式表示：

$$V=S+B$$

式中，V表示公司价值；B表示债务资本价值；S表示权益资本价值。

为简化分析，假设公司各期的EBIT保持不变，债务资本的市场价值等于其面值，权益资本的市场价值可通过下式计算：

$$S=\frac{(EBIT-I)\times(1-T)}{K_S}$$

其中：

$$K_S=R_f+\beta\times(R_m-R_f)$$

第二步，测算公司加权平均资本成本。

根据前述假定，在公司的总资本中包括长期债务和普通股的情况下，公司的综合资本成本就是长期债务资本成本和普通股资本成本的加权平均数。其计算公式为：

$$K_W=K_b\times(1-T)\times\frac{B}{V}+K_S\times\frac{S}{V}$$

式中，K_W表示公司加权平均资本成本；K_b表示债务的税前资本成本；K_S表示普通股的资本成本。

第三步，确定公司的最优资本结构。

【例6-17】渤海公司目前的资本全部由普通股组成，股票的账面价值为2 000万元，预计年息税前利润为500万元，为计算方便，假设公司适用的所得税税率为40%。公司的决策者认为目前的资本结构不够合理，准备通过发行长期债券购回部分股票的办法予以调整。经过调查和测算，目前的债务利率和权益资本的成本情况见表6-7。

表6-7　**不同债务规模下的债务资本成本和权益资本成本**

B（百万元）	K_b（%）	β	R_f（%）	R_m（%）	K_S（%）
0	—	1.20	10	14	14.8
2	10	1.25	10	14	15.0
4	10	1.30	10	14	15.2
6	12	1.40	10	14	15.6
8	14	1.55	10	14	16.2
10	16	2.10	10	14	18.4

根据表6-7资料，可计算出不同资本结构下的企业总价值和平均资本成本，如表6-8所示。

表6-8　　不同债务规模下的公司价值和平均资本成本

B（百万元）	S（百万元）	V（百万元）	K_b（%）	K_S（%）	K_W（%）
0	20.27	20.27	—	14.8	14.80
2	19.20	21.20	10	15.0	14.15
4	18.16	22.16	10	15.2	13.54
6	16.46	22.46	12	15.6	13.36
8	14.37	22.37	14	16.2	13.41
10	11.09	21.09	16	18.4	14.23

从表6-8中可以看到，当公司没有负债时，公司的总价值就是其原有普通股股票的价值，其综合资本成本也就是普通股的资本成本。当公司在总资本中逐步增加负债的比重，降低股票的比重时，随着负债的增加，公司价值逐步上升，综合资本成本逐步下降，在负债资本达到600万元时，公司总价值最大，综合资本成本最低；负债资本超过600万元后，公司总价值开始下降，综合资本成本开始上升。因此，负债资本为600万元时的资本结构是该公司的最佳资本结构。

本章小结

本章在前面短期筹资方式和长期筹资方式的基础上，阐述了筹资决策中资本成本与资本结构的基本理论与方法，在内容上，主要包括以下三个部分：

第一部分是资本成本。该部分内容主要介绍了资本成本的基本原理，长期借款、发行债券、优先股、普通股及留存收益的个别资本成本的计算，不同筹资方式组合下的加权平均资本成本的计算及不同筹资范围下边际资本成本的计算。

第二部分是杠杆效应。该部分内容介绍了经营杠杆与经营风险、财务杠杆与财务风险以及总杠杆。

第三部分是资本结构决策。确定最佳资本结构主要有三种方法：资本成本比较法、每股收益无差别点分析法及公司价值比较法。

核心词汇

资本成本　资本结构　个别资本成本　加权平均资本成本　边际资本成本　经营杠杆　经营风险　财务杠杆　财务风险　总杠杆　资本成本比较法　每股收益无差别点分析法　公司价值比较法

思政小课堂

运用杠杆原理来撬动一个重物，需从三个方面入手：一是找准支点，这个支点要足够稳；二是定好动力臂，动力臂要足够长；三是确定动力，施加的动力要足。中国共产党正是有坚定不移的初心，盛大的气象和高远格局，以及艰苦奋斗的精神，才能搬走压在旧中国人民头上的“三座大山”，带领中国人民不断朝着美好的新生活前进。对个人而言，在人生的旅途中，想在学业上不断进步、在事业上取得成功、在生活中获得幸福，也要运用好人生的杠杆，找准支点、定好动力臂再施以足够的力量才能提起负重的人生，收获一个满意的旅程。

知识演练

一、单项选择题

1.在计算下列各项资金的筹资成本时，不需要考虑筹资费用的是（　　）。

A.普通股　　B.债券　　C.长期借款　　D.留存收益

2.某企业发行5年期债券，债券面值为1 000元，票面利率为10%，每年付息一次，发行价为1 100元，筹资费率为3%，所得税税率为25%，则该债券的资金成本是（　　）。

A.9.37%　　B.6.76%　　C.7.03%　　D.6.62%

3.企业向银行取得借款100万元，年利率为5%，期限为3年。每年付息一次，到期还本，所得税税率为25%，手续费忽略不计，则该项借款的资金成本为（　　）。

A.3.75%　　B.5%　　C.4.5%　　D.3%

4.某公司普通股目前的股价为10元/股，筹资费率为8%，刚刚支付的每股股利为2元，股利固定增长率3%，则该股票的资金成本为（　　）。

A.22.39%　　B.21.74%　　C.24.74%　　D.25.39%

5.某公司普通股目前的股价为10元/股，筹资费率为8%，刚刚支付的每股股利为2元，股利固定增长率为3%，则该企业利用留存收益的资金成本为（　　）。

A.22.39%　　B.25.39%　　C.20.6%　　D.23.6%

6.某企业的资金总额中，债券筹集的资金占40%，已知债券筹集的资金在500万元以下时其资金成本为4%，在500万元以上时其资金成本为6%，则在债券筹资方式下企业的筹资总额分界点是（　　）万元。

A.1 000　　B.1 250　　C.1 500　　D.1 650

7.某企业2022年的销售额为1 000万元，变动成本为600万元，固定经营成本为200万元，预计2023年固定成本不变，则2023年的经营杠杆系数为（　　）。

A.2　　B.3　　C.4　　D.无法计算

8.某企业2022年的销售额为1 000万元，变动成本为600万元，固定经营成本为200万元，利息费用为10万元，没有融资租赁和优先股，预计2023年息税前利润增长率为10%，则2023年的每股利润增长率为（　　）。

A.10%　　B.10.5%　　C.15%　　D.12%

9.下列说法错误的是（　　）。

A.拥有大量固定资产的企业主要通过长期负债和发行股票筹集资金

B.资产适用于抵押贷款的公司举债额较多

C.信用评级机构降低企业的信用等级会提高企业的资金成本

D.以技术研究开发为主的公司负债往往很多

10.在边际贡献大于固定成本的情况下，下列措施中不能降低企业复合风险的是（　　）。

A.提高产量　　B.提高产品单价

C.提高资产负债率　　D.降低单位变动成本

二、多项选择题

1.资金成本包括用资费用和筹资费用两部分，其中属于用资费用的有（　　）。

A.向股东支付的股利　　B.向债权人支付的利息

C.借款手续费　　D.债券发行费

2.权益资金成本包括（　　）。

A.债券成本　　B.优先股成本

C.普通股成本　　D.留存收益成本

3.企业最佳资本结构的确定方法包括（　　）。

A.因素分析法　　B.每股收益无差别点法

C.比较资金成本法　　D.公司价值比较法

4.最佳资金结构是指（　　）的资金结构。

A.企业价值最大　　B.加权平均资金成本最低

C.每股收益最大　　D.净资产值最大

5.下列措施中有利于降低企业经营风险的有（　　）。

A.提高产量　　B.提高产品单价

C.提高资产负债率　　D.降低单位变动成本

三、判断题

1.净收益理论认为资金结构不影响企业价值，企业不存在最佳资金结构。（　　）

2.MM理论认为企业价值不受有无负债以及负债程度的影响。（　　）

3.使用每股利润无差别点法进行最佳资本结构的判断时考虑了风险的因素。（　　）

4.在所有资金来源中，一般来说，普通股的资金成本最高。（　　）

5.资金成本包括用资费用和筹资费用两部分，一般使用相对数表示，即表示为筹资费用和用资费用之和与筹资额的比率。（　　）

四、计算题

1.某企业发行普通股800万元，发行价为8元/股，筹资费率为6%，第一年预期股利为0.8元/股，以后各年增长2%；该公司股票的β系数等于1.2，无风险利率为8%，市场上所有股票的平均收益率为12%，风险溢价为4%。

要求：根据上述资料使用股利折现模型、资本资产定价模型分别计算普通股的资金成本。

2.某公司原有资本1 000万元，其中债务资本400万元（每年负担利息30万元），普通股资本600万元（发行普通股12万股，每股面值50元），企业所得税税率为25%。由于扩大业务，需追加筹资300万元，其筹资方式有两种：

一是全部发行普通股，增发6万股，每股面值50元；

二是全部按面值发行债券，债券利率为10%。

要求：

（1）分别计算普通股筹资与债券筹资每股收益无差别点的息税前利润；

（2）假设扩大业务后的息税前利润为300万元，确定公司应当采用哪种筹资方式（不考虑风险）。

3.某企业计划筹集资本100万元，所得税税率为25%。有关资料如下：

（1）向银行借款10万元，借款年利率为7%，手续费率为2%。

（2）按溢价发行债券，债券面值总额为14万元，溢价发行价格总额为15万元，票面利率为9%，期限为5年，每年支付一次利息，其筹资费率为3%。

（3）发行普通股40万元，每股发行价为10元，预计第一年每股股利为1.2元，股利增长率为8%，筹资费率为6%。

（4）其余所需资金通过留存收益取得。

要求：

（1）计算银行借款、发行债券、发行普通股及利用留存收益的个别资本成本；

（2）计算该企业平均资本成本。

4. 某公司负债金额为112.5万元，负债利率为14%。该公司年销售额为320万元，固定经营性成本为48万元，变动成本率为60%，试分别计算该公司的经营杠杆系数、财务杠杆系数和总杠杆系数。

第七章

项目投资决策

学习目标

党的二十大报告指出，加快构建新发展格局，着力推动高质量发展。高质量发展需要高质量的投资，高质量的投资需要高质量的投资决策，高质量的投资决策需要高质量的可行性研究。要实现投资高质量发展，就必须强化投资项目可行性研究的基础作用，深入把握项目可行性研究的重点，着重提高投资综合效益，注重防控项目决策、建设、运营风险，推动投资项目转化为有效投资，助力经济社会健康可持续发展。

通过本章的学习，应达到以下目标：

1.思政目标：

※通过项目投资决策指标的运用，知道当主要指标和辅助指标存在矛盾时，应以主要指标作为判断标准，由此懂得分清主次矛盾，在遇到问题时能够用合理的方法解决。

2.知识目标：

※了解项目投资决策的含义；

※理解现金流量的含义，并掌握项目投资现金流量的估算方法；

※掌握项目投资评价指标的计算公式和评价准则。

3.能力目标：

※会计算项目不同时期的现金净流量；

※能够运用项目投资评价指标做出合理决策。

引导案例

DT项目投资决策分析

星河公司是一家从事多元化经营的大型企业集团，最近三年净资产收益率平均超过了10%，经营现金流入持续保持较高水平。星河公司董事会为开拓新的业务增长点，分散经营风险，获得更多收益，决定实施多元化投资战略。2019年星河公司投资部聘请一家咨询公司进行多元化战略的策划，2019年年底，策划完成，向公司提交了一份开发DT项目的可行性报告，为此，公司向该咨询公司支付了30万元的咨询费。之后由于公司战略调整，该项目被搁置。2022年公司董事会经过研究认为，DT项目市场前景较好，授权公司投资部研究该项目的财务可行性。DT项目的有关资料如下：

（1）寿命期：6年。

（2）设备工程：预计投资2 000万元，该工程承包给另外的公司，将于2022年6月底完工，工程款于完工时一次性支付。该设备可使用年限6年，报废时无残值收入。按照税法规定，该类设备折旧年限为4年，使用直线法计提折旧，残值率10%。

（3）厂房工程：利用现有闲置厂房，该厂房原价6 000万元，账面价值3 000万元，目前变现价值1 000万元，但公司规定，为了不影响公司其他项目的正常生产，不允许出售或出租。该厂房需要在投入使用前进行一次装修，在投产运营3年后再进行一次装修，每次装修费预计300万元。首次装修费在完工的2022年6月底支付，第二次装修费在2025年6月底支付。装修费在受益期内平均摊销。

（4）营运资本：为维持项目的运转需要在投产时投入营运资本，一部分利用因转产而拟出售的材料。该材料购入价值为100万元，目前市场价值为50万元（假设6年后的变现价值和账面价值均与现在一致）；另一部分为投入的现金350万元。

（5）收入与成本：DT项目预计2022年6月底投产。每年收入2 800万元，每年付现成本2 000万元。

（6）为计算方便，假设公司所得税税率为30%，项目资本成本为15%。

已知：（P/F，15%，1）=0.8696，（P/F，15%，2）=0.7561

（P/F，15%，3）=0.6575，（P/F，15%，4）=0.5718

（P/F，15%，5）=0.4972，（P/F，15%，6）=0.4323

【案例思考】

若你是财务人员，按照以下步骤判断此项目是否可行：

（1）税法规定的折旧年限小于固定资产使用年限时，年折旧额如何处理？残值如何处理？税法规定的年限大于固定资产使用年限时，年折旧额如何处理？残值如何处理？

（2）计算项目的初始投资。

（3）计算项目投产后各年的净现金流量。

（4）运用净现值方法评价项目可行性。

第一节　投资与项目投资概述

一、投资的含义

（一）投资的概念

投资，广义地讲，是指特定经济主体（包括政府、企业和个人）以本金回收并获利为基本目的，将货币、实物资产等作为资本投放于某一个具体对象，以在未来较长期间内获取预期经济利益的经济行为。

企业投资是企业为获取未来长期收益而向一定对象投放资金的经济行为。例如，机器、设备、厂房的购建与更新改造，购买股票、债券等经济行为，均属于投资行为。本章主要介绍机器、设备、厂房的购建与更新改造项目的投资。

（二）企业投资的分类

1.直接投资和间接投资

按投资活动与企业本身生产经营活动的关系，企业投资可以划分为直接投资和间接投资。

直接投资是指将资金直接投放于形成生产经营能力的实体性资产，直接谋取经营利润的企业投资。通过直接投资，购买并配置劳动力、劳动资料和劳动对象等具体生产要素，开展生产经营活动。

间接投资是指将资金投放于股票、债券等权益性和债务性资产上的企业投资。之所以称为间接投资，是因为股票、债券的发行方，在筹集到资金后，再把这些资金投放于形成生产经营能力的实体性资产，获取经营利润。而间接投资方不直接介入具体生产经营过程，通过股票、债券上所约定的收益分配权利，获取股利或利息收入，分享直接投资的经营利润。

2.项目投资与证券投资

按投资对象的存在形态和性质，企业投资可以划分为项目投资和证券投资。

项目投资是指企业可以通过投资，购买具有实质内涵的经营资产，包括有形资产和无形资产，形成具体的生产经营能力，开展实质性的生产经营活动，谋取经营利润。项目投资的目的在于改善生产条件、扩大生产能力，以获取更多的经营利润。项目投资属于直接投资。

证券投资是指企业可以通过投资，购买证券资产（例如股票、债券），通过证券资产上所赋予的权利，间接控制被投资企业的生产经营活动，获取投资收益。证券投资的目的在于通过持有权益性和债务性证券，获取投资收益，或控制其他企业的财务或经营政策，并不直接从事具体生产经营过程。因此，证券投资属于间接投资。

小贴士

直接投资与间接投资、项目投资与证券投资，两种投资分类方式的内涵和范围是一致的，只是分类角度不同。直接投资与间接投资强调的是投资的方式性，项目投资与证券投资强调的是投资的对象性。

3.发展性投资与维持性投资

按投资活动对企业未来生产经营前景的影响，企业投资可以划分为发展性投资和维持性投资。

发展性投资是指对企业未来的生产经营发展全局有重大影响的企业投资。发展性投资也可以称为战略性投资，如企业间兼并的投资、转换新行业和开发新产品投资、大幅度扩大生产规模的投资等。发展性投资项目实施后，往往可以改变企业的经营方向和经营领域，或者明显地扩大企业的生产经营能力，或者实现企业的战略重组。

维持性投资是为了维持企业现有的生产经营正常顺利进行，不会改变企业未来生产经营发展全局的企业投资。维持性投资也可以称为战术性投资，如更新替换旧设备的投资、配套流动资金投资、生产技术革新的投资等。维持性投资项目所需要的资金不多，对企业生产经营的前景影响不大，投资风险相对也较小。

4.对内投资与对外投资

按投资活动资金投出的方向，企业投资可以划分为对内投资和对外投资。

对内投资是指在本企业范围内部的资金投放，用于购买和配置各种生产经营所需的经营性资产。

对外投资是指向本企业范围以外的其他单位的资金投放。

小贴士
对内投资都是直接投资，对外投资主要是间接投资，也可能是直接投资。

5.独立投资与互斥投资

按投资项目之间的相互关联关系，企业投资可以划分为独立投资和互斥投资。

独立投资是相容性投资，各个投资项目之间互不关联、互不影响，可以同时并存。例如，建造一个饮料厂和建造一个纺织厂，它们之间并不冲突，可以同时进行。独立投资项目决策考虑的是方案本身是否满足某种决策标准。

互斥投资是非相容性投资，各个投资项目之间相互关联、相互替代，不能同时并存。例如，对企业现有设备进行更新，购买新设备就必须处置旧设备，它们之间是互斥的。互斥投资项目决策考虑的是各方案之间的排斥性，也许每个方案都是可行方案，但互斥决策需要从中选择最优方案。

二、项目投资的含义

（一）项目投资的概念

项目投资是一种以特定项目为对象，直接与新建项目或更新改造项目有关的长期投资行为。

（二）项目投资的分类

1.新建项目

新建项目是以新建生产能力为目的的外延式扩大再生产。新建项目按其涉及内容又可细分为单纯固定资产投资项目和完整工业投资项目。

（1）单纯固定资产投资项目简称固定资产投资，其特点在于：在投资中只包括为取得固定资产而发生的垫支资本投入而不涉及周转资本的投入。

（2）完整工业投资项目，其特点在于：不仅包括固定资产投资，而且涉及流动资金投资，甚至包括无形资产等其他长期资产投资。

2.更新改造项目

更新改造项目是以恢复或改善生产能力为目的的内涵式扩大再生产。因此，不能将项目投资简单地等同于固定资产投资。项目投资对企业的生存和发展具有重要意义，是企业开展正常生产经营活动的必要前提，是推动企业生产和发展的重要基础，是提高产品质量、降低产品成本不可缺少的条件，是增强企业市场竞争能力的重要手段。

（三）项目投资程序

1.投资项目的设计

投资规模较大，所需资金较多的战略性项目，应由董事会提议，由各部门专家组成专家小组提出方案并进行可行性研究。投资规模较小，投资金额不大的战术性项目由主管部门提议，并由有关部门组织人员提出方案并进行可行性研究。

2.项目投资的决策

（1）估算出投资方案的预期现金流量；

（2）预计未来现金流量的风险，并确定预期现金流量的概率分布和期望值；

（3）确定资本成本的一般水平即贴现率；

（4）计算投资方案现金流入量和流出量的总现值；

（5）通过项目投资决策评价指标的计算，做出投资方案是否可行的决策。

3.项目投资的执行

对已做出可行决策的投资项目，企业管理部门要编制资金预算，并筹措所需要的资金，在投资项目实施过程中，要进行控制和监督，使之按期按质完工，投入生产，为企业创造经济效益。

（四）项目计算期

项目计算期是指投资项目从投资建设开始到最终清理结束整个过程的全部时间，即该项目的有效持续时间。完整的项目计算期包括建设期（也称投资期）和生产经营期。建设期的第1年年初为建设起点，记作第0年，建设期的最后1年年末称为投产日；项目计算期的最后1年年末称为终结点，从投产日到终结点之间的时间间隔称为生产经营期，生产经营期包括试产期和达产期（完全达到设计生产能力）。项目计算期、建设期、生产经营期之间的关系如下（如图7-1所示）：

项目计算期（n）=建设期（s）+生产经营期（p）

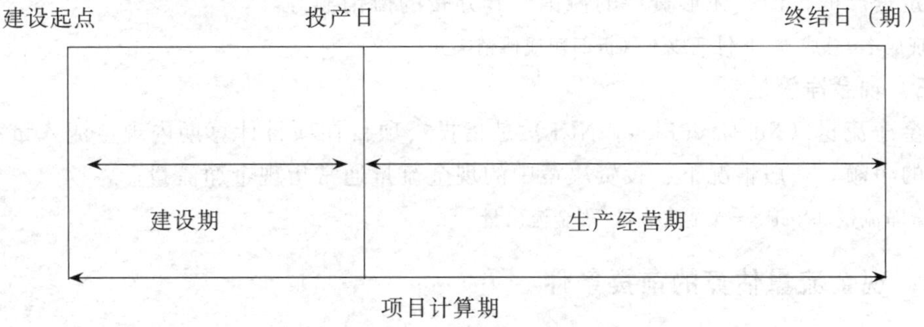

图7-1　项目计算期

假设图7-1中建设期为2年，生产经营期为4年（包括试产期与达产期），项目计算期为6年。

小贴士
本章节的项目投资期等同于项目建设期，项目生产经营期等同于项目营业期。

第二节 现金流量的估算

在进行项目投资决策时，首要环节就是估计投资项目的现金流量。实际上，它也是分析投资方案非常重要的一步。

一、现金流量的含义

现金流量（Cash Flow，CF）是指一个投资项目在其整个经济寿命期内因资金循环而引起的现金流入和现金流出增加的数量。这里的“现金”既指库存现金、银行存款等货币性资产，也可以指相关非货币性资产（如原材料、设备等）。

具体来讲，现金流量包括现金流入量、现金流出量和现金净流量三个具体概念。

（一）现金流入量

现金流入量（Cash Inflow，CI）是指投资项目实施后在项目经济寿命期内所引起的企业现金收入的增加额，简称现金流入，包括：营业收入、固定资产的余值、回收流动资金及其他现金流入量。

回收流动资金是指投资项目在项目经济寿命结束时，收回原来投放在各种流动资产上的营运资金。

（二）现金流出量

现金流出量（Cash Outflow，CO）是指投资项目实施后在项目经济寿命期内所引起的企业现金流出的增加额，简称现金流出，包括：固定资产投资、无形资产投资、垫支的流动资金、付现成本、所得税及其他现金流出量。

付现成本是指在经营期内为满足正常生产经营而需用现金支付的成本。它是生产经营期内最主要的现金流出量。非付现成本是指企业在经营期不以现金支付的成本费用，一般包括固定资产的折旧、无形资产的摊销、开办费的摊销额等。

付现成本=总成本-非付现成本（折旧额或摊销额）

（三）现金净流量

现金净流量（Net Cash Flow，NCF）是指投资项目在项目计算期内现金流入量和现金流出量的净额。一般情况下，投资决策中的现金流量通常指现金净流量。

现金净流量（NCF）=现金流入量-现金流出量

二、现金流量估算的前提条件

（一）确定现金流量的假设

由于项目投资现金流量的确定是一项很复杂的工作，为了便于确定现金流量的具体内容，简化现金流量的计算过程，本章特作以下假设：

1.全投资假设

假设在确定项目的现金流量时，只考虑全部投资的运动情况，不论是自有资金还是借入资金等具体形式的现金流量，都将其视为自有资金。

2.建设期投入全部资金假设

项目的原始总投资不论是一次投入还是分次投入，均假设它们是在建设期内投入的。

3.时点指标假设

现金流量的具体内容所涉及的价值指标，不论是时点指标还是时期指标，均假设按照年初或年末的时点处理。其中，建设投资在建设期内有关年度的年初发生；垫支的流动资金在建设期的最后一年年末即经营期的第一年年初发生；经营期内各年的营业收入、付现成本、折旧（摊销等）、利润、所得税等项目的确认均在年末发生；项目最终报废或清理（中途出售项目除外），回收流动资金均发生在经营期最后一年年末。

4.确定性假设

假设与项目现金流量估算有关的价格、产销量、成本水平、所得税税率等因素均为已知常数。

（二）估算现金流量应注意的几个问题

在确定项目投资的现金流量时，应遵循的基本原则是：只有增量现金流量才是与投资项目相关的现金流量。所谓增量现金流量，是指由于接受或放弃某个投资项目所引起的现金变动部分。由于采纳某个投资方案引起的现金流入增加额，才是该方案的现金流入；同理，某个投资方案引起的现金流出增加额，才是该方案的现金流出。为了正确计算投资项目的增量现金流量，要注意以下几个问题：

1.沉没成本

沉没成本是过去发生的支出，而不是新增成本。这一成本是由过去的决策所引起的，对企业当前的投资决策不产生任何影响。例如，某企业在2021年年初购置的某设备原价10万元，估计可使用5年，无残值，按直线法计提折旧，2023年年初账面净值为6万元。由于科学技术的进步，该设备已被淘汰，在这种情况下，账面净值6万元就属于沉没成本。所以，企业在进行投资决策时要考虑的是当前的投资是否有利可图，而不是过去已花掉了多少钱。

2.机会成本

在投资决策中，如果选择了某一投资项目，就会放弃其他投资项目，其他投资机会可能取得的收益就是本项目的机会成本。机会成本不是我们通常意义上所说的成本，也不是实际发生的支出或费用，而是一种潜在的放弃的收益。例如，某企业有一闲置的仓库，准备用来改建职工活动中心，但将仓库出租每年可得租金收入2万元，则这租金收入就是改建活动中心的机会成本。机会成本作为丧失的收益，离开被放弃的投资机会就无从计量。在投资决策过程中考虑机会成本，有利于全面分析评价所面临的各个投资机会，以便选择经济上最为有利的投资项目。

3.公司其他部门的影响

一个项目建成后，该项目会对公司的其他部门和产品产生影响，这些影响所引起的现金流量变化应计入项目现金流量。

4.对净营运资金的影响

一个新项目投产后，存货和应收账款等流动资产的需求随之增加，同时应付账款等流动负债也会增加。这些与项目相关的新增流动资产与流动负债的差额即净营运资金应计入项目现金流量。

三、现金流量的估算

投资项目从整个经济寿命周期来看，大致可以分为三个阶段：建设期（也称投资期）、营业期、终结期。现金流量的各个项目也可归属于各个阶段之中。一般现金流量的估算就是对该项目在各个阶段现金净流量的估算。

（一）建设期现金流量估算

项目建设期的现金流量主要是现金流出量，即在该投资项目上的原始投资额，包括在长期资产上的投资和垫支的营运资金。有时也有现金流入量，比如更新固定资产的残值收入。

1.长期资产投资

长期资产投资包括在固定资产、无形资产等长期资产上的购入、建造、运输、安装、试运行等方面所需的现金支出，如购置成本、运输费、安装费等。对于投资实施后导致固定资产性能改进而发生的改良支出，属于固定资产的后期投资。

2.营运资金垫支

营运资金垫支是指投资项目形成了生产能力，需在流动资产上追加的投资，用于维持企业原材料、在产品、产成品及应收账款等的周转，一般在项目终结期收回。

3.更新固定资产残值收入

更新固定资产残值收入是只有在固定资产更新时才有的现金流量。当企业准备用新设备替换现有设备时，需要对现有设备进行清理，所得变现净收入应作为建设期一项现金流入量。

建设期现金净流量=更新固定资产残值收入-（长期资产投资额+垫支的营运资金）

（二）营业期现金流量的估算

营业阶段是投资项目的主要阶段，该阶段既有现金流入量，也有现金流出量。现金流入量主要是营运各年的营业收入；现金流出量主要是营运各年的付现营运成本。另外，营业期内某一年发生的大修理支出，如果会计处理在本年内一次性作为收益性支出，则直接作为该年付现成本；如果跨年摊销处理，则本年作为投资性的现金流出量，摊销年份以非付现成本形式处理。营业期内某一年发生的改良支出是一种投资，应作为该年的现金流出量，以后年份通过折旧收回。营业期内现金流量的估算还受所得税因素的影响，具体情况如下：

1.不考虑所得税因素

在正常营业阶段，由于营运各年的营业收入和付现营运成本数额比较稳定，如不考虑所得税因素，营业阶段各年现金流量一般为：

营业现金净流量（NCF）=营业收入-付现成本

=营业利润+非付现成本

式中，非付现成本主要是固定资产年折旧费用、长期资产摊销费用、资产减值损失等。其中长期资产摊销费用主要有跨年的大修理摊销费用、改良工程折旧摊销费用、筹建费摊销费用等。

2.考虑所得税因素

所得税是投资项目的现金支出，即现金流出量。考虑所得税对投资项目现金流量的影响，投资项目正常营运阶段所获得的营业现金流量，可按下列公式进行测算：

公式1：根据现金净流量的定义计算

营业现金净流量（NCF）=营业收入-付现成本-所得税

公式2：根据年末经营成果计算

营业现金净流量（NCF）=税后利润+非付现成本

公式3：根据所得税对收入和折旧的影响计算

营业现金净流量（NCF）=税后收入-税后成本+折旧抵税额

=收入×（1-所得税税率）-付现成本×（1-所得税税率）+非付现成本×所得税税率

（三）终结期现金流量的计算

终结阶段是项目结束的最后一年，该阶段的现金流量除营业期间的现金流量外，还包括固定资产变价净收入、固定资产变现净损益的影响和垫支营运资金的收回。

1.固定资产变价净收入

投资项目在终结阶段，原有固定资产将退出生产经营，企业对固定资产进行清理处置。固定资产变价净收入是指固定资产出售或报废时的出售价款或残值收入扣除清理费用后的净额。

2.固定资产变现净损益对现金净流量的影响

固定资产变现净损益对现金净流量的影响用公式表示如下：

固定资产变现净损益对现金净流量的影响=（账面价值-变价净收入）×所得税税率

账面价值-变价净收入>0，意味着发生了变现净损失，可以抵税，减少现金流出，增加现金净流量。

账面价值-变价净收入< 0，则意味着实现了变现净收益，应该纳税，增加现金流出，减少现金净流量。

小贴士

变现时固定资产账面价值指的是固定资产账面原值与变现时按规定计提的累计折旧的差额。

3.垫支营运资金的收回

伴随着固定资产的出售或报废，投资项目的经济寿命结束，企业将与该项目相关的存货出售，应收账款收回，应付账款也随之偿付。营运资金恢复到原有水平，项目开始垫支的营运资金在项目结束时得到回收。

【例7-1】星河公司打算投资一个水利项目，该项目需要2年建成，每年年初投入建设资金100万元，共投入200万元。建成投产之时，需投入营运资金50万元，以满足日常经营活动需要。项目投产后，估计每年可获营业利润80万元。固定资产预计使用年限为5年，采用直线法计提折旧，使用后第三年预计进行一次改良，估计改良支出60万元，分两年平均摊销。资产使用期满后，估计有残值净收入10万元。项目期满时，垫支营运资金全额收回。

要求：不考虑企业所得税，计算该项目每年的现金流量。

第一步，先计算出每年的折旧、摊销金额。

固定资产年折旧额=（200−10）÷5=38（万元）

改良支出年摊销额=60÷2=30（万元）

第二步，确定营业利润、残值净收入及垫支营运资金。

每年营业利润：80万元。

固定资产残值净收入：10万元。

项目投产时需垫支营运资金：50万元，且项目结束时收回。

第三步，计算现金净流量。

建设期现金净流量=项目建设资金的投入+垫支的营运资金

NCF_{0-1}=−100万元

NCF_{2}=−50万元

营业期现金净流量=营业利润+非付现成本

NCF_{3-4}=80+38=118（万元）

NCF_{5}=80+38−60=58（万元）

NCF_{6}=80+38+30=148（万元）

终结期现金净流量=营业期现金净流量+残值收入+营运资金的收回

NCF_{7}=80+38+30+10+50=208（万元）

该项目各年的现金流量见表7−1。

表7−1　　**投资项目现金流量表**　　单位：万元

项目＼期间	第0年	第1年	第2年	第3年	第4年	第5年	第6年	第7年
固定资产价值	（100）	（100）						
固定资产折旧				38	38	38	38	38
改良支出						（60）		
改良支出摊销							30	30
营业利润				80	80	80	80	80
残值净收入								10
营运资金			（50）					50
现金净流量	（100）	（100）	（50）	118	118	58	148	208

小贴士

本章如无特殊说明，带括号的数字都代表负数。

【例7−2】星河公司拟拓展业务，现有甲、乙两个项目可供选择。甲项目需投资180 000元，使用寿命为5年，采用直线法折旧，5年后设备无残值，5年中每年销售收入为130 000元，每年的付现成本为50 000元；乙项目需投资240 000元，使用寿命也为5年，5年后有残值收入40 000元，也采用直线法折旧，5年中每年的销售收入为150 000元，付现成本第1年为45 000元，以后随着设备陈旧，逐年将增加修理费2 000元，另需垫支流动资金20 000元。假设公司所得税税率为20%，试计算两个项目的现金净流量。

（1）计算两个项目每年的折旧额：

甲方案每年折旧额=180 000/5=36 000（元）

乙方案每年折旧额=（240 000-40 000）/5=40 000（元）

（2）计算两个项目经营期的现金净流量（见表7-2）：

表7-2　　投资项目经营期现金流量表　　单位：元

甲方案：	1	2	3	4	5
销售收入（1）	130 000	130 000	130 000	130 000	130 000
付现成本（2）	50 000	50 000	50 000	50 000	50 000
折旧（3）	36 000	36 000	36 000	36 000	36 000
税前利润（4）=（1）-（2）-（3）	44 000	44 000	44 000	44 000	44 000
所得税（5）=（4）×20%	8 800	8 800	8 800	8 800	8 800
税后净利润（6）=（4）-（5）	35 200	35 200	35 200	35 200	35 200
营业净现金流量（NCF）=（1）-（2）-（5）=（6）+（3）	71 200	71 200	71 200	71 200	71 200
乙方案：	1	2	3	4	5
销售收入（1）	150 000	150 000	150 000	150 000	150 000
付现成本（2）	45 000	47 000	49 000	51 000	53 000
折旧（3）	40 000	40 000	40 000	40 000	40 000
税前利润（4）=（1）-（2）-（3）	65 000	63 000	61 000	59 000	57 000
所得税（5）=（4）×20%	13 000	12 600	12 200	11 800	11 400
税后净利润（6）=（4）-（5）	52 000	50 400	48 800	47 200	45 600
营业净现金流量（NCF）=（1）-（2）-（5）=（6）+（3）	92 000	90 400	88 800	87 200	85 600

（3）计算甲、乙两个项目计算期的现金净流量（见表7-3）：

表7-3　　投资项目计算期现金净流量　　单位：元

甲项目	0	1	2	3	4	5
固定资产投资	-180 000					
经营期现金净流量		71 200	71 200	71 200	71 200	71 200
现金流量合计	-180 000	71 200	71 200	71 200	71 200	71 200
乙项目						
固定资产投资	-240 000					
营运资金垫支	-20 000					
经营期现金净流量		92 000	90 400	88 800	87 200	85 600
固定资产残值						40 000
营运资金回收						20 000
现金流量合计	-260 000	92 000	90 400	88 800	87 200	145 600

四、现金流量与会计收益的区别

现金流量是按收付实现制核算的，本章现金流量的估算主要是对现金净流量的估算，现金净流量=当期实际收入现金量-当期实际支出现金量。

会计收益是按权责发生制核算的，不仅包括付现项目，还包括应计项目和非付现项目。

计量投资项目的成本和收益时，是用现金流量而不是会计收益。项目未来的现金流量必须用预计未来的价格和成本来计算，而不是用现在的价格和成本计算。

第三节 项目决策评价指标

为了客观、科学地评价投资项目是否可行，一般使用不同的评价指标，从不同角度评价投资项目的内涵，反映项目投资效益。项目投资评价决策指标按照是否考虑资金时间价值可以分为非贴现指标和贴现指标。

一、非贴现指标

非贴现指标也叫静态指标，是不考虑资金时间价值的指标，是判断投资项目是否可行的辅助指标，主要包括会计报酬率和投资回收期指标。

（一）会计报酬率

会计报酬率（Accounting Rate of Return，ARR），又称投资收益率，是指投资项目年平均净利润与项目投资额的比率。

$$会计报酬率 = \frac{年平均净利润}{原始投资额} \times 100\%$$

其中：

$$年平均净利润 = \frac{各年利润之和}{项目期限}$$

会计报酬率法的决策原则是：独立投资方案决策时，会计报酬率高于最小可接受收益率，方案可行；反之，不可行。互斥投资方案决策时，首先，会计报酬率要高于最小可接受收益率；其次，选择会计报酬率最高的方案，因为会计报酬率指标值越高越好。

【例 7-3】接【例 7-2】计算甲、乙两个项目的会计报酬率。

$$ARR_{甲} = \frac{35\ 200}{180\ 000} \times 100\% = 19.56\%$$

$$ARR_{乙} = \frac{(52\ 000 + 50\ 400 + 48\ 800 + 47\ 200 + 45\ 600)/5}{260\ 000} \times 100\% = 18.77\%$$

若最小可接受的收益率为15%，甲、乙两个项目的会计报酬率均大于最小可接受收益率，故两个项目都可行。

会计报酬率法的优点是：指标的经济意义明确、直观，计算简便，数据容易获取，考虑了投资项目计算期的全部利润，在一定程度上反映了投资效果的优劣，可适用于各种投资规模。会计报酬率法的缺点是：使用账面收益而非现金流量，没有考虑资金时间价值因素，忽视了资金时间价值的重要性。

（二）投资回收期

投资回收期（Payback Period，PP）是指投资项目的未来现金净流量与原始投资额相等时所经历的时间，即原始投资额通过未来现金流量回收所需要的时间。投资回收期按是否考虑资金时间价值可分为静态投资回收期和动态投资回收期，本章主要介绍静态投资回收期。

投资回收期指标的决策原则是：投资方案的回收期比选定的回收期（或者行业基准回收期）标准短，则方案可行；反之，方案不可行。多个方案进行选择时，先满足比标准回收期短的前提条件，然后选择最短的一个方案，因为用投资回收期指标评价方案时，回收期越短越好。

1.未来每年现金净流量相等时

$$投资回收期 = \frac{原始投资额}{未来每年现金净流量}$$

【例7-4】接【例7-2】计算甲项目的投资回收期。

$$PP_{甲} = \frac{180\,000}{71\,200} \approx 2.53（年）$$

2.未来每年现金净流量不相等时

当未来每年现金净流量不相等时，应把未来每年的现金净流量逐年加总，根据累计现金流量来确定投资回收期。假设M为项目各年累计现金净流量首次出现正值的年份，投资回收期可按下式计算：

$$PP = M - 1 + \frac{\left|\sum_{t=0}^{M-1} NCF_t\right|}{NCF_M}$$

也可写成：

$$投资回收期 = (M - 1) + \frac{第M-1期累计现金净流量绝对值}{第M年现金净流量}$$

【例7-5】接【例7-2】计算乙项目的投资回收期。

表7-4　**项目现金净流量**　单位：元

项目 期间	现金净流量	累计现金净流量	累计未收回的现金净流量
第0年	（260 000）		（260 000）
第1年	92 000	92 000	（168 000）
第2年	90 400	182 400	（77 600）
第3年	88 800	271 200	11 200
第4年	87 200	358 400	98 400
第5年	145 600	504 000	244 000

要求：计算该投资项目的回收期。

从表7-4的累计现金净流量栏中可见，该投资项目的回收期在第2年与第3年之间。为了计算较为准确的投资回收期，采用以下方法计算：

$$投资回收期 = 2 + \frac{77\,600}{88\,800} \approx 2.87（年）$$

若行业标准回收期是3年，通过上述计算可知甲、乙两个项目的回收期均低于行业标准回收期，则甲、乙两个项目均可行。

投资回收期法的优点包括：计算简单，容易理解；可以大体了解项目的流动性和风险。其缺点包括：指标属于静态指标，忽略了资金时间价值；没有考虑到回收期后的现金流量，即没有考虑全部的盈利状况；项目决策结论往往带有短期性。

二、贴现指标

贴现指标也叫动态指标，是考虑资金时间价值因素的指标，是判断投资项目是否可行的主要指标，主要包括净现值、净现值率、现值指数、年金净流量、内含报酬率等指标。

（一）净现值

净现值（Net Present Value，NPV）是指一个投资项目，其未来现金净流量现值与原始投资额现值之间的差额。其计算公式为：

净现值（NPV）=未来现金净流量现值-原始投资额现值

根据公式，可知采用净现值法来评价投资方案，一般可按以下步骤进行：

第一，测定投资方案各年的现金流量，包括现金流出量和现金流入量。

第二，设定投资方案采用的贴现率。确定贴现率的参考标准有以下几种方式：

（1）以市场利率为标准。资本市场的市场利率是整个社会投资报酬率的最低水平，可以视为一般最低报酬率要求。

（2）以投资者希望获得的预期最低投资报酬率为标准。这就考虑了投资项目的风险补偿因素以及通货膨胀因素。

（3）以企业平均资本成本率为标准。企业投资所需要的资金，都或多或少地具有资本成本，企业筹资承担的资本成本率水平，给投资项目提出了最低报酬率要求。

第三，按设定的贴现率，分别将各年的现金流出量和现金流入量折算成现值。

第四，将未来的现金净流量现值与投资额现值进行比较，若前者大于或等于后者，方案可行；若前者小于后者，方案不可行，说明方案的实际报酬率达不到投资者所要求的报酬率。

净现值是一个贴现的绝对数指标，该指标的决策原则是：当NPV≥0时，方案可行；当NPV＜0时，方案不可行。多个方案进行比较时，在满足NPV≥0后，选择净现值大的方案进行投资。

【例7-6】接【例7-2】，若投资者要求的必要报酬率为10%，计算乙项目的净现值。

乙项目的净现值计算如表7-5所示。

表 7-5　　**乙项目净现值计算表**　　金额单位：元

年度	各年的 NCF（1）	复利现值系数（2）	现值（3）=（1）×（2）
1	92 000	0.909 1	83 637.2
2	90 400	0.826 4	74 706.56
3	88 800	0.751 3	66 715.44
4	87 200	0.683	59 557.6
5	145 600	0.620 9	90 403.04
未来报酬的总现值		375 019.84	
减：初始投资		260 000	
净现值（NPV）		115 019.84	

【例 7-7】接【例 7-2】，若投资者要求的必要报酬率为 10%，计算甲项目的净现值。

$NPV_{甲}$ = 71 200 × (P/A,10%,5) -180 000

=71 200×3.7908-180 000

=89 904.96（元）

$NPV_{甲、乙}>0$，甲、乙方案均可行。

【例 7-8】假设折现率为 10%，有三个投资方案，各方案现金流量的有关数据见表 7-6。

要求：计算三个方案的净现值。

表 7-6　　**各方案的现金流量**　　单位：元

期间 项目	A 方案现金净流量	B 方案现金净流量	C 方案现金净流量
第 0 年	（45 000）	（45 000）	（45 000）
第 1 年	10 000	18 095	8 000
第 2 年	20 000	18 095	23 000
第 3 年	30 000	18 095	23 000

NPV_A=10 000×（P/F，10，1）+20 000×（P/F，10，2）+30 000×（P/F，10，3）-45 000

=10 000×0.9091+20 000×0.8264+30 000×0.7513-45 000

=3 158（元）

NPV_B=18 095×（P/A，10，3）-45 000

=18 095×2.4869-45 000≈0

NPV_C=8 000×（P/F，10，1）+23 000×（P/A，10，2）×（P/F，10，1）-45 000

=8 000×0.9091+23 000×1.7355×0.9091-45 000

=-1 439.11（元）

A 方案净现值为 3 158 元，方案可行，且实际收益率大于折现率 10%。

B方案净现值为0，方案可行，且实际收益率等于折现率10%。

C方案净现值为-1 439.11元，方案不可行，且实际收益率小于折现率10%。

A、B方案均可行，但是A方案净现值大于B方案净现值，所以三个投资方案中A方案最佳。

净现值指标的优点在于：一是综合考虑了资金时间价值，能较合理地反映投资项目的经济效益；二是考虑了风险因素，因为贴现率的大小与风险大小有关，风险越大，贴现率就越高。但是采用该指标进行决策的缺点也是很明显的：一是当各项目投资额不同或者计算期不同时，对结果的判定有一定的局限性；二是贴现率指标很难确定。

（二）净现值率

净现值率（Net Present Value Rate，NPVR）是指投资项目的净现值与原始投资额现值的比值，是一种动态收益指标，用于衡量不同投资方案的获利能力大小。净现值率小，单位投资的收益就低；净现值率大，单位投资收益就高。其计算公式如下：

$$\text{净现值率(NPVR)}=\frac{\text{净现值}}{\text{原始投资额现值}}$$

【例7-9】接【例7-2】，计算甲、乙两个项目的净现值率。

$$NPVR_{\text{甲}}=\frac{89\,904.96}{180\,000}\approx 0.50$$

$$NPVR_{\text{乙}}=\frac{115\,019.84}{260\,000}\approx 0.44$$

净现值率法是净现值法的辅助方法，主要反映单位原始投资额的获利水平，其优点在于：一是相对数指标，便于在投资额度不同的投资项目之间进行比较；二是考虑了资金时间价值，能较为真实地反映投资项目的盈利能力；三是考虑了风险因素，因为贴现率的大小与风险大小有关，风险越大，贴现率越高。但是该指标的缺点是相对数不代表企业实际获得的财富。

（三）现值指数

现值指数又称获利指数（Present Value Index，PI），是投资项目的未来现金净流量现值与原始投资额现值之比。现值指数是一个相对数指标，指标值越大越好。其计算公式如下：

$$\text{现值指数(PI)}=\frac{\text{未来现金净流量现值}}{\text{原始投资额现值}}$$

$$=1+\text{净现值率}$$

采用现值指数这一指标对项目投资方案进行决策的原则是：当PI≥1时，说明未来现金净流量现值可以弥补原始投资额现值甚至还有剩余，实际报酬率高于或等于必要报酬率，故方案可选；反之，方案不可选。多个方案进行选择时，在满足PI≥1条件后，选择PI指标大的方案。现值指数越大，投资方案越好，说明每单位投资的现值所获得的产出越大。

【例7-10】接【例7-2】，计算甲、乙两个项目的现值指数。

$$PI_{\text{甲}}=\frac{71\,200\times(P/A,10\%,5)}{180\,000}\approx 1.50$$

$$PI_{\text{乙}}=\frac{375\,019.84}{260\,000}\approx 1.44$$

【例7-11】星河公司有两个投资项目：甲项目初始投资额为1 000万元，项目寿命期为5年，未来现金净流量现值为2 000万元；乙项目初始投资额为800万元，项目寿命期为5年，未来现金净流量现值为650万元。

要求：计算两个投资项目的现值指数。

$PI_{甲}$=2 000÷1 000=2

$PI_{乙}$=650÷800=0.81

由上述计算可知甲项目的现值指数为2，大于1，方案可行；乙项目的现值指数为0.81，小于1，方案不可行。

现值指数法也是净现值法的辅助方法，在各方案原始投资额现值相同时，实质上就是净现值法。由于现值指数是未来现金净流量现值与所需投资额现值之比，是一个相对数指标，反映了投资效率，所以，用现值指数指标来评价独立投资方案，可以克服净现值指标不便于对原始投资额现值不同的独立投资方案进行比较和评价的缺点，从而使对方案的分析评价更加合理、客观。

（四）年金净流量

年金净流量又称年回收额（Annual Net Cash Flow，ANCF），是指项目期间内全部现金净流量的总现值或总终值折算为等额年金的平均现金净流量。与净现值指标一样，年金净流量指标大于0，说明每年平均的现金流入能抵补现金流出，投资项目的净现值（或净终值）大于0，方案的实际报酬率大于所要求的报酬率，方案可行。在两个以上寿命期不同的投资方案比较时，先满足年金净流量大于0，然后选择年金净流量大的方案。年金净流量指标值越大，方案越好。其计算公式如下：

$$年金净流量(ANCF)=\frac{现金净流量现值(终值)}{年金现值(终值)系数}$$

【例7-12】有甲、乙两个项目投资方案，甲方案的寿命期为8年，乙方案的寿命期为5年，项目现金净流量如表7-7所示。

要求：当资本成本率为10%时，应采用哪种方案？

甲方案净现值=4 000×（P/A，10，8）-10 000
=4 000×5.3349-10 000
=11 339.6（元）

乙方案净现值=3 000×（P/F，10，1）+4 000×（P/F，10，2）+5 000×（P/F，10，3）+6 000×（P/F，10，4）+7 000×（P/F，10，5）-10 000
=3 000×0.9091+4 000×0.8264+5 000×0.7513+6 000×0.683+7 000×0.6209-10 000
=8 233.7（元）

甲方案年金净流量=11 339.6÷（P/A，10%，8）
=11 339.6 ÷ 5.3349
=2 125.55（元）

乙方案年金净流量=8 233.7 ÷（P/A，10%，5）
=8 233.7 ÷ 3.7908
=2 172.02（元）

表7-7　　**现金流量明细表**　　单位：元

期间 \ 项目	甲方案	乙方案
第0年	（10 000）	（10 000）
第1年	4 000	3 000
第2年	4 000	4 000
第3年	4 000	5 000
第4年	4 000	6 000
第5年	4 000	7 000
第6年	4 000	
第7年	4 000	
第8年	4 000	

虽然甲方案的净现值大于乙方案的净现值，但是甲方案的年金净流量小于乙方案的年金净流量，如果把乙方案的使用年限转换为8年，则乙方案的净现值为2 172.02×5.3349=11 587.51（元），显然转换后的乙方案净现值大于甲方案，故乙方案优于甲方案。

年金净流量法是净现值法的辅助方法，主要适用于期限不同的投资方案决策，年金净流量越大，方案越好。但它也具有与净现值法同样的缺点，不便于对原始投资额不相等的独立投资方案进行决策。

（五）内含报酬率

内含报酬率也称内部收益率（Internal Rate of Return，IRR），是指对投资方案未来的每年现金净流量进行贴现，使所得的现值恰好与原始投资额现值相等，即净现值等于0时的贴现率就是内含报酬率。

在计算投资方案的净现值时，以必要投资报酬率作为贴现率计算，净现值的结果往往是大于0或小于0，这就说明方案实际可能达到的投资报酬率大于或小于必要投资报酬率；而当净现值为0时，说明两种报酬率相等。根据这个原理，内含报酬率法就是要计算出使净现值等于0时的贴现率，这个贴现率就是投资方案的实际可能达到的投资报酬率。故当内含报酬率高于必要报酬率时，方案可行；反之，方案不可行。

内含报酬率计算公式如下：

$$\sum_{t=1}^{n} NCF_t \times (P/F，IRR，t) - C = 0$$

式中，NCF_t表示第t年的现金净流量；C表示原始投资额现值。

1.当未来每年现金净流量相等时

每年现金净流量相等是一种年金形式，通过查年金现值系数表，可计算出未来现金净流量现值，并令其净现值为0，有：

未来每年现金净流量×年金现值系数−原始投资额现值=0

计算出净现值为0时的年金现值系数后，通过查年金现值系数表，即可找出相应的贴现率i，该贴现率就是投资方案的内含报酬率。

【例7-13】接【例7-2】，计算甲项目的内含报酬率。

（1）计算年金现值系数：

$$NPV_{甲} = 71\,200 \times (P/A,i,5) - 180\ 000 = 0$$

则：

$$(P/A,i,5)=\frac{180\,000}{71\,200} \approx 2.5281$$

（2）查年金现值系数表，在相同的期数内，找出与上述年金现值系数相邻近的较大和较小的两个折现率。

查年金现值系数表，知（P/A，28%，5）=2.5320，（P/A，29%，5）=2.4830，2.5281介于两者之间，则IRR在28%～29%之间。

（3）采用插值法计算出该投资项目的内含报酬率。

28%	2.5320
IRR	2.5281
29%	2.4830

$$\frac{IRR - 28\%}{29\% - 28\%}=\frac{2.5281 - 2.5320}{2.4830 - 2.5320}$$

通过计算可知，甲项目的内含报酬率约为28.08%。

2.当未来每年现金净流量不相等时

如果投资方案的未来每年现金净流量不相等，各年现金净流量的分布就不是年金形式，不能采用直接查年金现值系数表的方法来计算内含报酬率，而需采用逐次测试法。

逐次测试法的具体做法是：根据已知的有关资料，先估计一次贴现率，来试算未来现金净流量的现值，并将这个现值与原始投资额现值相比较，如果净现值大于0，为正数，则表示估计的贴现率低于方案实际可能达到的投资报酬率，需要重估一个较高的贴现率进行试算；如果净现值小于0，为负数，则表示估计的贴现率高于方案实际可能达到的投资报酬率，需要重估一个较低的贴现率进行试算。如此反复试算，直到净现值等于0或基本接近于0，这时所估计的贴现率就是希望求得的内含报酬率。为了简便计算，可分别测试一个净现值大于0的贴现率，另一个净现值小于0的贴现率，然后采用插值法，计算出净现值等于0的贴现率。

【例7-14】接【例7-2】，计算乙项目的内含报酬率。

由于该方案每年的现金净流量不相同，需采用逐次测试法计算该投资方案的内含报酬率（见表7-8）。

由表7-8可知，贴现率为25%时，净现值为351.84元，大于0；贴现率为26%时，净现值为−5 195.12元，小于0，故可采用插值法：

$$\frac{351.84 - 0}{351.84 - (-5195.12)} = \frac{25\% - IRR}{25\% - 26\%}$$

通过计算可知，乙项目的内含报酬率约为25.06%。

表7-8　　净现值逐步测试　　金额单位：元

年数	每年现金净流量	第一次测算25%		第二次测算26%	
1	92 000	0.8	73 600	0.793 7	73 020.4
2	90 400	0.64	57 856	0.629 9	56 942.96
3	88 800	0.512	45 465.6	0.499 9	44 391.12
4	87 200	0.409 6	35 717.12	0.396 8	34 600.96
5	145 600	0.327 7	47 713.12	0.314 9	45 849.44
未来现金净流量现值合计			260 351.84		254 804.88
原始投资额现值			260 000		260 000
净现值			351.84		−5 195.12

内含报酬率反映的是投资方案的真实报酬水平，故决策原则为：当内含报酬率高于最低要求报酬率时，方案可行；反之，方案不可行。内含报酬率法的优点为：反映了投资项目可能达到的报酬率，易于被高层决策人员所理解；对于独立投资方案的比较决策，且各方案原始投资额现值不同时，可以通过计算各方案的内含报酬率，反映各独立投资方案的获利水平。内含报酬率法也有一定的缺点，比如：计算复杂，不易直接考虑投资风险大小；在互斥投资方案决策时，如果各方案的原始投资额现值不相等，有时无法做出正确的决策。例如，某一方案原始投资额低，净现值小，但内含报酬率可能较高；而另一方案原始投资额高，净现值大，但内含报酬率可能较低。

第四节　项目投资决策实例运用

计算评价指标的目的主要是为项目投资方案的决策从定量方面提供一定的决策依据，但不同性质的投资方案在决策时采用的评价指标有一定的区别。

一、独立投资方案的决策

独立投资方案是指可以并存而不互相排斥的方案。方案之间互不影响、互不干涉，即选择一个方案并不影响其他方案的选择。在对独立方案进行投资决策时，只需要评价其财务是否可行即可。常见的基本评价指标是贴现指标，包括净现值、净现值率、现值指数、年金净流量和内含报酬率。如果评价指标同时满足以下条件：NPV≥0，NPVR≥0，PI≥1，ANCF≥0，IRR≥i，则项目具有财务可行性；反之，则不具备财务可行性。非贴现指标，即投资回收期与会计报酬率可作为辅助指标评价投资项目。但需要注意的是，当辅助评价指标与基本评价指标的结论发生矛盾时，应当以基本评价指标的评价结论为准。

【学思笃行】项目投资决策的评价指标有主要评价指标和辅助评价指标，当主要指标和辅助指标产生矛盾时，往往以主要指标作为评价的标准。正如马克思主义唯物辩证法中关于主次矛盾的论述：主要矛盾是在诸多矛盾中处于支配地位，对事物的发展起决定作用的矛盾。次要矛盾是处于从属地位，对事物的发展不起决定作用的矛盾。

党的二十大报告指出，我国社会主要矛盾是人民日益增长的美好生活需要和不平衡不充分的发展之间的矛盾，因此要围绕这个社会主要矛盾推进各项工作。新时代我国社会主要矛盾转换的判断不仅为国家发展确立了新方位，还为中国式现代化指明了重要着力点和主攻方向。社会主要矛盾转换也从根本上对我国生产力和生产关系提出了更新、更高的发展要求，同时也给我国推进经济现代化带来了新挑战。正如党的二十大报告所指出的那样，中国式现代化要紧紧抓住解决不平衡不充分的高质量发展问题，着力在破解科技创新卡点瓶颈、确保产业链供应链可靠安全、防范金融风险、缩小城乡区域发展和收入分配差距等上下功夫。

独立投资方案之间比较时，决策要解决的问题是如何确定各种可行方案的投资顺序，即各独立方案之间的优先次序。排序分析时，以各独立方案的获利程度作为评价标准，一般采用内含报酬率法进行比较决策。

【例7-15】星河公司有足够的资金准备投资于三个独立投资方案。甲方案的投资额为10 000元，期限为5年；乙方案的投资额为18 000元，期限为5年；丙方案的投资额为18 000元，期限为8年。贴现率为10%，其他有关资料如表7-9所示。

表7-9　**独立投资方案相关评价指标值**　金额单位：元

方案	甲方案	乙方案	丙方案
原始投资额	（10 000）	（18 000）	（18 000）
每年现金净流量	4 000	6 500	5 000
期限（年）	5	5	8
净现值	5 164	6 642	8 675
现值指数	1.52	1.37	1.48
内含报酬率	28.68%	23.61%	22.28%
年金净流量	1 362	1 752	1 626

要求：如何安排投资顺序？

由表7-9可知，三个方案都具有财务可行性，当对三个方案进行投资排序时，选用不同的评价指标，投资顺序将不同，具体情况见表7-10。

（1）甲方案与乙方案相比较

两方案原始投资额不同但期限相同，尽管乙方案净现值和年金净流量均大于甲方案，但乙方案的内含报酬率、现值指数低于甲方案，主要是由于乙方案的原始投资额高，获利程度低导致的。因此，应优先安排内含报酬率和现值指数较高的甲方案。

表7-10　**独立方案评价指标的决策**

净现值	C＞B＞A
现值指数	A＞C＞B
内含报酬率	A＞B＞C
年金净流量	B＞C＞A

（2）乙方案与丙方案相比较

两方案原始投资额相等但期限不同，尽管丙方案净现值和现值指数高，但它需要经历8年才能获得。乙方案5年项目结束后，所收回的投资可以进一步投资于其他后续项目。如果把乙方案5年的项目期转换成8年的项目期，再与丙方案相比较，此时净现值和现值指数会高于丙方案。因此，应该优先安排内含报酬率和年金净流量较高的乙方案。

（3）甲方案与丙方案相比较

两方案的原始投资额和期限都不相同，甲方案内含报酬率较高，但净现值和年金净流量都较低。丙方案净现值高，但期限长，年金净流量也较高，但它是依靠较大的投资额取得的。因此，从获利程度的角度来看，甲方案是优先方案。

综上所述，本例中，应该按甲、乙、丙顺序实施投资。

净现值指标和年金净流量指标反映各方案的获利数额，是绝对数指标；现值指数指标反映各方案的获利程度，是一个相对数指标，但对期限不相等的方案进行比较时，该指标存在一定的缺陷；内含报酬率反映各方案的真实报酬水平，故在独立投资方案比较决策时，应优先采用内含报酬率指标，因为该指标综合反映了各方案的获利程度，在各种情况下的决策结论都是正确的。

二、互斥投资方案的决策

互斥投资方案是指涉及多个相互排斥，不能同时实施的投资方案。面对互斥方案时，只评价备选方案是否可行是不够的，我们需要在可行方案中选择最优方案，即互斥方案的决策过程就是在入选方案已具备项目可行性的前提下，比较方案的优劣，利用评价指标从备选方案中选择一个最优方案的过程。

由于投资项目的投资金额和项目计算期可能不一致，因而要根据各个方案的寿命期和投资额是否相同，采用不同的方法进行评价和选择。若互斥方案的投资额和项目计算期均相等，可以采用净现值法或内含报酬率法等进行项目评价和选择。若互斥方案的投资额不同但项目计算期相同，可以采用差额法进行项目评价和选择。若互斥方案的投资额和项目计算期均不相同，可以采用年金净流量法进行项目评价和选择。

（一）互斥方案的投资额和项目计算期均相同

若互斥方案的投资额和项目计算期均相同，方案对比的前提口径是一致的，可以采用净现值法或内含报酬率法等进行项目评价和选择。净现值法是指通过比较互斥方案的净现值指标的大小来选择最优方案的方法。内含报酬率法是指通过比较互斥方案的内含报酬率指标的大小来选择最优方案的方法。净现值或内含报酬率最大的方案为优。

【例7-16】某固定资产投资项目需要原始投资2 000万元，有A、B、C、D四个互相排斥的方案可供选择，各方案的净现值指标分别为50万元、15万元、26万元和35万元。

要求：按净现值法进行比较决策。

A、B、C、D四个备选方案的净现值均大于0，因此，这些方案均具有财务可行性；根据净现值的大小排列，A方案为最优方案。

（二）互斥方案的投资额不同但项目计算期相同

若互斥方案的投资额不同但项目计算期相同，可以采用差额法进行项目评价和选择。所谓差额法，是指在两个投资总额不同方案的差量现金净流量（记作△NCF）的基础上计算出差额净现值（记作△NPV）或差额内含报酬率（记作△IRR），并据以判断方案孰优孰劣的方法。

在此方法下，一般以投资额大的方案减投资额小的方案，当△NPV≥0或△IRR≥i时，投资额大的方案较优；反之，则投资额小的方案为优。差额净现值△NPV或差额内含报酬率△IRR的计算过程和计算技巧同净现值或内含报酬率完全一样，只是所依据的是差量现金净流量△NCF。

【例7-17】A方案与B方案为互斥方案，它们的项目计算期均为10年。A方案原始投资的现值为350万元，项目计算期第1—10年的现金净流量为130万元；B方案原始投资的现值为300万元，项目计算期第1—10年的现金净流量为120万元。假设基准折现率为10%。

要求：按差额内部收益率法进行投资决策。

首先计算差量现金净流量△NCF：

$\triangle NCF_0$=-350-（-300）=-50（万元）

$\triangle NCF_{1-10}$=130-120=10（万元）

其次计算差额内部收益率△IRR：

由10×（P/A，△IRR，10）-50=0，可得：

（P/A，△IRR，10）=5

查表可知：（P/A，16%，10）=4.8332　（P/A，15%，10）=5.0188

△IRR在15%与16%之间，应用内插法计算得出：

△IRR=15.10%

△IRR大于10%，应当投资A项目。

小贴士

互斥项目决策时，如果项目的投资额不同，但项目计算期相同，除了计算差额内含报酬率方法外，也可以比较项目的净现值，两种方法的结论一致。

（三）互斥方案的投资额和项目计算期均不相同

若互斥方案的投资额和项目计算期均不相同，可以采用年金净流量法（也称年回收额法）进行项目评价和选择。所谓年金净流量法，是指通过比较所有投资方案的年金净流量指标的大小来选择最优方案的决策方法。在此方法下，年金净流量最大的方案为优。

【例7-18】星河公司准备新建一条生产线，现有三个方案可供选择：甲方案的原始投资为150万元，项目计算期为11年，净现值为120万元；乙方案的原始投资为130万元，项目计算期为10年，净现值为110万元；丙方案的原始投资为100万元，项目计算期为9年，净现值为-10万元。行业基准利率为10%。

要求：按年金净流量法进行决策。

因为甲方案和乙方案的净现值均大于0，所以这两个方案具有财务可行性；丙方案的净现值小于0，所以该方案不具有财务可行性。

$$\text{甲方案的年金净流量}=\frac{\text{甲方案的净现值}}{(P/A,10\%,11)}$$

$$=\frac{120}{6.4951}=18.48\text{（万元）}$$

$$乙方案的年金净流量=\frac{乙方案的净现值}{(P/A,10\%,10)}$$

$$=\frac{110}{6.1446}=17.90（万元）$$

综上可知，甲方案优于乙方案。

三、资本限量决策

资本限量是指企业可以用于投资的资金总量有限，不能投资于所有可接受的项目。这种情况也是很多企业面临的一个突出问题。产生资本限量的原因很多，一般分为“软资本约束”和“硬资本约束”两大类。软资本约束一般是企业内部因素造成的，如企业不想背负沉重的财务负担；硬资本约束则是企业外部环境造成的，如银行贷款条件比较严苛。于是，当企业资金不足时，就不得不在一定的资金范围内进行选择，这就构成了企业财务管理必须要面对的问题。而资本限量决策是指企业在这种情况下，如何通过投资项目的组合来获得最大收益的决策方法。

在资金总量受到限制时，需按现值指数的大小，结合净现值进行各种组合排队，从中选出能使NPV最大的最优组合。

总之，在主要考虑投资效益的条件下，多方案比较决策的主要依据，就是能否保证在充分利用资金的前提下，获得尽可能多的净现值总量。

【例7-19】某公司有A、B、C、D、E五个互相独立的投资项目，其投资额、净现值、现值指数等资料见表7-11。请分别就资金限额为6万元、10万元、13万元、15万元作出投资决策。

表7-11　**各投资项目的净现值和现值指数**　金额单位：万元

项目	A	B	C	D	E
投资额	6	4	4	2	2
净现值	2.4	0.8	1.8	0.5	0.6
现值指数	1.4	1.2	1.45	1.25	1.3

第一步，先将各项目按现值指数大小排序如下：C>A>E>D>B。重新排序如表7-12所示。

表7-12　**各投资项目的净现值和现值指数**　金额单位：万元

项目	C	A	E	D	B
投资额	4	6	2	2	4
净现值	1.8	2.4	0.6	0.5	0.8
现值指数	1.45	1.4	1.3	1.25	1.2
累计投资额	4	10	12	14	18
累计净现值	1.8	4.2	4.8	5.3	6.1

第二步，在资本限额内，选择净现值大的项目进行投资：

（1）资本额为6万元时，应选择A或C+E项目；

（2）资本额为10万元时，应选择C+A项目，其净现值为4.2万元，高于其他项目组合；

（3）资本额为13万元时，应选择C+A+E项目，其净现值为4.8万元，高于其他项目组合；

（4）资本额为15万元时，应选择C+A+E+D项目，其净现值为5.3万元，高于其他项目组合。

四、固定资产更新决策

固定资产更新是用新的资产替换在技术上或经济上不宜继续使用的旧资产。固定资产更新后，可能会提高企业的生产能力，增加企业的现金流入；也可能并不改变企业的生产能力，但会节约企业的付现成本。从决策性质上看，固定资产更新决策属于互斥投资方案的决策类型。因此，固定资产更新决策所采用的决策方法是净现值法和年金净流量法。

（一）寿命期相同的设备重置决策

寿命期相同的设备重置，一般采用净现值法进行项目决策。

【例7-20】星河公司有一台设备购于三年前，现正考虑是否更新。为计算方便，假设该公司所得税税率为25%，公司最低投资报酬率为10%，旧设备按直线法计提折旧，新设备按年数总和法计提折旧，其他有关资料见表7-13。

表7-13　　新旧设备相关信息　　金额单位：元

项目	旧设备	新设备
原始价值	60 000	50 000
税法规定残值	6 000	5 000
税法规定使用年限（年）	6	4
已使用年限（年）	3	0
尚可使用年限（年）	4	4
每年付现成本	8 600	5 000
两年后大修理成本	28 000	0
最终报废残值	7 000	10 000
目前变现价值	10 000	50 000

要求：该公司应采用旧设备还是新设备？

由于两设备的尚可使用年限相同，因此比较各方案的净现值更有利于进行合理选择。

第一步，计算两设备的年折旧额：

旧设备的年折旧额=（60 000−6 000）÷6=9 000（元）

旧设备现在的账面价值=60 000−9 000×3=33 000（元）

新设备的第1年折旧额=（50 000−5 000）×4/10=18 000（元）

新设备的第2年折旧额=（50 000−5 000）×3/10=13 500（元）

新设备的第3年折旧额=（50 000−5 000）×2/10=9 000（元）

新设备的第4年折旧额=（50 000−5 000）×1/10=4 500（元）

第二步，计算现金净流量。

在计算投资期现金净流量时，可使用公式：

建设期某年的现金净流量=该年现金流入-该年现金流出

在计算经营期现金净流量时，可使用公式：

经营期现金净流量=（营业收入-付现成本）×（1-所得税税率）+折旧×所得税税率

在最后一年需要考虑资产残值收入以及残值与账面价值之间所得或者亏损对所得税所产生的影响。

旧设备：

$NCF_0=CI_0-CO_0$=0-［10 000-（10 000-33 000）×25%］=-15 750（元）

NCF_1=（0-8 600-9000）×（1-25%）+9 000=-4 200（元）

NCF_2=（0-8 600-28 000-9000）×（1-25%）+9 000=-25 200（元）

NCF_3=（0-8 600-9000）×（1-25%）+9 000=-4 200（元）

NCF_4=（0-8 600）×（1-25%）+［7 000-（7 000-6 000）×25%］=300（元）

新设备：

$NCF_0=CI_0-CO_0$=0-50 000=-50 000（元）

NCF_1=（0-5 000-18000）×（1-25%）+18 000=750（元）

NCF_2=（0-5 000-13500）×（1-25%）+13 500=-375（元）

NCF_3=（0-5 000-9000）×（1-25%）+9 000=-1 500（元）

NCF_4=（0-5 000-4500）×（1-25%）+4 500+［10 000-（10 000-5 000）×25%］=6 125（元）

第三步，分别计算新旧设备的净现值：

旧设备的净现值=-15 750-4 200×0.9091-25 200×0.8264-4 200×0.7513+300×0.683

=-43 344.06（元）

新设备的净现值=-50 000+750×0.9091-375×0.8264-1 500×0.7513+6 125×0.683

=-46 571.65（元）

综上可知，从成本角度去考虑，旧设备的净现值比新设备的净现值要大，故采用旧设备更优。

（二）寿命期不相同的设备重置决策

寿命期不同的设备重置方案，用净现值指标可能无法得出正确决策结果，应当采用年金净流量法决策。

寿命期不同的设备重置方案，在决策时有如下特点：

第一，扩建重置的设备更新后会引起营业现金流入与流出的变动，应考虑年金净流量最大的方案。替换重置的设备更新一般不改变生产能力，营业现金流入不会增加，只需比较各方案的年金流出量即可，年金流出量最小的方案最优。

第二，如果不考虑各方案的营业现金流入量变动，只比较各方案的现金流出量，我们把按年金净流量原理计算的等额年金流出量称为年金成本。替换重置方案的决策标准是要求年金成本最低。扩建重置方案所增加或减少的营业现金流入也可以作为现金流出量的抵减，并据此比较各方案的年金成本。

第三，设备重置方案运用年金成本方式决策时，应考虑的现金流量主要有：①新旧设备目前市场价值。对于新设备而言，目前市场价值就是新设备的购价，即原始投资额；对于旧设备而言，目前市场价值就是旧设备的重置成本或变现价值。②新旧设备残值变价收入。残值变价收入应作为现金流出的抵减。残值变价收入现值与原始投资额的差额，称为投资净额。③新旧设备的年营运成本，即年付现成本。如果考虑每年的营业现金流入，应作为每年营运成本的抵减。

年金成本计算公式如下：

$$年金成本=\frac{\sum 各项目现金净流出现值}{年金现值系数}$$

$$=\frac{原始投资额-残值收入\times 一般现值系数+\sum 年营运成本现值}{年金现值系数}$$

$$=\frac{原始投资额-残值收入}{年金现值系数}+残值收入\times 贴现率+\frac{\sum 年营运成本现值}{年金现值系数}$$

【例7-21】星河公司现有旧设备一台，由于生产经营的需要，准备予以更新。当期资本成本率为15%，不考虑企业所得税，有关资料见表7-14。

要求：该公司应采用旧设备还是新设备？

由于两设备的尚可使用年限不同，因此比较各方案的年金成本更有利于进行合理选择。

旧设备年金成本：

$$年金成本=\frac{20\,000-2\,000\times(P/F,15\%,6)}{(P/A,15\%,6)}+15\,000$$

$$=20\,056.26（元）$$

表7-14　　**新旧设备资料**　　金额单位：元

项目	旧设备	新设备
原价	33 000	45 000
预计使用年限（年）	10	10
已经使用年限（年）	4	0
税法残值	3 000	5 000
最终报废残值	2 000	4 000
目前变现价值	20 000	45 000
每年折旧额（直线法）	3 000	4 000
每年营运成本	15 000	10 000

新设备年金成本：

$$年金成本=\frac{45\,000-4\,000\times(P/F,15\%,10)}{(P/A,15\%,10)}+10\,000$$

$$=18\,769.27（元）$$

综上可知，继续使用旧设备的年金成本为20 056.26元，高于购买新设备的年金成本18 769.27元，故应当选择新设备。

本章小结

企业投资是企业为获取未来长期收益而向一定对象投放资金的经济行为。投资按不同的方式进行分类可分为：直接投资与间接投资、项目投资与证券投资、发展性投资与维持性投资、对内投资与对外投资、独立投资与互斥投资。项目投资是一种以特定项目为对象，直接与新建项目或更新改造项目有关的长期投资行为。项目投资程序包括设计、决策与执行三部分。投资项目计算期由建设期（也称投资期）和生产经营期（也称营业期）两部分构成。

现金流量是指一个投资项目在其整个经济寿命期内因资金循环而引起的现金流入和现金流出增加的数量，由现金流入量、现金流出量和现金净流量三部分构成。付现成本是指在经营期内为满足正常生产经营而需用现金支付的成本。它是生产经营期内最主要的现金流出量。估算项目计算期内的现金流量时，仅对与项目相关的增量现金流量进行估算。现金流量是按收付实现制核算，而会计收益是按权责发生制核算，计量投资项目的成本和收益时，是用现金流量而不是会计收益。

项目评价指标按是否考虑资金时间价值可分为贴现指标和非贴现指标，当贴现指标与非贴现指标的结论发生矛盾时，应当以贴现指标的评价结论为准。独立投资方案是指可以同时并存而不互相排斥的方案。在对独立方案进行投资决策时，只需要评价其财务是否可行即可。独立投资方案之间比较时，一般采用内含报酬率法进行比较决策。互斥投资方案是指涉及多个相互排斥，不能同时实施的投资方案。若互斥方案的投资额和项目计算期均相等，可以采用净现值法或内含报酬率法等进行项目评价和选择。若互斥方案的投资额不同但项目计算期相同，可以采用差额法进行项目评价和选择。若互斥方案的投资额和项目计算期均不相同，可以采用年金净流量法进行项目评价和选择。固定资产更新是用新的资产替换在技术上或经济上不宜继续使用的旧资产。寿命期相同的设备重置，一般采用净现值法进行项目决策。寿命期不同的设备重置方案，应当采用年金净流量法决策。如果不考虑各方案的营业现金流入量变动，可采用年金成本法进行决策。

核心词汇

项目投资　独立投资项目　互斥投资项目　现金流量　现金流入量　现金流出量　现金净流量　付现成本　净现值　净现值率　现值指数　年金净流量　年金成本　内含报酬率　会计报酬率　投资回收期

思政小课堂

党的二十大报告指出，高质量发展是全面建设社会主义现代化国家的首要任务。对于高质量发展的本质，习近平总书记指出，高质量发展就是体现新发展理念的发展，是经济发展从“有没有”转向“好不好”。为促进投资项目的高质量发展，国家发展改革委在2023年4月7日发布了《政府投资项目可行性研究报告编写通用大纲（2023年版）》、《企业投资项目可行性研究报告编写参考大纲（2023年版）》和《关于投资项目可行性研究报告编写大纲的说明（2023年版）》。

通过了解以上文件内容，请同学们思考：在进行项目可行性分析时，除了关注项目的经济效益外，还需要考虑哪些因素呢？

知识演练

一、单项选择题

1.按投资对象的存在形态和性质，企业投资可以划分为（　　）。

A.直接投资与间接投资　　B.项目投资与证券投资

C.对内投资与对外投资　　D.独立投资与互斥投资

2.在长期投资决策中，一般属于经营期现金流出项目的是（　　）。

A.经营成本　　B.开办费投资　　C.固定资产投资　　D.无形资产投资

3.一般流动资金回收发生于（　　）。

A.建设起点　　B.投产时点　　C.项目终结点　　D.经营期的任一时点

4.在考虑了所得税因素之后，不属于经营期的现金净流量计算公式的是（　　）。

A.年现金净流量=营业收入-付现成本-所得税

B.年现金净流量=税后利润+折旧

C.年现金净流量=税后收入-税后付现成本+折旧×所得税税率

D.年现金净流量=收入×（1-所得税税率）-付现成本×（1-所得税税率）+折旧

5.某投资项目的年营业收入为100万元，年总成本为60万元，其中折旧为10万元，所得税税率为25%，则该方案每年的经营现金净流量为（　　）万元。

A.50　　B.40　　C.30　　D.25

6.某投资项目的投资总额为1 000万元，项目每年产生的税后利润为400万元，每年的折旧额为100万元，则静态投资回收期为（　　）年。

A.10　　B.1　　C.2　　D.2.5

7.某投资项目的净现值率为0.68，则现值指数为（　　）。

A.0.68　　B.1　　C.1.68　　D.2

8.内含报酬率是一种能使投资方案的净现值（　　）的折现率。

A.大于0　　B.等于0

C.小于0　　D.大于等于0

9.某投资方案折现率为16%时，净现值为6.12万元；折现率为18%时，净现值为-3.17万元，该投资方案的内部收益率为（　　）。

A.14.68%　　B.17.32%　　C.18.32%　　D.16.68%

10.在用贴现指标对投资项目进行评价时，如果其他因素不变，当贴现率提高时，下列指标计算结果不会改变的是（　　）。

A.净现值　　B.净现值率　　C.现值指数　　D.内含报酬率

二、多项选择题

1.下列各项中，属于长期投资决策中的非贴现评价指标的有（　　）。

A.净现值　　B.投资回收期　　C.内部收益率　　D.会计报酬率

2.下列各项中，属于长期投资决策中的贴现评价指标的有（　　）。

A.净现值　　B.现值指数　　C.内含报酬率　　D.会计报酬率

3.净现值法的优点有（　　）。

A.考虑了投资风险　　B.可以动态上反映项目的实际收益率

C.考虑了资金时间价值　　D.考虑了项目计算期的全部净现金流量

4.采用净现值法评价投资项目可行性时，所采用的折现率通常有（　　）。

A.投资的机会成本率　　B.行业平均资金收益率

C.投资项目的资金成本率　　D.投资项目的内部收益率

5.在一般投资项目中，下列说法正确的有（　　）。

A.净现值＞0时，说明该方案的实际报酬率高于设定折现率

B.净现值=0时，该方案的内部收益率等于设定折现率

C.现值指数＞1，说明该方案具备财务可行性

D.年金净流量是指项目期间内全部现金净流量的总现值或总终值折算为等额年金的平均现金净流量

三、判断题

1.财务管理上讲的项目投资，就是固定资产投资。（　　）

2.现金净流量是指一定期间现金流入量和现金流出量的差额。（　　）

3.付现成本就是总成本。（　　）

4.会计报酬率和静态的投资回收期这两个静态指标的优点是计算简单，容易掌握，且均考虑了现金流量。（　　）

5.净现值大于0，说明该投资项目的实际报酬率大于贴现率。（　　）

四、计算题

1.某公司拟于2023年初用自有资金购置设备一台，需一次性投资100万元。经测算，该设备使用寿命为5年，税法上也按5年计提折旧，设备投入运营后每年可新增息税前利润20万元。假定该设备按直线法折旧，预计的净残值率为5%，不考虑设备的建设期和公司所得税。

要求：

（1）计算使用期内各年净现金流量；

（2）计算该设备的静态投资回收期；

（3）计算该投资项目的会计报酬率；

（4）如果以10%作为折现率，计算其净现值。

2.某公司准备购入一台设备以扩充生产能力，现有甲、乙两个方案可以选择。甲方案需要投资50 000元，使用寿命5年，采用直线法计提折旧，5年后设备无残值，5年中每年销售收入为20 000元，付现成本6 000元；乙方案需要投资60 000元，采用直线法计提折旧，使用寿命也是5年，5年后设备残值5 000元，每年销售收入25 000元，付现成本第1年6 000元，以后每年增加1 000元，另外，乙方案需要垫付营运资金10 000元。假设企业适用的所得税税率为25%，平均资金成本为10%。

要求：

（1）计算两个方案的现金流量；

（2）计算两个方案的净现值；

（3）计算两个方案的现值指数；

（4）计算两个方案的投资回收期；

（5）根据计算结论选择哪个投资方案。

3.某企业计划用新设备替换旧设备，旧设备账面折余价值为60 000元，税法规定的使用年限为10年，该设备已经使用5年，预计还可以使用5年，目前变现收入为60 000元。新设备投资额为150 000元，预计使用5年。第5年年末新、旧设备的预计残值相等。使用新设备可使企业在未来5年内每年增加营业收入16 000元，降低营业成本9 000元。该企业按直线法计提折旧，适用的所得税税率为25%。

要求：

（1）计算使用新设备比旧设备增加的净现金流量；

（2）计算该方案的差额内部收益率；

（3）若投资人要求的必要报酬率为8%，确定是否应采用新设备替换旧设备。

第八章

证券投资决策

学习目标

党的十九大报告明确指出，我国已由高速增长阶段转向高质量发展阶段，经济增长动能也由要素驱动向创新驱动转换。站在“十四五”开局新起点上，证券行业迎来全新的发展阶段，科学把握新阶段的历史方位，全面树立新发展理念，加快回归服务实体经济，是推动证券行业高质量发展的必由之路。企业在进行证券投资时，必须对证券投资的价值进行评价，从证券市场上选择合适的证券进行投资。

通过本章的学习，应达到以下目标：

1.思政目标：

※阐释投资领域国家战略、法律法规和相关政策，践行社会主义核心价值观；

※树立我国资本市场制度自信，遵守投资行业职业道德，经世济民、诚信服务。

2.知识目标：

※熟悉与股票投资、债券投资以及基金投资相关的一些概念；

※了解股票投资、债券投资和基金投资各自的特点；

※理解证券投资的收益与风险；

※熟练掌握股票估价与债券估价的基本模型及其扩展应用。

3.能力目标：

※掌握债券和基金的不同投资策略；

※懂得如何进行基金选择和基金评估。

引导案例

计算普通股的价值

A公司是一家高速发展的公司，预计未来3年股利年增长率为10%，之后股利年增长率固定为5%，公司刚发放了上一年的普通股股利，每股2元，假设投资者要求的收益率为15%。

【案例思考】

假设你是这家公司的财务经理，试分析及计算该普通股的价值。

第一节 股票投资与股票估价

一、股票投资的相关概念

（一）股票

股票是股份公司为筹集自有资金而发行的一种有价证券。股票持有者即为该公司的股东。

股票可以按不同的标准进行分类：

（1）按股东所享有的权利和义务的不同，分为普通股和优先股；

（2）按股票票面是否标明持有者姓名，分为记名股票和不记名股票；

（3）按股票票面是否标明入股金额，分为有面值股票和无面值股票；

（4）按能否向股份公司赎回自己的财产，分为可赎回股票和不可赎回股票。

（二）股利

股利是公司从其税后利润中分派给股东的一种投资回报，是股东所有权在分配上的体现。一般地，影响公司现金股利的因素主要有两个：一是公司的盈利；二是公司的股利政策。

从长期来看，支付股利所需的现金必须来源于公司的盈利。而以盈利向投资者发放股利时，公司还要考虑将其盈利的多大比例作为留存收益，保留为企业未来发展而进行再投资的机会，这取决于公司的股利政策。

（三）股票的价值

股票本身是没有价值的，它仅是一种凭证。股票的价值是指股票预期所能提供的所有未来收益的现值。对于投资者来说，股票投资的预期收益主要包括两部分：一是发行公司派发的股利收益；二是买卖股票的价差收入，即资本利得。

买进股票实际上是现在财富与未来财富的交换。现在财富即为购买股票的货币支出，未来财富则为未来各期的股利收益。

（四）股票的价格

股票之所以有价格并可以在证券市场上自由买卖，是因为它能给持有人带来预期收益。同其他商品一样，股票价格也由供求关系决定。

在一个完善的资本市场中，股票价格应与股票的内在价值一致。但由于信息不对称、流动交易者的存在等因素，股票一旦发行后上市买卖，股票的价格就与其价值相背离。

从长期来看，股票价格总是围绕股票内在价值上下波动，总体趋于其价值回归。

二、股票估价

（一）股票估价的基本模型

股票投资的未来现金流入主要包括两部分：股利收入和出售时的售价。如果股东永远持有股票，他将只获得股利收入，是一个永续的现金流入。这个现金流入的现值就是股票的价值。

$$V = \frac{D_1}{(1+r_s)} + \frac{D_2}{(1+r_s)^2} + \cdots = \sum_{t=1}^{\infty}\frac{D_t}{(1+r_s)^t}$$

如果投资者不打算永久地持有股票，而在一段时间后出售，则股票的价值或当前的合理价格应为：

$$V = \frac{D_1}{(1+r_s)} + \frac{D_2}{(1+r_s)^2} + \cdots + \frac{D_n}{(1+r_s)^n} + \frac{p_n}{(1+r_s)^n}$$

【例 8-1】年初某投资者正考虑购买ABC公司的普通股股票，该股票年末现金股利预期为2元，年末股价预期为30元。如果该投资者要求的报酬率为15%，则投资者在目前股价为多少时可以考虑购买该公司的股票？

$$V = \frac{D_1}{1+r_s} + \frac{p_1}{1+r_s} = \frac{2}{1+15\%} + \frac{30}{1+15\%}$$

$=1.74+26.09=27.83$（元）

目前的股价如果超过27.83元，则不应购买该股票。

（二）不同类型股票的估价

1.股利零增长

假设未来股利增长率为零，即每期发放的股利相等，均为固定值D，即$D_t \equiv D$（t=1，2，3，…），则：

$$V = \sum_{t=1}^{\infty}\frac{D_t}{(1+r_s)^t} = \sum_{t=1}^{\infty}\frac{D}{(1+r_s)^t}$$

上式可以简化为：

$$V = \frac{D}{r_s}$$

【例 8-2】某公司董事会向其投资者宣布公司每年定额支付每股2元的股利，市场平均报酬率为10%，则该公司股票的价值为：

$$V = \frac{D}{r_s} = \frac{2}{10\%} = 20\text{（元）}$$

这就是说，该公司股票每年给股东带来2元的收益，在市场利率为10%的情况下，它相当于20元资本的收益，所以其价值是20元。当然，市场上该公司的股价不一定就是20元，还要看投资人对风险的态度，可能高于或低于20元。

如果当时的股价不等于股票价值，如股价为16元，每年固定股利2元，则其预期报酬率为：

$$r_s = \frac{2}{16} \times 100\% = 12.5\%$$

2.股利稳定增长

假定公司的股利支付是增长的，且股利增长率为一常数（g），则：

$$V=\sum_{t=1}^{\infty}\frac{D_0(1+g)^t}{(1+r_s)^t}=\frac{D_0(1+g)}{r_s-g}\times\sum_{t=1}^{\infty}\left[1-\left(\frac{1+g}{1+r_s}\right)^t\right]$$

（当 $r_s>g$，$n\to\infty$时，$\left(\frac{1+g}{1+r_s}\right)^t$ 趋向于0）

上式可以简化为：

$$V=\frac{D_0(1+g)}{r_s-g}=\frac{D_1}{r_s-g}$$

【例8-3】某公司最近支付的股利为2元/股，若其以后股利支付每年都以4%的速度永续增长，市场必要报酬率为12%，则该公司股票的内在价值为：

$$V=\frac{2\times(1+4\%)}{12\%-4\%}=26（元）$$

3.股利支付呈阶段性变化

在现实生活中，公司的股利支付是不固定的，可能在一段时间里高速增长，而在另一段时间里固定不变或保持正常、稳定的增长。在这种情况下，就要通过分段计算分析，来确定股票的内在价值。

【例8-4】假设某公司经营一新兴产业，销售每年以45%的速度增长。预期这一销售增长势头将使公司在未来前3年的每年现金股利增长20%，此后转为正常增长，增长率为每年5%。公司最近支付的股利为每股0.75元，股票的必要报酬率为10%。试估算该公司股票的内在价值。

第一步，计算非正常增长期的股利现值，见表8-1。

表8-1 非正常增长期的股利现值

年份	股利（元）	现值系数（10%）	现值（元）
0	0.75		
1	0.75×（1+20%）=0.9	0.909	0.818
2	0.9×（1+20%）=1.08	0.826	0.892
3	1.08×（1+20%）=1.296	0.751	0.973
3年股利现值合计（元）	2.683		

第二步，计算第3年年末的股票价值。

$$V_3=\frac{D_3(1+g)}{r_s-g}=\frac{1.296\times(1+5\%)}{10\%-5\%}$$

=27.216（元）

计算其现值：

27.216×（P/F，10%，3）=27.216×0.751=20.439（元）

第三步，计算股票当前的内在价值：

V=2.683+20.439=23.12（元）

三、股票投资的市盈率分析

（一）用市盈率估计股价高低

市盈率可以粗略地反映股价的高低，表明投资者愿意用盈利的多少倍的货币来购买这种股票，反映了市场对该股票的评价。

市盈率=股票市价÷每股盈利

股票价值=该股票所处行业平均市盈率×该股票每股盈利

根据证券机构或权威刊物提供的同行业公司股票过去若干年的平均市盈率，乘以该公司股票当前的每股盈利，便可以得出该公司股票的价值。再用它和该公司股票当前市场价格比较，可以看出所付价格是否合理。

（二）用市盈率估计股票风险

一般来讲，股票的市盈率比较高，表明投资者对公司的未来充满信心，这种股票的风险较小。但当受到不正常因素干扰时，有些股票的市价会被哄抬到不应有的高度，使市盈率变得超高，则又很可能成为股价下跌的前兆，风险很大。通常认为，超过30倍的市盈率是不正常的。

因此，过高或过低的市盈率都不是好兆头，市盈率在5～20倍之间是比较正常的，但各行业的正常值区间有区别，最好能够通过研究拟投资股票市盈率的长期变化来估计其正常值，并以此作为分析决策的基础。

第二节　债券投资与债券估价

一、债券投资的相关概念

（一）债券

债券是由发行者为筹集资金，向债权人发行的，在约定时间内支付约定利息，并在到期时偿还本金的一种有价证券。债券可以按不同的标准进行分类：

按是否有担保，分为信用债券和抵押债券；

按债券票面是否标明持有者姓名，分为记名债券和无记名债券；

按利率是否固定，分为固定利率债券（也叫普通债券）和浮动利率债券；

按债券发行主体的不同，分为政府债券、金融债券和公司债券。

（二）债券面值

债券面值是设定的债券票面金额，它代表发行人借入并且承诺于未来某一特定日期偿付给债券持有人的金额。

（三）票面利率

债券的票面利率是指债券发行者预计1年内向债券持有人支付的利息占票面金额的比率。

（四）债券的到期日

债券的到期日是指偿还本金的日期。债券一般都要规定到期日，以便到期时归还本金。自此，债券协议中所规定的权利和义务终结。

二、债券投资的特点及风险

（一）债券投资的特点

1.权利义务方面

从投资权利来说，在各种投资方式中，债券投资者的权利最小。

2.流动性方面

债券可在资本市场上自由买卖、流通，这为债券的随时变现提供了可能。

3.收益与风险方面

债券投资收益率通常是事先约定的，通常不及股票高，但具有较强的稳定性，不受银行或实际利率变动的影响，债券发行人须按照协议约定支付本金和利息。

（二）债券投资的风险

1.违约风险

债券投资的违约风险指借款人无法按时支付债券利息和偿还本金的风险。一般来说，财政部发行的国库券没有违约风险，其他债券或多或少都存在违约风险，避免违约风险的方法是不买质量差的债券。

2.利率风险

债券投资的利率风险指由于利率变动而使债券投资者丧失机会收益的风险。债券的到期时间越长，利率风险越大，减少利率风险的办法是分散债券的到期日。

3.购买力风险

购买力风险指由于通货膨胀而使货币购买力下降的风险。一般来说，预期报酬率会上升的资产，其购买力风险会低于报酬率固定的资产。

4.变现力风险

债券投资的变现力风险是指无法在短期内以合理价格卖掉债券资产的风险。一般来说，国库券有活跃的市场，其变现力较强，但冷门债券的变现力则较差。

三、债券估价

作为一种收益稳定的有价证券，债券的未来现金流入主要是利息和归还的本金。于是，债券的价值就是按投资者要求的收益率对这些现金流量进行折现。如果投资者按照等于债券价值的价格购买了这种债券，他将获得预期的投资报酬率，即投资者要求的报酬率；如果按照小于债券价值的价格购买了债券，他将获得高于预期的投资报酬率。

（一）债券估价的基本模型

典型的债券是固定利率，每年计算并支付一次利息，到期归还本金。根据该种债券的现金流量模式，其价值的计算公式如下：

$$V=\sum_{t=1}^{n}\frac{I_t}{(1+r_b)^t}+\frac{M}{(1+r_b)^n}$$

当债券的每期利息固定为I时，上述计算公式可表示为：

$V=I\cdot(P/A,\ r_b,\ n)+M\cdot(P/F,\ r_b,\ n)$

【例8-5】某公司拟于2023年9月1日发行面额为1 000元的债券，票面利率为8%，每年9月1日计算并支付一次利息，并于5年后的9月1日到期。假设该债券临近发行时，市场同等风险投资的必要报酬率为10%，试确定该公司债券的发行价格。

企业拟发行债券时，其票面利率是根据当时同等风险投资的必要报酬率确定的。如果债券印制或公告后必要报酬率发生了变动，通常的做法是先估算债券的内在价值，然后通过溢价或折价来调节发行价，而不是修改票面利率。

债券的价值 V=1 000×8%×（P/A，10%，5）+1 000×（P/F，10%，5）

=80×3.791+1 000×0.621=924.28（元）

即此种情形下，该公司的债券只能折价发行，发行价格为924.28元。

如果该债券临近发行时，市场同等风险投资的必要报酬率为8%，同理计算分析可以得知，该公司的债券将平价发行。

如果该债券临近发行时，市场同等风险投资的必要报酬率低于8%，同理计算分析可以得知，该公司债券的内在价值将高于其票面价值，债券将溢价发行。

（二）不同类型债券的估价

1.纯贴现债券的估价

纯贴现债券是指发行者承诺在未来某一确定日期作某一单笔支付的债券。这种债券的持有人在债券到期前不能得到任何现金支付，因此也称为“零息债券”。零息债券没有标明计息规则的，通常采用按年计息的复利计息规则。

纯贴现债券的价值：

$$V = \frac{M}{(1 + r_b)^n}$$

【例8-6】有一纯贴现债券，面值为1 000元，20年到期。假设必要报酬率为10%，则该债券的价值为：

$$V = \frac{1000}{(1 + 10\%)^{20}} = 148.6（元）$$

2.平息债券的估价

平息债券是指利息在到期时间内平均支付的债券，其支付的频率可能是1年一次、半年一次或每季度一次等。

平息债券价值的计算公式如下：

$$V = \sum_{t=1}^{mn} \frac{\frac{I}{m}}{\left(1 + \frac{r_b}{m}\right)^t} + \frac{M}{\left(1 + \frac{r_b}{m}\right)^{mn}}$$

式中，m表示债券的年付利息次数。

【例8-7】有一债券面值为1 000元，票面利率为8%，每半年支付一次利息，5年后到期。假设必要报酬率为10%，则该债券的价值为：

V=I×（P/A，10%÷2，5×2）+1 000×（P/F，10%÷2，5×2）

=40×7.7217+1 000×0.6139=922.77（元）

该债券的价值，比【例8-5】每年付息一次时的价值924.28元降低了。债券付息期越短价值越低的现象，仅出现在折价出售的状态。如果债券溢价出售，则情况正好相反。

3.永久债券的估价

永久债券是指没有到期日，永不停止定期支付利息的债券。例如，英国统一公债、美国举债建造巴拿马运河的债券都是永久债券，它们没有最后支付日并永久有效。永久债券的内在价值为：

$$V=\frac{I}{r_b}$$

例如，市场利率是10%，每年能得到50元利息支付的政府永久债券的价值为：50÷10%=500（元）。

四、债券的到期收益率

对于每一种债券，每个投资者要求的收益率都不相同，债券的收益水平通常用到期收益率来衡量。到期收益率是指以特定价格购买债券并持有至到期日所能获得的收益率。它的实质是债券投资的内含报酬率。

到期收益率是使未来现金流量现值等于债券购入价格的折现率。计算到期收益率的方法是求解含有折现率的方程，即：

购进价格=每年利息×年金现值系数+面值×复利现值系数

$V=I\cdot(P/A, r_b, n)+M\cdot(P/F, r_b, n)$

【例8-8】ABC公司2023年2月1日以平价购买一张面额为1 000元的债券，其票面利率为8%，每年2月1日计算并支付一次利息，并于5年后的1月31日到期。该公司持有该债券至到期日，计算其到期收益率。

$1\,000=1\,000\times8\%\times(P/A, r_b, 5)+1\,000\times(P/F, r_b, 5)$

解该方程要用“试误法”。

用r_b=8%试算：

$80\times(P/A, 8\%, 5)+1\,000\times(P/F, 8\%, 5)$

$=80\times3.9927+1\,000\times0.6806=1\,000$（元）

可见，平价购买每年付息一次的债券的到期收益率等于票面利率。

如果债券的价格高于面值，则情况将发生变化。例如，买价是1 105元，则：

$1\,105=80\times(P/A, r_b, 5)+1\,000\times(P/F, r_b, 5)$

通过前面试算已知，r_b=8%时，等式右方为1 000元，小于1 105元，可判断收益率低于8%，故应降低折现率。

用r_b=6%试算：

$80\times(P/A, 6\%, 5)+1\,000\times(P/F, 6\%, 5)$

$=80\times4.212+1\,000\times0.747=1\,083.96$（元）

由于折现结果仍小于1 105元，还应进一步降低折现率。现用r_b=4%试算：

$80\times(P/A, 4\%, 5)+1\,000\times(P/F, 4\%, 5)$

$=80\times4.452+1\,000\times0.822$

$=1\,178.16$（元）

此时的折现结果高于1 105元，可以判断该收益率高于4%，但低于6%。用插值法计算其近似值：

$$\left\{\begin{matrix}\left\{\begin{matrix}4\% & 1\,178.16\\ r_b & 1\,105\end{matrix}\right\}\\ \begin{matrix}6\% & 1\,083.96\end{matrix}\end{matrix}\right\}$$

$$\frac{r_b - 4\%}{6\% - 4\%} = \frac{1\,105 - 1\,178.16}{1\,083.96 - 1\,178.16}$$

r_b=5.55%

【学思笃行】"试误法"又称"试错法"，是在未来现金净流量不相等时计算债券到期收益率（项目内含收益率）的一种方法。"试错法"并不是盲目地试错，而是通过实践方法发现现值的变化规律，不断调整折现率以此逐渐接近目标值的过程。

我国改革开放初期邓小平同志提出的"摸着石头过河"的改革思路也是这种渐进式、试错的方法，"摸着石头过河"并不是盲目地"过河"，而是通过"摸着石头"的方式找到事物发展的规律，是通过实践发现真理、检验真理的过程，在改革开放相当长的一段时期都发挥着重要的作用。但随着国际国内形势更加复杂，仅仅靠"摸着石头过河"的方法已经不适应当前经济的发展需要，还需要加强顶层设计。

习近平总书记在十八届中央政治局第二次集体学习时强调：摸着石头过河，是富有中国特色、符合中国国情的改革方法。摸着石头过河就是摸规律，从实践中获得真知。摸着石头过河和加强顶层设计是辩证统一的，推进局部的阶段性改革开放要在加强顶层设计的前提下进行，加强顶层设计要在推进局部的阶段性改革开放的基础上来谋划。

2020年10月4日，习近平总书记在深圳经济特区建立40周年庆祝大会上的讲话指出：改革永远在路上，改革之路无坦途。当前，改革又到了一个新的历史关头，很多都是前所未有的新问题，推进改革的复杂程度、敏感程度、艰巨程度不亚于40年前，必须以更大的政治勇气和智慧，坚持摸着石头过河和加强顶层设计相结合，不失时机、蹄疾步稳深化重要领域和关键环节改革，更加注重改革的系统性、整体性、协同性，提高改革综合效能。

2023年2月，习近平总书记在学习贯彻党的二十大精神研讨班开班式上再次强调：推进中国式现代化是一个系统工程，需要统筹兼顾、系统谋划、整体推进，正确处理好顶层设计与实践探索、战略与策略、守正与创新、效率与公平、活力与秩序、自立自强与对外开放等一系列重大关系。位居这六大关系之首的"顶层设计与实践探索"，不仅蕴含着丰富的辩证思维和系统观念，而且构成了党领导中国革命、建设、改革事业的重要方法论。

五、债券投资的策略

（一）消极的投资策略

消极的投资策略是指投资者在买入债券后的一段时间内，很少进行买卖或者不进行买卖，只要求获取不超过目前市场平均收益水平的收益率。典型的消极投资策略主要就是买入债券并持有至到期。这种策略的现金流是确定的，投资中选取信用程度较高的债券即可。

（二）积极的投资策略

积极的投资策略是指投资者根据市场情况不断调整投资行为，以期获得超过市场平均收益水平的收益率。积极的投资策略包括：

（1）根据预计利率的变动主动交易。预计利率下降时，买进债券或增持期限较长的债券；预计利率上升时，卖出债券或增加期限较短的债券比例。

（2）收益率曲线控制法。由于期限较长的债券一般有较高的收益率，因此投资人购买债券持有至到期前卖出债券，再购入另一个同样期限的债券，从而能够始终获得较高的收益率。

（三）投资组合策略

债券因发行主体经营情况、债券期限等不同，其风险和收益也各不一样。投资债券的企业可以根据需要，对购买的债券从发行主体、期限、风险和收益等不同方面进行适当搭配，形成符合企业需要的债券投资组合。从规避投资风险的角度，债券投资组合的主要形式有：浮动利率债券与固定利率债券组合；短期债券与长期债券组合；政府债券、金融债券与企业债券组合；信用债券与担保债券组合等。

第三节　基金投资与基金估价

一、基金投资的相关概念

（一）证券投资基金

简单地说，证券投资基金是一种利益共享、风险共担的集合证券投资方式。基金可以按不同的标准进行分类：

按组织形态的不同，分为契约型基金和公司型基金；

按基金单位是否可以增加或赎回，分为开放式基金和封闭式基金；

按投资风险与收益的不同，分为成长型基金、平衡型基金和收益型基金；

按投资对象及其比重的不同，分为股票型基金、债券型基金、货币市场基金、指数基金和混合型基金，其中混合型基金又可分为偏股型基金、偏债型基金和配置型基金。

（二）基金净值

基金净值是指在某一时点一个基金单位实际代表的价值。单位基金资产净值的计算公式为：

单位基金资产净值=（基金总资产-基金总负债）÷基金份额

基金总资产是指基金拥有的所有资产的价值，包括现金、股票、债券、银行存款和其他有价证券。

（三）基金的认购、申购与赎回

基金的认购是在基金募集期内，投资者到基金管理公司或选定的基金代销机构开设基金账户，按照规定的程序申请购买基金份额的行为。

基金的申购是指投资者按照规定的程序申请购买已经成立的基金单位。

基金的赎回是指投资者把手中持有的基金单位，按规定的价格卖给基金管理人并收回现金的过程，是与申购相对应的反向操作过程。

申购、赎回价格以当日基金资产净值加减一定手续费为基础计算。

二、基金投资的特点及风险

（一）基金投资的特点

与股票、债券等金融投资工具一样，证券投资基金也为投资者提供了一定的投资获利渠道。但与其他投资相比，基金投资具有其特殊性：（1）专业理财；（2）组合投资，分散风险；（3）投资小，费用低；（4）风险共担，收益共享。

（二）基金投资的风险

一般来讲，基金投资者面临的风险主要来自以下几个方面：

（1）市场风险。基金投资通过分散投资，虽然能够降低风险，但毕竟不能将风险降至零，而且分散投资仅能克服非系统性风险。

（2）基金机构风险。基金管理公司的管理水平将直接影响基金收益水平，经营管理不规范势必给基金投资人带来损失，而不管赔赚，基金管理人都将收取一定的手续费，这样就大大增加了投资人的风险。

（3）流动性风险。封闭式基金的投资者，很可能在某一价位上无法及时变现；开放式基金的投资者在赎回基金时，可能遇到暂停赎回。

三、基金选择与基金评估

（一）基金选择指标

目前，一般的投资者在选择证券投资基金时仅凭以往的业绩。实际上，理性的投资者在选择基金时，往往需要考虑基金的结构指标。

所谓基金的结构指标，是指影响基金业绩的潜在因素，主要包括以下几方面内容：（1）基金的规模；（2）现金流量；（3）基金的资产结构；（4）基金的股票行业结构。

（二）基金评估的4R原则

评估基金的主要目的是为投资者服务，一旦你发现基金值得投资，你就面临另一个问题：市场上有如此众多的基金，你如何选择？基金的业绩排名，对投资者而言是选择基金的重要参考依据。此外，基金管理公司也要对内部业绩评比，通过与同业人员的业绩比较，实现优胜劣汰。通常，挑选基金时可以考虑应用“4R”原则，即收益率、评级、风险和支出比率。

四、基金的投资策略

基金的投资策略虽然千变万化，但总体而言可以分为两类：一类是积极的投资策略；另一类是消极的或被动的投资策略。

两种迥异的投资策略是基于投资者对市场效率的不同认识，认为市场定价有效率的投资者倾向于支持被动的投资策略，而认为市场定价失效的投资者坚持采用积极的投资策略。

（一）积极的投资策略

采用积极投资策略的投资者一般会有两种方式构筑投资组合：

（1）自下而上（Bottom-up）。自下而上的投资组合构筑方法，主要关注个别股票的分析，而对宏观经济和资本市场的周期波动不很重视。

（2）自上而下（Top-down）。这种投资策略是：首先，基金管理人要对宏观经济环境进行评估。其次，基金管理人要对股票市场各个板块和行业进行分析。最后，在决定了板块和行业的资金分布之后，再决定具体在相应板块和行业中个别股票的资金分布。

（二）消极的投资策略

根据现代投资组合理论，“市场组合”在定价有效率的市场中，为单位风险提供了最高的收益率水平。市场组合在理论上包含了整个市场的股票。构造市场组合时，每只股票在组合中的权重应该是该股票的资本总额在整个资本市场资本总额中的比例。这种以市场组合为投资组合的消极投资策略被称为指数法。

本章小结

处于成熟期的企业会有比较充沛的现金流，企业利用闲置资金进行证券投资将能提高企业资金使用效率，提升企业的经营效益。企业管理层利用该项资金进行证券投资时，应当充分考虑到证券市场波动所带来的风险和收益。因此，作为企业的决策者应该充分考虑到可能影响其证券投资的多种因素，最大限度地提高收益、规避风险。

核心词汇

股票　股票的价值　股票估价的基本模型　债券面值　债券投资的风险　债券估价　债券的到期收益率　证券投资基金　基金净值　基金的认购　基金的申购与赎回

思政小课堂

党的二十大报告提出要“坚持把发展经济的着力点放在实体经济上”，并指出要“健全资本市场功能，提高直接融资比重”，这两个要求为我国资本市场的发展指明了方向。未来资本市场的发展将从供需两端提升服务实体经济的质量和满足居民财富管理需求。

从服务实体经济来看，2023年2月1日，全面实行股票发行注册制改革正式启动，标志着中国资本市场全面推行注册制改革更进一步，有助于夯实直接融资体系制度基石，提升投融资效率，有利于资本市场长期健康发展。同时，我国多层次资本市场体系也不断完善，其中主板主要服务成熟期大型企业，突出大盘蓝筹特色，科创板坚守关键核心技术、硬科技定位，创业板坚守成长性创新创业和“四新”融合定位，北交所重点服务创新型中小企业，满足了不同类型企业的直接融资需求。

从居民财富管理需求来看，证监会及交易所通过各种渠道向投资者宣传理性投资、价值投资及长期投资的理念，强调股票投资和实体投资的一致性，必须把办实业的精神用于股票的投资。同时，为了保护中小投资者利益，稳定市场预期，证监会起草了《关于完善特定短线交易监管的若干规定（征求意见稿）》，该项规定于2023年7月21日向社会公开征求意见。

知识演练

一、单项选择题

1.相对于实物资产投资，证券投资的特点包括（　　）。

A.流动性弱　　B.投资风险相对较小

C.交易成本较低　　D.价格比较稳定

2.对债券持有人而言，债券发行人不能履行合约规定的义务，无法按期支付利息和偿还本金而产生的风险是（　　）。

A.流动性风险　B.期限风险　C.违约风险　D.购买力风险

3.证券投资基金按照规模是否可以变动及交易方式，可以分为（　　）。

A.公司型基金与契约型基金　B.货币基金、债券基金和股票基金

C.开放式基金和封闭式基金　D.积极投资型基金和消极投资型基金

4.债券投资的特点不包括（　　）。

A.本金较安全　B.收益不稳定

C.购买力风险较大　D.没有经营管理权

5.确定债券信用等级应考虑的风险主要是（　　）。

A.利息率风险　B.期限风险　C.违约风险　D.流动性风险

二、多项选择题

1.分期付息、到期还本的债券估价与（　　）有关。

A.债券面值　B.票面利率　C.期数　D.市场利率

2.以下关于债券投资利率风险的说法正确的有（　　）。

A.利率风险是指由于市场利率下降而使投资者遭受损失的风险

B.市场利率上升，会引起债券市场价格下跌

C.不同期限的债券持有期限不同，利息率风险也不一样

D.期限越长，利率风险也越大

3.股票投资的特点包括（　　）。

A.收益较稳定　B.价格波动大

C.股票投资风险较大　D.股票投资是一种股权性投资

4.债券投资的优点包括（　　）。

A.市场流动性好　B.收入稳定性强

C.本金安全性高　D.购买力风险低

5.股票投资收益由（　　）组成。

A.股利收入　B.不包括股利收入

C.股票买卖差价　D.不包括股票买卖差价

三、判断题

1.相对于实物资产投资来说，证券投资流动性强、投资风险相对较大，但其交易成本则较高。（　　）

2.企业进行证券投资的目的之一是获取投资收益，证券投资的收益是指证券投资所获取的股利或利息收益。（　　）

3.某债券面值为100元，期限为5年，以贴现方式发行，期内不计利息，到期按面值偿还，发行时的市场利率为8%。若该债券发行价为70元，则不值得购买。（　　）

4.某企业拟购买A公司股票并准备长期持有，预计该股票每年股利为1.2元/股，企业要求的必要收益率为15%，则该股票的价值为8元/股。（　　）

5.证券投资基金通过发行基金单位，集中投资者的资金，由基金托管人管理和运用资金，从事股票、债券等金融工具投资。（　　）

四、计算题

1.A企业于2023年1月5日以每张1 020元的价格购买B企业发行的到期一次还本付息且不计复利的企业债券。该债券的面值为1 000元，期限为3年，票面年利率为10%。购买时市场年利率为8%，不考虑所得税。

要求：

（1）评价A企业购买此债券是否合算；

（2）如果A企业于2024年1月5日将该债券以1 130元的市价出售，计算该债券的投资收益率。

2. 大华股份有限公司打算投资于A公司的普通股，预计第1年股利为3元，每年以5%的增长率增长，大华公司的必要报酬率为7%，则只有该股票价格不高于多少时，投资才比较合算？

第九章

营运资金管理

学习目标

习近平总书记多次强调的“降成本”，是现代化经济体系“效益优先”的本质要求，是建设现代化经济体系的长期任务。经济体系的成本影响因素众多，既有企业内部的管理因素，又有现代化经济体系硬件系统的实体经济、科技创新、现代金融、人力资源之间能否协同发展，甚至具体产业链之间的相互协调性，还有国家发展的制度环境的影响。营运资金管理作为企业内部的管理因素，在企业销售及采购业务中处于重要地位，对企业利润目标的实现会产生重大影响。

通过本章的学习，应达到以下目标：

1. 思政目标：

※企业对营运资金的管理既要考虑流动性以满足日常经营的需要，也要关注收益性，以达到降本增效的目的，由此联系自身，养成勤俭节约的良好习惯。

2. 知识目标：

※掌握现金、应收账款及存货管理的目标与内容；

※掌握最佳现金持有量的四种基本方法；

※掌握存货经济订货量的基本分析模型及应用，了解其扩展模型及应用。

3. 能力目标：

※能制定合理的信用政策；

※能正确计算应收账款的成本；

※能运用存货的经济订货批量决策方法进行存货管理。

引导案例

A自行车有限公司财务经理为了尽量减少企业闲置的现金数量，提高资金收益率，考虑确定最佳现金持有量，财务科对四种不同现金持有量的成本做了测算，具体数据见表9-1。

表9-1　　现金持有方案　　单位：元

方案 项目	A	B	C	D
现金持有量	25 000	50 000	75 000	100 000
管理成本	20 000	20 000	20 000	20 000
短缺成本	10 000	6 000	2 000	0

财务经理根据上述数据，结合企业的资本收益率12%，利用成本分析模式，确定出企业最佳现金持有余额。

【案例思考】

如果你是财务经理，请你思考与讨论：

1.不同现金持有量的机会成本分别是多少?

2.为什么确定75 000元为企业最佳现金持有余额?

第一节　营运资金概述

一、营运资金的概念

营运资金是指流动资产减去流动负债后的余额，是企业用以维持正常经营所需要的资金，即企业在生产经营中可用流动资产的净额。流动资产是指可以在一年或超过一年的一个营业周期内变现或者耗用的资产，包括货币资金、短期投资、应收预付款项、存货等。流动负债是指必须在一年或超过一年的一个营业周期内偿还的债务，包括短期借款、应付预收款项、应交税费等。营运资金的存在表明企业的流动资产占用的资金除了以流动负债筹集外，还以长期负债或所有者权益筹集。

二、营运资金的特点

由于负债在筹资决策中已作介绍，故本章重点论述流动资产的管理。流动资产有以下四项主要特点：

（一）流动性

流动资产在生产经营过程中虽需经历供产销循环周转过程，但这一过程时间很短，使流动资产的变现能力较强。

（二）继起性

流动资产的价值表现就是流动资金。流动资金的占用形态在时间上表现为依次继起、相继转化。流动资金以货币资金开始依次转化为储备资金、生产资金、成品资金、结算资金，最后又回到货币资金，它的每一次转化都是一种形态的结束和另一种形态的开始。这就是继起性。

（三）并存性

流动资金的占用形态从空间上看是并存的，各种占用形态同时分布在供、产、销各个过程中，这是由生产经营的连续不断所决定的。这就是并存性。

（四）补偿性

流动资产的投资回收期短，它的耗费能较快地从产品销售收入中得到补偿，即流动资产的实物耗费与价值补偿是在一个生产经营周期内同时完成的。

三、营运资金管理的基本要求

营运资金的管理就是对企业流动资产和流动负债的管理。它既要保证有足够的资金满足生产经营的需要，又要保证能按时按量偿还各种到期债务。企业营运资金管理的基本要求是：

（一）合理确定并控制流动资金的需要量

企业流动资金的需要量取决于生产经营规模和流动资金的周转速度，同时也受市场及供、产、销情况的影响。企业应综合考虑各种因素，合理确定流动资金的需要量，既要保证企业经营的需要，又不能因安排过量而浪费。平时也应控制流动资金的占用，将其纳入计划预算的良性范围内。

（二）合理确定流动资金的来源构成

企业应选择合适的筹资渠道及方式，力求以最小的代价谋取最大的经济利益，并使筹资与日后的偿债能力等合理配合。

（三）加快资金周转，提高资金效益

当企业的经营规模一定时，流动资产周转的速度与流动资金需要量成反方向变化。企业应加强内部责任管理，适度加速存货周转、缩短应收账款的收款周期、延长应付账款的付款周期，以改进资金的利用效果。

第二节 现金与有价证券的管理

一、现金管理的目标

（一）企业持有现金的动机

（1）交易性动机。交易性动机是指持有现金，以满足企业日常支付的需要（如购买原材料、支付工资、偿付到期债务、缴纳税款等）。

（2）预防性动机。预防性动机是指持有现金，以防止意外事件的发生对现金的需求。

（3）投机性动机。投机性动机是指持有现金，以用于不寻常的购买机会或投资机会。

（二）现金管理的目标

企业现金管理的目标主要在于如何在现金的流动性和收益性之间做出合理选择，即在保证企业正常开展经营活动的前提下，尽可能地降低现金占用量，并从暂时闲置的现金中获得最大的投资收益。

根据现金管理的目标可以确定现金管理的主要内容：

（1）编制现金计划或预算，以便合理估计未来的现金需求；

（2）用特定的方法确定适当的目标现金余额或最佳现金持有量；

（3）对日常的现金收支进行监管，有效地控制现金收支。

二、最佳现金持有量的确定

（一）现金周转模式

现金周转模式是根据现金周转期来确定最佳现金持有量的一种方法。现金周转期是指从现金投入生产经营活动开始，到收回现金为止平均所需的时间。在企业的全年现金需求总量一定的情况下，现金周转期越短，则企业所需现金持有量就越小。

以现金周转模式确定最佳现金持有量的步骤如下：

1.确定现金周转期

如图9-1所示，现金周转期的计算公式为：

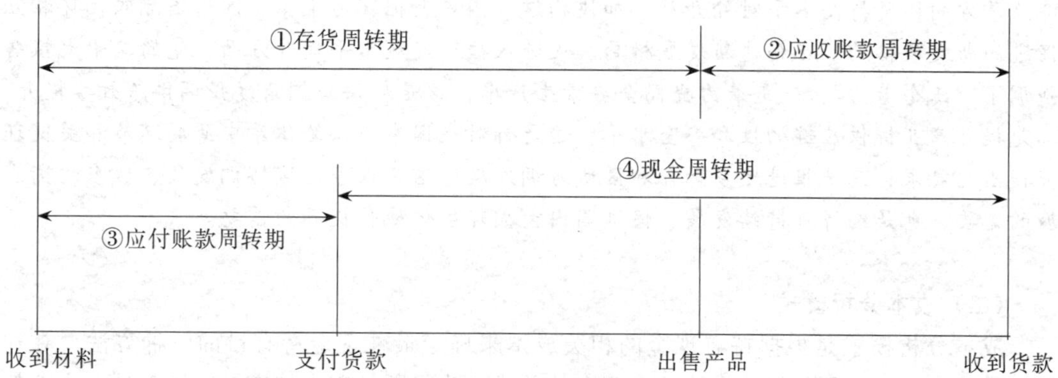

图9-1　企业现金周转图

现金周转期=存货周转期+应收账款周转期-应付账款周转期

式中，存货周转期是指从生产投入材料开始到产品出售为止所需的时间；应收账款周转期是指从应收账款发生开始到收回应收账款平均所需的时间；应付账款周转期是指从收到尚未付款的材料开始到偿还货款支付现金所需的时间。

2.确定现金周转率

现金周转期就是现金周转一次所需的天数。根据现金周转期可以计算出现金周转率，即在1年中现金周转的次数。其计算公式为：

现金周转率=360÷现金周转期

3.确定最佳现金持有量

在企业全年的现金需求总量确定后，可以根据现金周转期或者现金周转率来计算最佳现金持有量。其计算公式为：

最佳现金持有量=年现金需求总量÷现金周转率

【例9-1】某企业的材料采购和产品销售都采用赊销方式，其应收账款周转期为60天，应付账款周转期为46天，存货周转期为58天。预计该企业2023年的现金需求总量为720万元。要求：以现金周转模式确定该企业2023年的最佳现金持有量。

首先，计算该企业的现金周转期：

现金周转期=60-46+58=72（天）

其次，计算该企业的现金周转率：

现金周转率=360÷72=5（次）

最后，确定该企业2023年的最佳现金持有量：

最佳现金持有量=720÷5=144（万元）

以现金周转模式确定最佳现金持有量方法简单明了，但要求企业的生产经营活动保持相对稳定，并且要保持长期稳定的信用政策，否则计算出的最佳现金持有量就是不确定的。

【学思笃行】存货周转期、应收账款周转期、应付账款周转期构成了企业一个完整的现金周转期，企业在供产销的不断循环中实现了价值的增值。这种循环不仅是企业内部的循环，供、销环节也涉及企业与外部市场的循环，因而企业要实现高质量发展，除了加强内部资源利用效率外，还需要与外部建立良好的循环体系。

党的二十大报告指出：必须完整、准确、全面贯彻新发展理念，坚持社会主义市场经济改革方向，坚持高水平对外开放，加快构建以国内大循环为主体、国内国际双循环相互促进的新发展格局。在构建新发展格局、促进双循环发展水平提升方面，党的二十大报告强调了“三个着力”：一是着力提高全要素生产率，这是从供给侧角度强调供给效率提升；二是提升产业链供应链韧性和安全水平，这是针对我国未来供给体系中薄弱环节和关键环节提出的要求；三是推进城乡融合和区域协调发展，这不仅是区域协调发展、城乡均衡发展的需要，也是经济可持续发展、促进国内大循环主体地位提升的需要。

（二）成本分析模式

成本分析模式是根据持有现金的相关成本来确定最佳现金持有量的一种方法。在这里，最佳现金持有量是能使企业持有现金的总成本为最低的现金持有量。一般地，企业持有现金的成本包括：

1.机会成本

现金作为企业的一项资金占用是有代价的，这种代价就是占用在现金资产上的资金用于其他投资可以获得的收益，一般以某个基准收益率来反映。现金持有量越大，持有现金的机会成本就越高；反之，则越低。因此，现金的机会成本属于变动成本，它与现金持有量有关。

2.管理成本

现金管理成本是指因持有现金而发生的管理费用，如管理现金人员的工资、安全措施费等。现金管理成本一般与持有现金的数额无关，属于现金持有成本中的固定成本。

3.短缺成本

现金短缺成本是指因持有现金不足，不能应付业务开支所需而使企业蒙受的损失或为此付出的代价（比如，企业因不能偿还到期债务而支付的罚金）。现金短缺成本随现金持有量的增加而下降，随现金持有量的减少而上升。

【例9-2】某企业有四种现金持有方案，它们各自机会成本、管理成本、短缺成本的有关资料见表9-2。

表 9-2　　**现金持有方案**　　单位：元

项目＼方案	甲	乙	丙	丁
现金持有量	20 000	40 000	60 000	80 000
机会成本	2 000	4 000	6 000	8 000
管理成本	15 000	15 000	15 000	15 000
短缺成本	10 000	4 000	2 500	1 200

根据表9-2，在成本分析模式下，在不同现金持有量水平下，企业持有现金的总成本如表9-3所示，根据计算结果，选择总成本最低时的现金持有量，就是最佳现金持有量，在该例中，最佳现金持有量为乙方案，即40 000元。

表 9-3　　**现金持有总成本**　　单位：元

项目＼方案	甲	乙	丙	丁
机会成本	2 000	4 000	6 000	8 000
管理成本	15 000	15 000	15 000	15 000
短缺成本	10 000	4 000	2 500	1 200
总成本	27 000	23 000	23 500	24 200

（三）存货决策模式

确定最佳现金持有量的存货决策模式又称鲍莫模式，是由美国经济学家威廉·鲍莫于1952年首先提出的。考虑到企业的现金持有非常类似于存货，可以借用存货的经济订货量模型来确定企业的最佳现金持有量。

利用存货决策模型确定最佳现金持有量的假设条件有：

（1）一定时期现金需求总量确定；

（2）每天现金需求量均匀稳定并可预测；

（3）预测期企业不发生现金短缺，并可以通过出售有价证券来补充现金。

随着每天现金的耗用，现金持有量呈直线下降的趋势，当现金持有量下降为零时，变现一批有价证券，现金持有量又重新恢复到最高点，如此循环往复。因此，平均的现金持有量可以按每次有价证券变现数量的1/2计算。具体现金变动模式如图9-2所示。

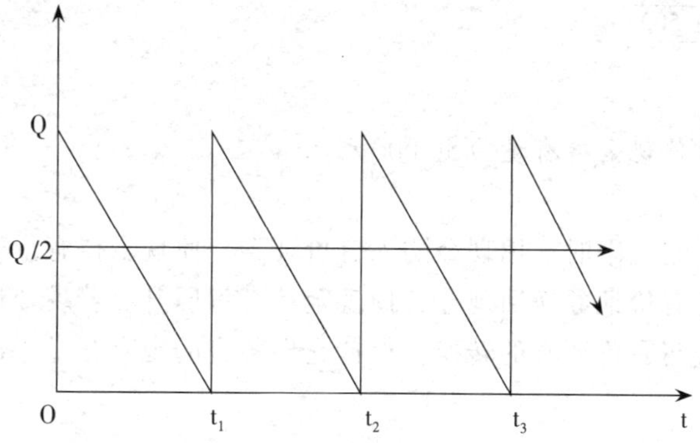

图9-2　现金持有量变动示意图

在全年现金需求总量一定的情况下，现金的持有量越大，现金与有价证券的转换次数就越少。这样，现金的机会成本与转换成本就呈反方向变化。机会成本与转换成本之和最低时的现金持有量即为企业的最佳现金持有量。存货模式下的最佳现金持有量可以用图 9-3 表示。

假设C为持有现金的总成本，i为持有现金的机会成本率，b为现金与有价证券的转换成本，D为一定时期的现金需求总量，Q为最佳现金持有量，则持有现金的总成本可用下式表示：

$$C = \frac{Q}{2}i + \frac{D}{Q}b$$

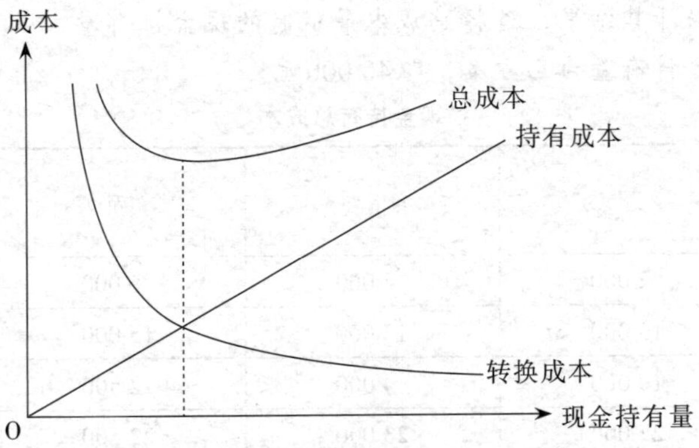

图9-3　存货模式下的最佳现金持有量

通过一次求导可得：

$$C' = \left(\frac{Q}{2}i + \frac{D}{Q}b\right)' = \frac{i}{2} - \frac{Db}{Q^2}$$

令 $C'=0$，即 $\frac{i}{2} - \frac{Db}{Q^2}=0$，求得最佳现金持有量为：

$$Q = \sqrt{\frac{2Db}{i}}$$

【例 9-3】某企业的现金流量稳定，预计全年的现金需求总量为 250 000 元，现金与有价证券的每次固定转换成本为 500 元，有价证券的年收益率为 10%。要求：采用存货模式确定该企业的最佳现金持有量。

根据存货模式的公式可计算出该企业的最佳现金持有量：

$$Q = \sqrt{\frac{2 \times 250\,000 \times 500}{10\%}}$$

$=50\,000$（元）

所以，该企业最佳现金持有量为 50 000 元。

（四）随机模式

当现金量达到控制上限时，用现金购入有价证券，使现金持有量下降；当现金量降到控制下限时，则抛售有价证券换回现金，使现金持有量回升。若现金量在控制的上下限之内，则不必进行现金与有价证券的转换，保持它们各自的现有存量。这种对现金持有量的控制如图 9-4 所示。

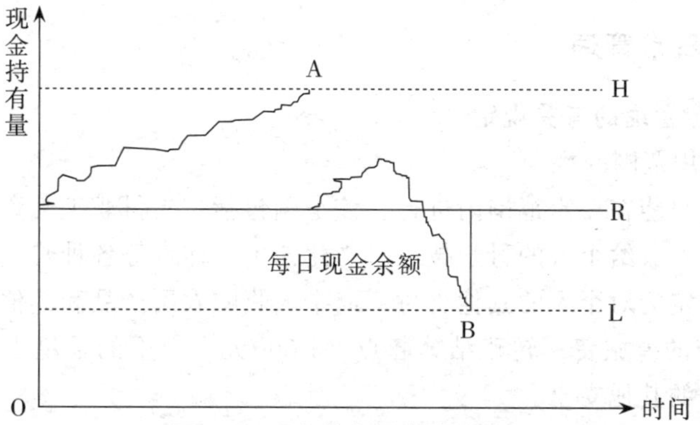

图9-4　现金持有量的随机模式

从图9-4中可以看到，企业的现金存量（表现为每日现金余额）是随机波动的。

现金存量在上下限之间的波动属控制范围内的变化，是合理的，可不予理会。以上关系中的上限H、现金返回线R可按下列公式计算：

H=3R-2L

$$R = \sqrt[3]{\frac{3b\delta^2}{4i}} + L$$

【例9-4】假定某公司有价证券的年利率为9%，每次固定转换成本为50元，公司认为任何时候其银行活期存款及现金余额均不能低于1 000元，又根据以往经验测算出现金余额波动的标准差为800元。试计算最优现金返回线和现金控制上限。

有价证券日利率=9%÷360=0.025%

$$R = \sqrt[3]{\frac{3b\delta^2}{4i}} + L = \sqrt[3]{\frac{3 \times 50 \times 800^2}{4 \times 0.025\%}} + 1\,000 = 5\,579\text{（元）}$$

H=3R-2L=3×5 579-2×1 000=14 737（元）

这样，当公司的现金余额达到14 737元时，即应以9 158元（14 737-5 579）的现金去投资于有价证券，使现金持有量回落为5 579元；当公司的现金余额降至1 000元时，则应转让4 579元（5 579-1 000）的有价证券，使现金持有量回升为5 579元。这可以表示为图9-5。

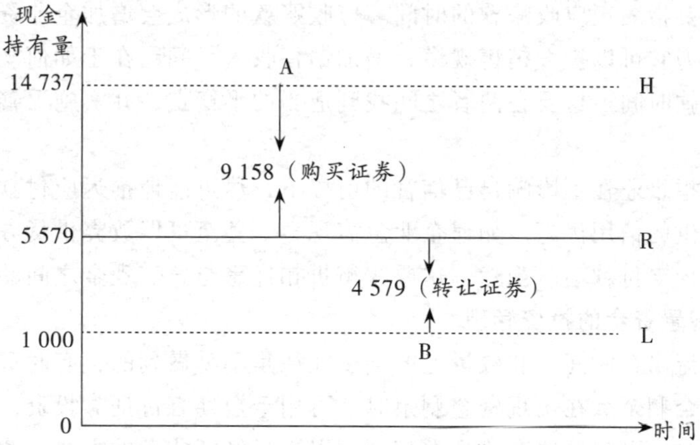

图9-5　现金持有量随机模式的示例

三、现金的日常管理

（一）遵守现金管理的有关规定

1.遵守现金使用范围的规定

企业使用现金只能在一定范围内进行，该范围包括：支付职工工资、津贴；支付个人劳务报酬；按规定发放给个人的科学技术、文化艺术、体育等各种奖金；支付个人劳保福利费用以及国家规定的对个人的其他支付；向个人收购农副产品和其他物资的价款；出差人员必须随身携带的差旅费；转账结算起点（1 000元）以下的零星支出；中国人民银行确定需要支付现金的其他支出。

2.遵守库存现金限额的规定

企业库存现金由其开户银行根据企业的实际需要核定限额，一般以不超过3～5天的零星开支额为限。

3.钱、账分管，建立现金交接手续

出纳和会计必须分开，要做到管钱的不管账，管账的不管钱。

4.严格现金存取手续，不得坐支现金

开户单位收入的现金应于当日及时送存银行，当日送存银行确有困难的，由开户银行确定送存银行的时间，企业不得从销售取得的现金中直接支付交易款。

（二）加强现金的收支管理

现金收支管理的目的在于提高现金使用效率，为达到这一目的，应当做好以下几方面工作：

1.利用现金“浮游量”

从企业开出支票、收票人收到支票并存入银行，至银行将款项划出企业账户，中间需要一段时间。现金在这段时间的占用称为现金浮游量。在这段时间里，尽管企业已开出了支票，却仍可动用在活期存款账户上的这笔资金。利用现金浮游量需要谨慎，一定要控制好使用的时间，否则会发生银行存款透支的现象。

2.加速收款

加速收款主要指缩短应收账款的时间。应收账款的形成会增加企业资金的占用，但它又是必要的，因为它可以扩大销售规模、增加销售收入。问题在于如何既利用应收款吸引顾客，又缩短收款时间。这要在两者之间找到适当的平衡点，并实施妥善的收账策略。

3.推迟付款

推迟付款是指企业在不影响自己信誉的前提下，尽可能地推迟应付款的支付期，充分运用供货方所提供的信用优惠。如遇企业急需现金，甚至可以放弃供货方的折扣优惠，在信用期的最后一天支付款项。当然，这要权衡折扣优惠与急需现金之间的利弊得失而定。

（三）做好闲置资金的投资管理

现金流入与流出在时间上和数量上的同步往往是不易做到的，有时资金不足，有时也会出现暂时的资金剩余。在出现资金剩余时，可用于短期有价证券投资，以获取一定的收益；当资金不足时，可将这些有价证券变现，以满足经营业务的需要。若将暂时闲置的资金投资有价证券，应优先考虑安全性和流动性，以便在需要现金时，能够迅速地将其变为现金，而不应过分追求收益性。

第三节 应收账款的管理

一、应收账款的功能和成本

（一）应收账款的功能

应收账款的功能是指应收账款在企业生产经营活动中的作用，主要表现为以下两个方面：

1.促进销售

在市场经济中，采用赊销方式为客户提供商业信用，可以提高企业产品的竞争力，促进产品销售，提高产品的市场占有率。

2.减少存货

赊销促进产品销售，自然就减少了企业库存商品的数量，加快了企业存货的周转速度，并进一步降低与存货有关的管理费用、仓储费用、保险费等各方面的支出。

（二）应收账款的成本

1.机会成本

应收账款的机会成本是指企业的资金因被占用在应收账款上而丧失的其他投资收益，通常用投资于有价证券的收益率来表示。

2.管理成本

应收账款的管理成本是指企业对应收账款进行管理所发生的费用支出，主要包括对客户的资信调查费用、应收账款账簿记录费用、催收账款发生的费用、其他用于应收账款的管理费用等。

3.坏账成本

应收账款的坏账成本是指应收账款无法收回而给企业可能带来的经济损失。

二、信用政策的确定

（一）信用标准

1.品质（Character）

这一标准主要是针对客户是否自觉遵守还款协议而言，企业必须设法了解客户过去的付款记录，看其是否有按期如数付款的一贯做法，以及与其他供货企业的关系是否良好，以此评价其品质信用的高低。

2.能力（Capacity）

这一标准主要针对客户的偿债能力而言，主要考察其流动资产的数量和质量。

3.资本（Capital）

这一标准主要针对客户的财务实力和财务状况而言，表明客户可能偿还债务的背景。

4.抵押（Collateral）

这一标准主要针对客户拒付款项或无力支付款项时能被用作抵押的资产而言，这一点对于不知底细或信用状况有争议的客户尤为重要。

5.条件（Conditions）

这一标准主要针对可能影响客户付款能力的经济环境而言，万一出现经济不景气，会对客户的付款产生什么影响，由此需要了解客户在过去困难时期的付款历史。

（二）信用条件

信用条件即信用规定，是指企业接受客户信用订单时所提出的具体付款条件，主要包括信用期限和现金折扣。信用条件的表示通常采用如“3/20，2/30，n/40”的符号形式，其含义为：20天内付款，可享受3%的现金折扣优惠，即只需支付原价的97%；30天内付款，可享受2%的现金折扣优惠；40天为付款的最后信用期限，此时付款无优惠。信用期限越长，现金折扣比率越高，越有利于增加销售，但同时又会增加应收账款的机会成本、坏账成本和现金折扣成本等。

（1）信用期限。信用期限是企业提供给客户从购买货物到支付货款的限定时间。

（2）现金折扣。现金折扣是企业提供给客户在规定的优惠期限内支付货款所享受的价格扣减。

不论是信用期限还是现金折扣，都可能给企业带来收益，但也会增加成本。当企业给客户提供某种信用条件时，应当考虑其所能带来的收益与成本孰高孰低，权衡利弊，做出抉择。

【例9-5】某企业的销售利润率为20%，同期有价证券的年利息率为15%。在信用标准一定的情况下，现有两种信用条件可供选择。两种信用条件的有关资料见表9-4。试计算分析该企业采用哪一种信用条件更好。

表9-4 **两种信用条件的有关资料**

项目	A方案	B方案
信用条件	无现金折扣，50天内付清	3/30，n/50
销售收入	100 000元	150 000元
应收账款的平均收现期	75天	60天
需付现金折扣的比例	0	40%
应收账款的管理成本	1 200元	850元

根据表9—4计算两种信用条件对利润的影响，见表9—5。

表9-5 **两种信用条件下的利润计算** 单位：元

项目	A方案	B方案	差额
销售利润	100 000×20%=20 000	150 000×20%=30 000	10 000
应收账款机会成本	100 000×15%×75÷360=3 125	150 000×15%×60÷360=3 750	625
现金折扣成本	0	150 000×3%×40%=1 800	1 800
应收账款管理成本	1 200	850	-350
应收账款成本总额	4 325	6 400	2 075
利润额	15 675	23 600	7 925

从表9-5可知，选择A方案可以实现15 675元利润，而选择B方案可以实现23 600元利润，比A方案多7 925元。因此，选择B方案更好，即采用带有现金折扣的信用条件。

小贴士

应收账款的机会成本=应收账款占用资金×资本成本率（证券利息率）

应收账款占用资金=应收账款平均余额×变动成本率

应收账款平均余额=日销售额×平均收现期

由以上公式可以推出：

应收账款的机会成本=日销售额×平均收现期×变动成本率×资本成本率

【例9-5】为不考虑变动成本情况下应收账款机会成本的计算方法，即可简化为：

应收账款的机会成本=全年销售额/360×平均收现期×资本成本率

（三）收账政策

企业在决定向客户提供商业信用时，实际上就已经承担了客户违反信用条件、拖欠货款的风险。因此，企业在制定信用政策时，就应当考虑到客户违反规定的信用条件、拖欠货款时的收款政策。

因此，在确定收账政策时，必须比较增加的收账成本与减少的应收账款成本的大小。一般来说，收账费用支出越多，坏账成本越少，但这两者并不一定是线性关系。

不同收账政策下的收账费用与坏账成本如图9-6所示。

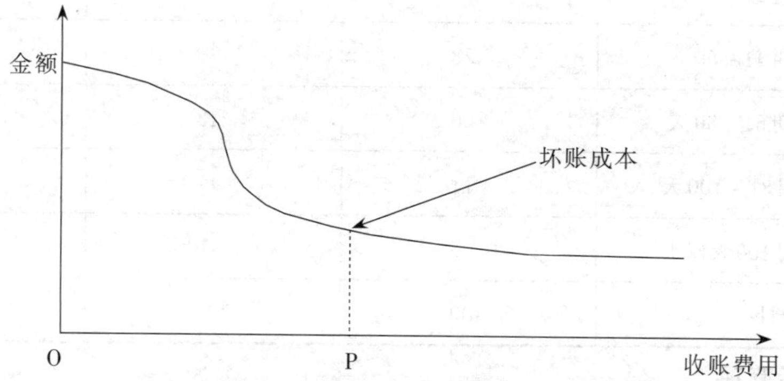

图9-6　不同收账政策下的收账费用与坏账成本

从图9-6可以看出，当收账费用增加到P点后，继续增加收账费用，坏账成本不再明显降低，此时，继续增加收账费用，收效甚微。因此，收账费用有一个最佳点，企业应比较不同收账政策下的收账费用和坏账成本，以确定最佳的收账策略。

三、应收账款的日常管理

（一）事前预防

1.建立销售责任制和赊销审批制

对应收账款的回收，应明确规定谁经办、谁负责，对销售人员实行销售量与货款回笼双向考核，建立催收账款的奖惩制度。

2.加强合同的管理和审查

与客户商谈业务的情况，应及时以书面协议或合同的形式记录下来，以制约少数客户的赖账行为，并为日后的诉讼提供法律凭据。对销售合同的审查主要考察合同标的是否正确完整、价格和结算方式是否合理、违约责任是否明确等方面。

3.积极开展信用调查和信用评估工作

信用调查是获取客户信用资料的基础性工作，信用评估则是根据信用调查收集到的信用资料，采用一定的方法来估计客户的信用状况。只有了解客户的信用情况，才能正确制定和及时调整对客户的信用政策。

（二）事中监控

应收账款一旦为客户所欠，赊销企业就必须考虑如何按期足额收回的问题。一般来讲，拖欠时间越长，款项收回的可能性越小。对此，企业应实施严密的监督，随时掌握回收情况。实施对应收账款收回情况的监督，可以通过编制账龄分析表进行。

账龄分析表是根据应收账款发生时间（账龄）长短而编制的表格，其一般格式见表9-6。

表9-6 **应收账款账龄分析表**

2022年12月31日

应收账款账龄	客户数量	欠款金额（万元）	比例（%）
信用期以内	180	80	40
超过信用期1～20天	100	38	19
超过信用期21～40天	55	22	11
超过信用期41～60天	28	20	10
超过信用期61～80天	20	18	9
超过信用期81～100天	11	12	6
超过信用期100天以上	6	10	5
合计	400	200	100

（三）事后管理

1.做好悬账、呆账的清算工作

悬账是指公司与客户因业务纠纷而引起结算过程中断，从而暂时无法收回的账款，常由客户拒付而引起。呆账是指公司长期逾期未清账款。悬账和呆账拖延越久，越有可能转变为坏账。

2.坏账损失的处理

坏账损失有时无法避免，为了使公司的收入和费用相匹配，企业常按期预提坏账准备。企业可根据具体情况，采用应收账款余额百分比法、账龄分析法、个别认定法等方法先预提坏账准备，计入当期的资产减值损失。在实际发生坏账时，再冲减坏账准备金。

第四节 存货的管理

一、存货的功能、成本及存货管理的目标

（一）存货的功能

存货的功能是指存货在生产经营活动中的作用，主要表现为以下两个方面：

1.保证生产经营正常进行

必要的原材料和半成品是企业正常生产的前提和保证。实际上，企业很少能做到随时购入生产所需的各种物资，不仅会出现某种材料采购困难的情况，还有企业距供货点较远需要途中运输及可能出现运输故障的情况。

2.满足市场销售的需要

必要的产成品和库存商品的储备，有利于满足销售的需要。

（二）存货的成本

1.采购成本

采购成本是构成存货本身价值的成本，主要包括买价、运杂费等。

2.订货成本

订货成本是指企业为组织订购存货而发生的各种费用支出，如为订货而发生的差旅费、邮资、通信费、专设采购机构的经费等。

3.储存成本

储存成本是指在存货储存过程中发生的各种费用支出，如仓储费、保管费、保险费、存货残损变质损失、仓库折旧费和维修费等。

4.短缺成本

短缺成本是由于存货数量短缺不能及时满足企业生产和销售的需要而对企业造成的经济损失，如原材料储备不足造成的停工损失、商品储备不足造成销售中断的损失等。

（三）存货管理的目标

企业持有充足的存货，不仅有利于生产过程的顺利进行，节约采购成本与生产时间，而且能够迅速地满足客户各种订货的需要，从而为企业的生产与销售提供较大的机动性，避免因存货不足带来的机会损失。

因此，进行存货管理，就要尽力在存货的功能（收益）与存货成本之间进行利弊权衡，在充分发挥存货功能的同时降低成本，增加收益，实现两者的最佳结合。这也就是存货管理的目标。

二、经济订货量的计算

按照存货管理的目标，企业需要确定并保持合理的存货量，而控制存货量的关键在于确定存货的经济订货量。如果每次材料的采购数量是合理的，在产品、产成品的生产批量是恰当的，就可以使存货占用数量在很大程度上得到有效的控制。存货的经济订货量是指在保证企业生产经营活动正常进行的情况下，能使企业一定时期存货的相关总成本达到最低的进货批量。

(一) 经济订货量的一般模型

存货经济订货量的一般模型存在以下基本假设:

(1) 企业一定时期内存货的需求量均匀稳定,并且能准确预测;

(2) 企业能够及时补充存货,即需要订货时便可立即取得存货;

(3) 每次订货可以集中到货,而不是陆续供应;

(4) 不允许缺货,即无缺货成本;

(5) 存货的价格稳定,并且不存在数量折扣;

(6) 所需资金、市场供应及仓储条件不受限制,不会因买不到存货或存货没地方存而受到影响。

在上述假设的情况下,由于存货每天需要量均匀稳定,因此每次到货后存货量达到最高点,随着每天存货的耗用,存货量呈直线下降的趋势,当存货降至零时,提出要货,并且立即到货,存货量又重新恢复到最高点,如此循环往复。因此,平均的存货量可以按每次订货量的1/2计算。

此外,在上述假设情况下,在存货经济订货量决策基本模型中,采购成本、缺货成本、订货固定成本和储存固定成本与存货订货量的决策是无关的,属于无关成本,可以不予考虑。

设D表示一定时期存货需求总量;Q表示每次订货量;K_c表示单位储存变动成本;K表示每次变动订货成本;T表示存货相关总成本。则:

$$T=\frac{DK}{Q}+\frac{QK_c}{2}$$

当D、K、K_c为常数时,T的大小取决于Q。经济订货量就是能够使一定时期存货相关总成本T为最低的每次订货量。为了求得T的极小值,对其求导演算:

$$T'=\left(\frac{DK}{Q}+\frac{QK_c}{2}\right)'=\frac{K_c}{2}-\frac{DK}{Q^2}$$

令$T'=0$,即$\frac{K_c}{2}-\frac{DK}{Q^2}=0$,得:

$$Q^*=\sqrt{\frac{2DK}{K_c}}$$

Q^*即为经济订货量。

进一步地,每年最佳订货次数:

$$N^*=\frac{D}{Q^*}=\frac{D}{\sqrt{\frac{2DK}{K_c}}}=\sqrt{\frac{DK_c}{2K}}$$

与经济订货量有关的存货相关总成本:

$$T=\frac{DK}{Q^*}+\frac{Q^*K_c}{2}=\sqrt{2DKK_c}$$

【例9-6】某企业每年耗用某种材料3 600千克,该材料单位采购成本为20元,每次订货成本为400元,平均储存变动成本为8元。要求:计算该材料的经济订货量及经济订货批次。

$$经济订货量Q^* = \sqrt{\frac{2DK}{K_c}} = \sqrt{\frac{2 \times 3\ 600 \times 400}{8}}$$

=600（千克）

经济订货批次 N^*=3 600÷600=6（次）

（二）有数量折扣的经济订货量

有数量折扣的经济订货量一般按以下步骤进行决策：

第一，按照存货经济订货量的一般模型计算在没有数量折扣情况下的经济订货量及存货总成本；

第二，依据不同订货量折扣的优惠价格，计算在不同折扣起点订货的相关总成本；

第三，比较不考虑数量折扣的经济订货量与各折扣起点订货量下的存货总成本，其中总成本最低的批量就是最佳订货量。

【例 9-7】某企业每年耗用某种材料 9 600 千克，单价为 10 元，每次订货成本为 400 元，单位存货年平均储存变动成本为单价的 30%。供货单位提出，如果一次订货 2 400 千克，在价格上可以享受 2% 的折扣；如果一次订货 4 800 千克，在价格上可以享受 3% 的折扣。要求：确定该材料的经济订货量。

首先，计算不存在折扣的情况下的经济订货量及存货总成本。

$$经济订货量Q^* = \sqrt{\frac{2DK}{K_c}} = \sqrt{\frac{2 \times 9600 \times 400}{10 \times 30\%}}$$

=1 600（千克）

存货总成本 T=$\sqrt{2 \times 9600 \times 400 \times 10 \times 30\%}$+9 600×10=100 800（元）

其次，计算一次订货量为 2 400 千克和 4 800 千克时的存货总成本。

当 Q=2 400 千克时：

单位储存变动成本=10×（1−2%）×30%=2.94（元）

存货总成本 T=9 600×400÷2 400+2 400×2.94÷2+9 600×10×（1−2%）

=1 600+3 528+94 080=99 208（元）

当 Q=4 800 千克时：

单位储存变动成本=10×（1−3%）×30%=2.91（元）

存货总成本 T=9 600×400÷4 800+4 800×2.91÷2+9 600×10×（1−3%）

=800+6 984+93 120=100 904（元）

最后，比较总成本并确定最佳经济订货量。

由于订货量为 2 400 千克时的存货总成本最低，因此应按 2 400 千克组织订货。

（三）一次订货分批送货情况下的经济订货量

经济订货量的一般模型假设每次订货后集中一次到货，而实际上订货后供应商可能分批送货。分批送货一般是在订货间隔期内分次平均供应，设 M 为每次订货的送货次数，则存货相关总成本为：

$$T = \frac{DK}{Q} + \frac{QK_c}{2M}$$

经济订货量是能够使一定时期存货相关总成本 T 为最低的每次订货量。当 D、K、K_c、M 为常数时，T 的大小取决于 Q。为了求得 T 的极小值，对其求导演算：

$$T' = \left(\frac{DK}{Q} + \frac{QK_c}{2M}\right)' = \frac{K_c}{2M} - \frac{DK}{Q^2}$$

令T′=0，即 $\frac{K_c}{2M} - \frac{DK}{Q^2} = 0$，得：

$$Q^* = \sqrt{\frac{2DKM}{K_c}}$$

Q^*即为一次订货分批送货情况下的经济订货量。

【例9-8】某企业每年耗用某种材料10 800千克，该材料每次订货成本为400元，单位存货年平均储存变动成本为6元。通过与供货厂商协商，每次订货分4次平均供货。要求：确定该材料的经济订货量。

该材料的经济订货量：

$$Q^* = \sqrt{\frac{2DKM}{K_c}} = \sqrt{\frac{2 \times 10\,800 \times 400 \times 4}{6}}$$

=2 400（千克）

该材料与经济订货批量有关的存货总成本：

T=10 800×400÷2 400+2 400×6÷（2×4）

=1 800+1 800=3 600（元）

该材料的全年经济订货次数：

N^*=10 800÷2 400=4.5（次）

（四）订货提前期、再订货点

经济订货量的一般模型假设可以立即到货，实际上企业的存货不能做到随用随时补充，因此不能等到存货用完再去订货，而需要在没有用完时提前订货。在提前订货的情况下，企业再次发出订货单时尚有的存货库存量，称为再订货点。这样，当等到下批订货到达时，原有存货刚好用完。此时，与存货有关的每次订货批量、订货次数、订货间隔时间等并无变化。也就是说，订货提前期对经济订货量并无影响，只不过在达到再订货点时及时发出订货单罢了。

设R表示再订货点；d表示每天平均需要量；L表示订货提前期。

如果不考虑保险储备，再订货点R=L·d。

然而，实际上每天存货的需要量可能是不均匀的，存货在途时间也可能由于种种原因被拖延。因此，在确定再订货点时应当考虑必要的保险储备。保险储备是为了防止存货耗用突然增加或交货延期而建立的最低储备量，它取决于订货提前期及每天存货需求的变化情况。

在不允许缺货的情况下，保险储备为：

u=（m-d）·L

式中，m表示每天最大需要量。

如果考虑保险储备，再订货点R=L·d+u=m·L。

【例9-9】某企业每天正常耗用某种材料50千克，该材料从发出订单到货物验收入库需要15天，该材料每天最大需要量估计为100千克。

该材料的保险储备量为：

u=（m-d）·L=（100-50）×15=750（千克）

该材料的再订货点为：

$R=L\cdot d+u=50\times15+750=1\ 500$（千克）

三、存货的日常管理

（一）存货归口分级管理

存货归口分级管理是企业加强存货日常管理的一种重要方法。企业的存货以各种形态分布在生产经营的各个环节，由从事供、产、销活动的各有关职能部门掌握使用。企业的存货管理，应当在财务部门集中管理的前提下，实行存货的归口分级管理，这一管理方法包括以下三项内容：

1.实行存货资金集中统一管理

财务部门的职能决定了它应当集中统一管理企业的存货资金，促进供、产、销互相协调，实现企业资金使用的综合平衡，加速资金周转。财务部门集中管理存货资金，应当负责以下具体工作：

（1）根据国家财务制度和企业具体情况，统一制定并组织执行企业存货管理制度；

（2）认真核定和平衡各项存货资金定额，汇总编制存货资金计划；

（3）将各项存货资金计划指标进行分解，并分配落实到各有关职能部门；

（4）统筹调度各项资金的使用，对各职能部门的资金运用情况进行检查和分析，实现资金收支平衡。

2.实行存货资金的归口管理

按照使用资金与管理资金相结合、物资管理和资金管理相结合的原则，将存货管理落实到各个部门。每项存货资金由哪个部门使用，就归口给哪个部门管理。各项资金归口管理的分工一般如下：

（1）原材料、辅助材料、燃料、包装物等占用的资金归供应部门管理；

（2）在产品和自制半成品等占用的资金归生产部门管理；

（3）产成品和外购商品等占用的资金归销售部门管理；

（4）办公用品等占用的资金归行政部门管理。

3.实行存货资金的分级管理

各归口管理部门应根据本部门的具体情况，将存货资金计划指标进行分解，分配给所属单位或者个人，层层落实，实行分级管理。具体分解过程可按如下方式进行：

（1）原材料资金计划指标可分配给供应计划、材料采购、仓库保管各业务组管理；

（2）在产品资金计划指标可分配给各车间、半成品库管理；

（3）成品资金计划指标可分配给销售、仓库保管、成品发运各业务组管理。

（二）存货的ABC分类管理

企业的存货品种繁多，有的存货数量少，但价值很高；有的存货数量多，但价值较小。因此，对存货的管理不必事无巨细，面面俱到，应当分清主次。ABC分类管理正是基于这一考虑而提出的突出重点的一种管理方法，它是由意大利经济学家巴雷托于19世纪首创的，以后经不断发展和完善，已广泛用于存货管理、成本管理、生产管理等。存货的ABC分类管理法就是根据存货的品种比重和金额比重将存货分为A、B、C三类，区别对待，分类管理。其基本步骤如下：

1.编制品种序列表

品种序列表是将存货按其金额或耗用额从大到小排列而编制的表格。由于存货品种很多，逐一排列可能非常麻烦，为此也可以将存货按照存货金额进行适当分层后再按照金额从大到小的顺序进行排列。

例如，H企业存货分层后，编制的品种序列表见表9-7。

表9-7 **H企业存货品种序列表**

分层范围	品种数（种）	品种比重（%）	金额（万元）	金额比重（%）
10万元以上	15	3	470	47
5万~10万元	25	5	180	18
1万~5万元	80	16	220	22
0.5万~1万元	100	20	80	8
0.1万~0.5万元	150	30	40	4
0.1万元以下	130	26	10	1
合计	500	100	1 000	100

2.进行A、B、C分类

在品种序列表中自上至下依次找出A、B、C三类物资，其划分标准见表9-8。

表9-8 **存货ABC分类标准**

类别	品种比重（%）	金额比重（%）
A	5~10	70~75
B	10~20	10~20
C	70~75	5~10

按表9-8的存货划分标准，可以将H企业的存货划分为三类，如表9-9所示。

表9-9 **H企业的存货ABC分类**

类别	品种	品种比重（%）	金额比重（%）
A	金额在5万元以上的存货	8	65
B	金额在1万~5万元之间的存货	16	22
C	金额在1万元以下的存货	76	13

3.确定管理标准

一般来说，A类存货应作为管理的重点，在订货批量上应严格按照经济订货量组织订货，存货检查上要经常检查其存货数量。C类存货采取宽松的管理，无须逐项计算其经济订货量和再订货点，可增大每次订货量，减少订货次数，另外在存货检查上可以采取定期检查的方式。B类存货可以一般对待，有的可以宽松一些，有的可以严一些。

（三）存货的JIT管理

准时制（JIT）是存货在需要时才取得并进入生产过程的一种存货管理和控制的方法。在JIT下，小批量、按订单组织生产的生产方式代替了传统的大批量、连续式的生产方式，形成适时生产系统，但其运转要求有一套十分准确的生产和存货信息系统、高效率的采购系统、可靠的供应商网络和有效率的存货处理系统。

本章小结

本章主要是了解现金、应收账款、存货的管理方法。本章学习的重点与难点有营运资本管理策略，持有现金的目的，成本分析模式、存货模式、现金周转模式对目标现金持有量的确定公式，存货成本的内容，经济订货批量模型的基本公式。

营运资金管理在企业销售及采购业务中处于重要地位，对企业利润目标的实现会产生重大影响。营运资金管理应是对销售工作的控制而不是限制，它的宗旨是促进销售部门减少销售风险，提高利润水平。所以，企业管理者应重视企业的营运资金管理工作。

核心词汇

营运资金　最佳现金持有量　现金周转期　应付账款周转期　存货周转期　现金周转率　信用政策　经济订货量　ABC分类管理　JIT管理

思政小课堂

营运资金的管理是在流动性与收益性之间进行权衡，也是在成本与效益之间进行权衡。一方面，要求企业缩短营业周期，加速资金周转，加快变现过程，提高资金使用效率；另一方面，要在保证生产经营需要的前提下，遵守勤俭节约的原则，尽力降低资金使用成本。

党的二十大报告提出，在全社会弘扬劳动精神、奋斗精神、奉献精神、创造精神、勤俭节约精神，培育时代新风新貌。勤俭节约是中华民族的传统美德，是中华文明的智慧结晶和精华所在，也是中国共产党人的光荣传统和政治本色。

知识演练

一、单项选择题

1.现金折扣成本是一项（　　）。

A.筹资费用　　B.销售成本　　C.收账成本　　D.管理成本

2.在存货分析模式下最佳货币资金持有量出现在（　　）时。

A.持有成本大于转换成本　　B.持有成本小于转换成本

C.持有成本等于转换成本　　D.持有成本和转换成本之和最大

3.某企业应收账款周转期为40天，存货周转期为20天，应付账款周转期为30天，则该企业现金周转期为（　　）天。

A.10　　B.30　　C.-10　　D.-30

4.在现金持有量的成本分析模式和存货模式中均需要考虑的因素包括（　　）。

A.管理成本　　B.转换成本　　C.短缺成本　　D.机会成本

5.某企业年赊销额500万元（一年按360天计算），应收账款平均收账期为36天，资金成本率为8%，则企业的应收账款机会成本为（　　）万元。

A.4.2　　B.2.4　　C.30　　D.4

6.信用标准是（　　）的重要内容。

A.信用条件　　B.信用政策　　C.收账政策　　D.信用期限

7.坏账损失和收账费用是（　　）的考虑要点。

A.制定收账政策　　B.制定信用政策

C.制定信用标准　　D.确定信用条件

8.存货控制法中，A类物资属性是（　　）。

A.金额大、数量多　　B.金额小、数量少

C.金额大、数量少　　D.金额小、数量多

9.要获得商业折扣模型的最优解，必须先计算（　　）的订货批量。

A.经济批量模型　　B.陆续到货模型

C.最小单价段　　D.最大单价段

10.下列各项中不属于存货经济进货批量基本模式假设条件的是（　　）。

A.不存在数量折扣　　B.存货的耗用是均衡的

C.仓储条件不受限制　　D.可能出现缺货的情况

二、多项选择题

1.流动资产的特点有（　　）。

A.流动性　　B.继起性　　C.并存性　　D.补偿性

2.货币资金包括（　　）。

A.银行存款　　B.应收款项　　C.其他货币资金　　D.库存现金

3.企业持有现金的动机包括（　　）。

A.国家政策性需要　　B.交易性动机

C.预防性动机　　D.投机性动机

4.最佳货币资金持有量确定的成本分析模式涉及（　　）。

A.机会成本　　B.管理成本　　C.转换成本　　D.短缺成本

5.货币资金日常管理应注意（　　）。

A.缩短收款时间　　B.推迟付款日期

C.利用闲置资金　　D.尽量不用货币资金

6.应收账款的功能包括（　　）。

A.促进销售　　B.减少存货　　C.增加现金　　D.减少借款

7.不适当地延长信用期限给企业带来的后果包括（　　）。

A.应收账款机会成本增加　　B.坏账损失减少

C.坏账损失增加　　D.收账费用增加

8.经济批量模型的假设包括（　　）。

A.存货单价不变　　B.不允许缺货　　C.存货消耗均匀　　D.订货瞬时到达

9.存货控制的方法有（　　）。

A.商业折扣模型　B.适时性管理　C.经济批量模型　D.分级归口控制

10.存货成本中与订货批量紧密相关的项目有（　　）。

A.购置成本　B.变动成本　C.订货成本　D.储存成本

三、判断题

1.营运资金就是流动资产。（　　）

2.企业营运资金越多，则企业的风险越大，收益率越高。（　　）

3.持有现金的成本包括持有成本、转换成本、短缺成本、管理成本。（　　）

4.增加收账费用，就会减少坏账损失，当收账费用增加到一定程度时，就不会发生坏账损失。（　　）

5.存货的取得成本是由购置成本和订货成本两部分构成的，这两部分成本都是实际发生的，都是存货控制决策中的相关成本。（　　）

6.流动资金在企业正常经营中是必需的，企业的流动资金，特别是其中的货币资金越多越好。（　　）

7.成本分析模式下当机会成本、管理成本和短缺成本之和最小时的货币资金持有量是最佳的。（　　）

8.企业是否延长信用期限，应将延长信用期后增加的销售利润与增加的机会成本、管理成本和坏账成本进行比较。（　　）

9.存货ABC分类管理中，C类物资是指数量少、价值低的物资。（　　）

10.存货分级归口控制要求使用资金和管理资金相结合、物资管理和资金管理相结合。（　　）

四、计算题

1.某企业预计明年货币资金总需求为500万元，拟用短期有价证券变现取得，每次买卖证券的经纪费用为120元，证券月利率为1%。

要求：确定货币资金最佳持有量及最小相关总成本。

2.A企业2022年销售收入10 000元，销售利润2 000元，边际贡献率30%，固定成本1 000元。假定该企业预测2023年边际贡献率和固定成本都无变化。A企业准备在2023年延长信用期并提供现金折扣，资料见表9-10。

表9-10　**A企业延长信用期前后有关资料**

项目	2022年	2023年
信用期限	20天	30天
现金折扣	（0/0，n/20）	（2/10，n/30）
销售收入	10 000元	14 000元
平均收账期	20天	15天
市场利息率	10%	10%
坏账损失率	3%	1%

估计取得现金折扣的销售额占总销售额的百分比为40%。

要求：通过计算判断2023年是否变更信用条件。

3. 某企业所需某种材料采购总量1 000吨，材料单价5 000元，每次采购费用800元，每吨材料平均保管费用40元。

要求：计算经济采购批量及订货周期。

4.A企业全年需K部件10 000件。当采购量小于200件时，单价为50元；当采购量达到200件时，单价为48元；当采购量达到500件时，单价为46元；当采购量达到1 000件时，单价为45元。每次订货的变动性订货成本为20元，每件K部件年变动性储存成本为10元。

要求：计算最优采购批量及最小相关总成本。

5.B企业全年需S原料1 000吨，订货后每天能运达10吨，而企业每天需消耗3吨。每次订货的订货成本为70元，每吨S原料平均储存成本20元。

要求：计算最优订货批量及全年最低相关总成本。

第十章

利润分配管理

学习目标

党的二十大报告指出："坚持按劳分配为主体、多种分配方式并存，构建初次分配、再分配、第三次分配协调配套的制度体系。"这一重要部署，对于正确处理效率与公平的关系，在发展的基础上不断增进人民福祉，逐步缩小收入差距，扎扎实实朝共同富裕的目标迈进具有非常重要的意义。初次分配制度、再分配制度、第三次分配制度，在促进共同富裕中具有不同的功能和作用，要相互协调配套。

企业通过经营活动赚取收益之后，应将其在国家、企业、股东、企业职工、债权人等相关各方之间进行分配，这一过程就是利润分配的过程。由于分配活动涉及各当事人的切身利益，分配不当会影响企业的生存和发展。因此，在利润分配的过程中，应对哪些项目进行分配、采取何种顺序和方式进行分配、应采用何种利润分配政策，如何合理进行利润分配就是财务管理活动的重要内容之一，也是本章所要讨论的内容。

通过本章的学习，应达到以下目标：

1.思政目标：

※认识到利润分配要遵循国家财经法规，兼顾企业所有者、经营者和职工的利益，增强自身的法治意识、平等和全局观念。

2.知识目标：

※了解利润分配原则和股利支付程序；

※理解我国公司制企业利润分配的一般程序、影响股利分配的因素；

※掌握几种常用的股利分配政策、现金股利与股票股利的基本内容。

3.能力目标：

※能阐述不同股利分配政策的优缺点；

※能阐述利润分配政策的流程和股利的不同类型。

引导案例

贵州茅台与五粮液的分红

央广网北京2023年5月4日消息（记者唐明）：据中央广播电视总台经济之声《环球新财讯》报道，2022年，A股上市公司派现额再创新纪录。机构统计数据显示，2022年各个季度已经派发的分红，加上2022年年报分红预案派现额，A股上年派现总额超过2.1万亿元，派现总额历史上首次突破2万亿元大关。越来越多的上市公司通过现金分红回馈投资者，资本市场里的“铁公鸡”越来越少。

五粮液（000858）2023年6月16日发布公告，公司2022年度利润分派方案为：以公司现有总股本3 881 608 005股为基数，向全体股东每10股派37.82元人民币现金(含税)。股权登记日为2023年6月26日，除权除息日为2023年6月27日。

贵州茅台（600519）2023年6月25日晚间发布2022年年度权益分派实施公告，本次利润分配以方案实施前的公司总股本1 256 197 800股为基数，每股派发现金红利25.911元（含税），共计派发现金红利325.49亿元。股权登记日是2023年6月29日，除权（息）日是2023年6月30日，现金红利发放日是2023年6月30日。本次利润分配方案经公司2023年6月13日的2022年度股东大会审议通过。

【案例思考】

同学们想一想：贵州茅台为什么要支付那么高的股利呢？

第一节　利润分配概述

一、利润分配基本原则

（一）依法分配原则

企业的收入分配必须依法进行。为规范企业的利润分配行为，国家制定和颁布了若干法规，这些法规规定了企业利润分配的基本要求、一般程序和重大比例。企业的利润分配必须认真执行这些规定，这是正确处理企业各项财务关系的关键。

（二）分配与积累并重原则

企业的利润分配，要正确处理长期利益和近期利益这两者的关系，坚持分配与积累并重的原则。企业除按规定提取盈余公积以外，可适当留存一部分利润作为积累，这部分未分配利润仍归企业所有者所有。这部分积累的净利润不仅可以为企业扩大生产筹措资金，增强企业发展能力和抵抗风险的能力，同时，还可以供未来年度进行分配，起到以丰补歉、稳定投资报酬率、平抑利润分配数额波动的作用。

（三）兼顾职工利益原则

企业的利润分配必须兼顾各方面的利益。企业的净利润归投资者所有，是企业的基本制度。但企业职工不一定是企业的投资者，净利润就不一定归他们所有，而企业的利润是由全体职工的劳动创造的，他们除了获得工资和奖金等劳动报酬以外，还应该以适当的方式参与净利润的分配。企业在进行收入分配时，应当统筹兼顾，维护各利益相关者的合法权益。

（四）投资与收益对等原则

企业利润分配应当体现“谁投资谁收益”、收益大小与投资比例相适应，即投资与收益对等原则，这是正确处理企业与投资者利益关系的立足点。投资者因投资行为，以出资额依法享有利润分配权，就要求企业在向投资者分配利润时，要遵守公开、公平、公正的“三公”原则，不搞幕后交易，不帮助大股东侵蚀小股东利益，一视同仁地对待所有投资者，任何人不得以在企业中的其他特殊地位牟取私利，这样才能从根本上保护投资者的利益。

【学思笃行】《论语·季氏》中记载：“丘也闻有国有家者，不患寡而患不均，不患贫而患不安。盖均无贫、和无寡、安无倾。”孔子的这一儒家思想体现了社会和谐发展的基本理念和基本逻辑。这里的“均”不是“平均”，而是“均匀”，也即是在分配中体现出的公平、合理。

党的二十大报告提出的“共同富裕”，也不是搞平均主义，而是要扩大中等收入群体规模，形成橄榄形分配结构。党的二十大报告指出：坚持按劳分配为主体、多种分配方式并存，构建初次分配、再分配、第三次分配协调配套的制度体系。努力提高居民收入在国民收入分配中的比重，提高劳动报酬在初次分配中的比重。坚持多劳多得，鼓励勤劳致富，促进机会公平，增加低收入者收入，扩大中等收入群体。在三次分配制度中，初次分配是根据土地、资本、劳动力、数据等各种生产要素在生产过程中的贡献进行分配，体现了效率优先的原则；再分配是在初次分配的基础上通过征收税收和政府非税收入，在各收入主体之间以现金或实物进行的收入再次分配过程，强调公平的原则；第三次分配基于自愿原则和道德准则，由企业、社会组织、家族、家庭和个人等以募集、捐赠、资助、义工等慈善、公益方式对所属资源和财富进行分配。

二、利润分配的一般程序

利润分配程序是指公司制企业根据适用法律、法规或规定，对企业一定期间实现的净利润进行分派必须经过的先后步骤。根据我国《公司法》等的有关规定，公司净利润的分配应按以下顺序进行：

（一）弥补以前年度的亏损

按我国财务和税务制度的规定，企业的年度亏损，可以由下一年度的税前利润弥补，下一年度税前利润不足以弥补的，可以由以后年度的利润继续弥补，但用税前利润弥补以前年度亏损的连续期限不超过5年。5年内弥补不足的，用本年税后利润弥补。税后利润弥补亏损可以用当年实现的净利润，也可以用盈余公积转入。本年净利润+年初未分配利润为企业可供分配的利润，只有可供分配的利润大于零时，企业才能进行后续分配。

【例 10-1】某企业2016年度发生年度亏损100万元，假设该企业2016—2022年度应纳税所得额如表10-1所示。

表10-1　2016—2022年度应纳税所得额　单位：万元

年度	2016	2017	2018	2019	2020	2021	2022
应纳税所得额	-100	20	20	10	15	15	60

根据企业所得税法规定，所得可以全部用来弥补2016年度亏损的年份有哪几年？

该企业2016年的100万元亏损，可分别用2017—2021年的20万元、20万元、10万元、15万元和15万元来弥补，由于2017—2021年的应纳税所得额共计80万元，低于2016年的亏损。这样从2016年到2021年，该企业都不需要交纳企业所得税，应纳税所得额可以全部弥补亏损。剩余未弥补亏损20万元，可用2022年的税后利润弥补。

（二）提取法定盈余公积

可供分配的利润大于零是计提法定盈余公积的必要条件。法定盈余公积以净利润扣除以前年度亏损为基数，按10%提取。当企业年初未分配利润为借方余额时，法定盈余公积计提基数为：本年净利润-年初未分配利润（借方）余额，若企业年初未分配利润为贷方余额，法定盈余公积计提基数为本年净利润，未分配利润贷方余额在计算可供投资者分配的净利润时计入。当企业法定盈余公积达到注册资本的50%时，可不再提取。法定盈余公积主要用于弥补企业亏损和按规定转增资本，但转增资本后的法定盈余公积一般不低于注册资本的25%。提取法定盈余公积的主要目的是增强企业内部积累，有助于扩大企业再生产。

（三）提取任意盈余公积

企业提取法定盈余公积后，经股东大会决议，还可以从税后利润中提取任意盈余公积。这是为了满足公司经营管理的需要，控制向投资者分配利润的水平，以及调整各年度利润分配的波动。

（四）向投资者（股东）分配利润（股利）

企业本年净利润扣除弥补以前年度亏损和提取盈余公积后的余额，加上年初未分配利润贷方余额，即为企业本年可供投资者（股东）分配的利润（股利），按照分配与积累并重原则，确定应向投资者（股东）分配的利润（股利）数额。

【例 10-2】某公司2015年年初未分配利润账户的贷方余额为37万元，2015年发生亏损100万元，2016—2020年的每年税前利润为10万元，2021年税前利润为15万元，2022年税前利润为20万元。所得税税率为25%，盈余公积（含法定盈余公积和任意盈余公积）计提比例为15%。

要求：

（1）2021年是否交纳所得税？是否计提盈余公积？

（2）2022年可供投资者分配的利润为多少？

（1）2021年年初未分配利润 = 37-100+10×5 =-13（万元）

2021年应交纳所得税 = 15×25% =3.75（万元）

2021年税后利润=15－3.75 =11.25（万元）

企业可供分配的利润 = 11.25－13 =-1.75（万元）

不能计提盈余公积。

（2）2022年税后利润=20×（1−25%）= 15（万元）

可供分配的利润 = 15−1.75 = 13.25（万元）

计提盈余公积=13.25×15% = 1.99（万元）

可供投资者分配的利润 = 13.25−1.99 = 11.26（万元）

小贴士

分配给投资者的利润，是投资者从企业获得的投资回报。向投资者分配利润应遵循纳税在先、企业积累在先、无盈余不分利的原则，其分配顺序在利润分配的最后阶段，这体现了投资者对企业的权利、义务以及投资者所承担的风险。

第二节　股利分配政策

股利分配政策是指企业管理层对与股利有关的事项所采取的方针策略，是企业是否发放股利、何时发放股利以及发放多少股利的对策。股利分配在公司制企业经营理财决策中始终占有重要地位。这是因为股利的发放，既关系到公司股东的经济利益，又关系到公司的未来发展。通常较高的股利，一方面可使股东获取可观的投资收益；另一方面还会引起公司股票市价上涨，从而使股东除股利收入外还获得了资本利得。但是过高的股利必将使公司留存收益大量减少，或者影响公司未来发展，或者大量举债，增加公司资本成本负担，最终影响公司未来收益，进而降低股东权益。而较低的股利，虽然使公司有较多的发展资金，但与公司股东的愿望相背离，股票市价可能下降，公司形象将受到损害。因而对公司管理当局而言，如何均衡股利发放与企业的未来发展，并使公司股票价格稳中有升，便成为孜孜以求的目标。

一、股利分配政策类型

股利分配政策的核心问题是确定支付股利与留用利润的比例，即股利支付率问题。目前在企业财务管理中，常用的股利政策主要有以下几种类型：

（一）剩余股利政策

剩余股利政策主张，企业未来有良好的投资机会时，根据企业设定的最佳资本结构，确定未来投资所需的权益资金，先最大限度地使用留用利润来满足投资方案所需的权益资本，然后将剩余部分作为股利发放给股东。

【例10-3】某公司2022年税后净利润为1 200万元，2023年的投资计划需要资金1 300万元，公司的目标资本结构为权益资本占70%，债务资本占30%。该公司当年流通在外的普通股为1 000万股。

要求：计算公司的普通股每股股利。

按照目标资本结构的要求，公司投资方案所需的权益资本数额为：

1 300×70%=910（万元）

公司当年全部可用于分派的盈利为1 200万元，除了满足上述投资方案所需的权益资本数额外，还有剩余可用于发放股利。2022年公司可以发放的股利额为：

1 200−910=290（万元）

每股股利为：

290÷1 000=0.29（元/股）

小贴士

每股股利=股利总额/普通股股数=（现金股利–优先股股利）/已发行流通的普通股股数

剩余股利政策成立的基础是，大多数投资者认为，如果企业再投资的收益率高于投资者在同样风险下其他投资的收益率，他们宁愿把利润保留下来用于企业再投资，而不是用于支付股利。如企业有投资收益率达12%的再投资机会，而股东取得股息后再投资的收益率只有10%，则股东们愿意选择将利润保留于企业。股东取得股息再投资的10%的收益率，就是企业利润留存的成本。如果投资者能够找到其他投资机会，使得投资收益大于企业利用保留利润再投资的收益，则投资者更喜欢发放现金股利。这意味着投资者对于盈利的留存或发放股利毫无偏好，关键是企业投资项目的净现值必须大于零。

剩余股利政策的优点是可以最大限度地满足企业对再投资的权益资金需要，保持理想的资本结构，并能使综合资本成本最低，实现了企业价值的长期最大化。

剩余股利政策的缺点是忽略了不同股东对资本利得与股利的偏好，损害那些偏好现金股利的股东利益，从而有可能影响股东对企业的信心。此外，企业采用剩余股利政策是以投资的未来收益为前提的，由于企业管理层与股东之间存在信息不对称，股东不一定了解企业投资未来收益水平，也会影响股东对企业的信心。剩余股利政策不利于投资者安排收入与支出，也不利于公司树立良好的形象，一般适用于公司初创阶段。

（二）固定股利或稳定增长的股利政策

固定股利或稳定增长的股利政策表现为每股股利支付额固定在某一特定水平或在此基础上维持某一固定比率逐年稳定增长。其基本特征是，不论经济情况如何，也不论企业经营好坏，不降低股利的发放额，将企业每年的每股股利支付额，稳定在某一特定水平上保持不变，只有企业管理当局认为企业的盈利确已增加，而且未来的盈利足以支付更多的股利时，企业才会提高每股股利支付额。

稳定的股利政策的实行比较广泛。它的优点在于，如果企业的盈利下降，而股利并未减少，那么，投资者会认为企业未来的经济情况会有好转。因此，一般的投资者都比较喜欢投资于采用稳定的股利支付政策的企业。而稳定的股利政策有助于消除投资者心中的不确定感，对于那些期望每期有固定数额收入的投资者，则更喜欢比较稳定的股利政策。因此，许多企业都在努力促使其股利的稳定性。

固定或稳定增长的股利政策的缺点主要在于，股利的支付与盈利相脱节，当盈利较低时仍要支付固定股利，这可能会造成资金短缺、财务状况恶化，影响企业的长远发展。这种股利政策适用于盈利稳定或处于成长期的企业，但很难被长期采用。

（三）固定股利支付率政策

固定股利支付率政策是将每年盈利的某一固定百分比作为股利分配给股东。实行这一政策的企业认为，只有维持固定股利支付率，才能使股利与公司盈利紧密结合。

固定股利支付率政策的优点在于可以体现多盈多分、少盈少分、不盈不分的原则，这样才算真正做到公平地对待每一股东。而且，这一股利政策相对来说比较稳定。因为公司的获利能力在不同年份是会波动的，股利也会随之而波动。采用该政策，公司每年按固定股利支付率支付现金股利，对于企业支付能力来说相对稳定。

这一政策的问题在于，由于股利随盈利而波动，会影响股东对企业未来经营的信心，不利于企业股票的市场价格的稳定与上涨。因此，大多数企业并不采用这一股利政策，固定股利支付率政策只适用于那些处于稳定发展期且财务状况也较稳定的公司。

【例10-4】某公司长期以来用固定股利支付率政策进行股利分配，确定的股利支付率为25%。2022年税后净利润为1 800万元，如果仍然继续执行固定股利支付率政策，要求：计算公司2022年将要支付的股利。

1 800×25%=450（万元）

（四）低正常股利加额外股利政策

低正常股利加额外股利政策是介于固定股利政策与固定股利支付率政策之间的一种股利政策。其特征是：企业一般每年都支付较低的固定股利，当盈利增长较多时，再根据实际情况加付额外股利。即当企业盈余较低或现金投资较多时，可维护较低的固定股利，而当企业盈利有较大幅度增加时，则加付额外股利。

这种政策的优点：既能保证股利的稳定性，使依靠股利度日的股东有比较稳定的收入，从而吸引住这部分股东，又能做到股利和盈利有较好的配合，使企业具有较大的灵活性。这种股利政策适用于盈利与现金流量波动不够稳定的企业，因而也被大多数企业所采用。

该政策的缺点：当公司长期发放额外股利的时候，可能会被投资者误认为是"正常股利"，一旦取消，投资者可能认为这是公司财务在恶化，进而导致股票价格下跌。

二、影响股利分配的因素

理论上，股利是否影响企业价值存在相当大的分歧，现实经济生活中，企业仍然是要进行股利分配的。当然，企业分配股利并不是无所限制，总是要受到一些因素的影响，一般认为，企业股利政策的影响因素主要有法律因素、企业因素、股东意愿及其他因素等几个方面。

（一）法律因素

为了保护债权人、投资者和国家的利益，有关法律对企业的股利分配有如下限制：

1.资本保全限制

资本保全限制规定，企业不能用资本发放股利。如我国法律规定：各种资本公积准备不能转增股本，已实现的资本公积只能转增股本，不能分派现金股利；盈余公积主要用于弥补亏损和转增股本，一般情况下不得用于向投资者分配利润或现金股利。

2.资本积累限制

企业积累限制规定，企业必须按税后利润的一定比例和基数，提取法定盈余公积。企业当年出现亏损时，一般不得给投资者分配利润。

3.偿债能力限制

偿债能力限制是指企业需保有按时足额偿付各种到期债务的能力。如果企业已经无力偿付到期债务或因支付股利将使其失去偿还能力，则企业不能支付现金股利。

（二）企业因素

企业资金的灵活周转，是企业生产经营得以正常进行的必要条件。因此，企业长期发展和短期经营活动对现金的需求，便成为对股利分配的最重要的限制因素。其相关因素主要有：

1.资产的流动性

企业现金股利的分配，应以一定资产流动性为前提。企业的资产流动性越好，说明其变现能力越强，股利支付能力也就越强。高速成长的盈利性企业，其资产可能缺乏流动性，因为，它们的大部分资金投资在固定资产和永久性流动资产上了，这类企业当期利润虽然多，但资产变现能力差，企业的股利支付能力就会削弱。

2.投资机会

有着良好投资机会的企业需要有强大的资金支持，因而往往少发现金股利，将大部分盈余留存下来进行再投资；缺乏良好投资机会的企业，保留大量盈余的结果必然是大量资金闲置，于是倾向于支付较高的现金股利。所以，处于成长中的企业，因一般具有较多的良好投资机会而多采取低股利政策；许多处于经营收缩期的企业，则因缺少良好的投资机会而多采取高股利政策。

3.筹资能力

如果企业规模大、经营好、利润丰厚，其筹资能力一般很强，那么在决定股利支付数额时，有较大选择余地。但对那些规模小、新创办、风险大的企业，其筹资能力有限，这类企业应尽量减少现金股利支付，而将利润更多地留存在企业，作为内部筹资。

4.盈利的稳定性

企业的现金股利来源于税后利润。盈利相对稳定的企业，有可能支付较高股利，而盈利不稳定的企业，一般采用低股利政策。这是因为，对于盈利不稳定的企业，低股利政策可以减少因盈利下降而造成的股利无法支付、企业形象受损、股价急剧下降的风险，还可以将更多的盈利用于再投资，以提高企业的权益资本比重，减少财务风险。

5.资本成本

留存利润是企业内部筹资的一种重要方式，同发行新股或举借债务相比，不但筹资成本较低，而且具有很强的隐蔽性。企业如果一方面大量发放股利，而另一方面又以支付高额资本成本为代价筹集其他资本，那么，这种舍近求远的做法无论如何是不恰当的，甚至有损于股东利益。因而从资本成本考虑，如果企业扩大规模，需要增加权益资本时，不妨采取低股利政策。

6.其他因素

利润分配政策还会受其他因素的影响，比如不同发展阶段、不同行业的公司股利支付比例会有差异，这就要求公司在进行政策选择时要考虑发展阶段以及所处行业状况。

（三）股东意愿

股东在避税、规避风险、稳定收入和股权稀释等方面的意愿，也会对企业的股利政策产生影响。毫无疑问，企业的股利政策不可能使每个股东财富最大化，企业制定股利政策的目的在于，对绝大多数股东的财富产生有利影响。

1.避税考虑

企业的股利政策不得不受到股东的所得税税负影响，政府对企业利润征收所得税以后，还要对自然人股东征收个人所得税。在我国，股利收入的税率高于资本利得的税率，因此，低股利支付政策可以给股东带来更多的资本利得收入，达到避税目的。

2.规避风险

“双鸟在林，不如一鸟在手。”在一部分投资者看来，股利的风险小于资本利得的风险，当期股利的支付解除了投资者心中的不确定性。因此，他们往往会要求企业支付较多的股利，从而减少股东投资风险。

3.稳定收入

如果一个企业拥有很大比例的富有股东，这些股东多半不会依赖企业发放的现金股利维持生活，他们对定期支付现金股利的要求不会显得十分迫切。相反，如果一个企业绝大部分股东属于低收入阶层以及养老基金等机构投资者，他们需要企业发放的现金股利来维持生活或用于发放养老金等，因此，这部分股东特别关注现金股利，尤其是稳定的现金股利发放。

4.股权稀释

企业必须认识到高股利支付率会导致现有股东股权和盈利的稀释，如果企业支付大量现金股利，然后再发行新的普通股以融通所需资金，现有股东的控制权就有可能被稀释。另外，随着新普通股的发行，流通在外的普通股股数增加，最终将导致普通股的每股盈利和每股市价的下降，对现有股东产生不利影响。

（四）其他因素

影响股利政策的其他因素主要包括：不属于法规规范的债务合同约束、政府对机构投资者的投资限制以及因通货膨胀带来的企业对重置实物资产的特殊考虑等。

1.债务合同约束

企业的债务合同特别是长期债务合同，往往有限制企业现金股利支付的条款，这使得企业只能采用低股利政策。

2.机构投资者的投资限制

机构投资者包括养老基金、储蓄银行、信托基金、保险企业和其他一些机构。机构投资者对投资股票种类的选择，往往与股利特别是稳定股利的支付有关。如果某种股票连续几年不支付股利或所支付的股利金额起伏较大，则该股票一般不能成为机构投资者的投资对象。因此，如果某一企业想更多地吸引机构投资者，则应采用较高而且稳定的股利政策。

3.通货膨胀的影响

在通货膨胀的情况下，企业固定资产折旧的购买水平会下降，会导致没有足够的资金来源重置固定资产。这时较多的留存利润就会当作弥补固定资产折旧购买力水平下降的资金来源，因此，在通货膨胀时期，企业股利政策往往偏紧。

三、股利种类

企业通常以多种形式发放股利，股利支付形式一般有现金股利、股票股利、财产股利和负债股利等，其中最为常见的是现金股利和股票股利。在现实生活中，我国上市公司的股利分配广泛采用一部分股票股利和一部分现金股利的做法。其效果是股票股利和现金股利的综合。

（一）现金股利

现金股利是指企业以现金的方式向股东支付股利，也称为红利。现金股利是企业最常见的也是最易被投资者接受的股利支付方式。企业支付现金股利，除了要有累计的未分配利润外，还要有足够的现金。因此，企业在支付现金股利前，必须做好财务上的安排，以便有充足的现金支付股利。因为，企业一旦向股东宣告发放股利，就对股东承担了支付的责任，必须如期履约，否则，不仅会丧失企业信誉，而且会带来麻烦。

（二）股票股利

股票股利是指应分给股东的股利以额外增发股票形式来发放。以股票作为股利，一般都是按在册股东持有股份的一定比例来发放，对于不满一股的股利仍采用现金发放。股票股利最大的优点就是节约现金支出，因而常被现金短缺的企业所采用。

发放股票股利时，在企业账面上，只需减少未分配利润项目金额的同时，增加股本和资本公积等项目金额，并通过中央清算登记系统增加股东持股数量。显然，发放股票股利是一种增资行为，需经股东大会同意，并按法定程序办理增资手续。但发放股票股利与其他的增资行为不同的是，它不增加股东财富，企业的财产价值和股东的股权结构也不会改变，改变的只是股东权益内部各项目的金额。

【例 10–5】某上市公司在2022年发放股票股利前，其资产负债表上的股东权益账户情况如表10–2所示。

表10–2　**发放股票股利前股东权益账户情况**　单位：万元

普通股（1 000 000股，每股1元）	100
资本公积	100
留存收益	500
股东权益合计	700
负债和股东权益总计	1 000

假设公司宣布发放10%的股票股利，股票的公平市价为每股10元。要求：确定股票股利发放后资产负债表上的股东权益部分账户情况。

公司要增发100 000股的普通股，现有股东每持有10股即可收到1股增发的普通股。随着股票股利的发放，留存收益中有1 000 000元（1 000 000×10%×10）的资本要转移到普通股和资本公积账户上去。由于面额（1元）不变，因此，增发100 000股普通股，普通股账户仅增加100 000元，其余900 000元超面额部分则转移到资本公积账户，而该公司股东权益总额不变。股票股利发放后资产负债表上的股东权益部分如表10–3所示。

表10–3　**发放股票股利后股东权益账户情况**　单位：万元

普通股（1 100 000股，每股1元）	110
资本公积	190
留存收益	400
股东权益合计	700
负债和股东权益总计	1 000

小贴士

发放股票股利，不会对企业股东权益总额产生影响，但会发生资金在各股东权益项目之间的再分配。发放股票股利后，如果盈利总额不变，会由于普通股股数增加而引起每股盈余和每股市价的下降，但股东所持股票的市场价值总额仍保持不变。

【例10-6】某公司年终利润分配前的有关资料如表10-4所示。

表10-4 **年终利润分配前数据**

项目	金额
年初未分配利润	1 000万元
本年税后利润	2 000万元
普通股股本（500万股，每股1元）	500万元
资本公积	100万元
盈余公积	400万元
所有者权益合计	4 000万元
每股市价	40元

该公司决定：本年按15%的比例提取盈余公积（含任意盈余公积），发放股票股利10%，并且按发放股票股利的股数派发现金股利，每股0.1元。

要求：假设股票的每股市价与每股净资产成正比例，计算利润分配后的盈余公积、股本、股票股利、资本公积、现金股利、未分配利润数额和预计的普通股每股市价。

由于本年可供分配的利润3 000万元（1 000+2 000）＞0，可按本年税后利润计提盈余公积。

盈余公积余额 = 400 + 2 000×15% = 400 + 300 = 700（万元）

股本余额=500×（1+10%）= 550（万元）

股票股利=40 ×500×10% = 2 000（万元）

资本公积余额=100 +（40−1）× 500 ×10% = 2 050（万元）

现金股利 = 500×（1+10%）×0.1 = 55（万元）

未分配利润余额 = 1 000 +（2 000−300−2 000−55）=645（万元）

利润分配后所有者权益合计 = 645 + 2 050 + 700 + 550 = 3 945（万元）

或 = 4 000−55 = 3 945（万元）

利润分配前每股净资产 = 4 000÷500 = 8（元）

利润分配后每股净资产 = 3 945÷550 = 7.17（元）

利润分配后预计每股市价 = 40×7.17÷8 =35.85（元）

尽管股票股利不直接增加股东的财富，也不增加企业的价值，但对股东和企业都有好处。

对股东的意义在于：

（1）如果企业在发放股票股利后同时发放现金股利，股东会因为持股数的增加而得到更多的现金。

（2）有时企业发行股票股利后，股价并不同比例下降，这样便增加了股东的财富。因为股票股利通常为成长中的企业所采用，投资者可能会认为，企业的盈余将会有大幅度增长，并能抵消增发股票所带来的消极影响，从而使股价稳定不变或略有上升。

（3）在股东需要现金时，可以将分得的股票股利出售，从中获得纳税上的好处。

对企业的意义在于：

（1）能达到节约现金的目的。企业采用股票股利或股票股利与现金股利相互配合的政策，既能使股东满意，又能使企业留存一定现金，便于进行再投资，有利于企业长期发展。

（2）在盈余和现金股利不变的情况下，发放股票股利可以降低每股价值，从而吸引更多的投资者。

四、股利支付程序

企业通常在年度末计算出当期盈利之后，才决定向股东发放股利。但是，在资本市场中，股票可以自由交换，公司的股东也经常变换。那么，哪些人应该领取股利，对此，公司必须事先确定与股利支付相关的时间界限。这个时间界限包括：

（一）股利宣告日

股利一般是按每年度或每半年进行分配。一般来说，分配股利首先要由公司董事会向公众发布分红预案，在发布分红预案的同时或之后，公司董事会将公告召开公司股东大会的日期。股利宣告日是指董事会将股东大会决议通过的分红方案（或发放股利情况）予以公告的日期。在公告中将宣布每股股利、股权登记日、除息日和股利支付日等事项。

（二）股权登记日

股权登记日是指有权领取股利的股东资格登记截止日期。只有在股权登记日前在公司股东名册上有名的股东，才有权分享当期股利，在股权登记日以后列入名单的股东无权领取股利。

（三）除息日

除息日是指领取股利的权利与股票相互分离的日期。在除息日前，股利权从属于股票，持有股票者即享有领取股利的权利；从除息日开始，股利权与股票相分离，新购入股票的人不能享有股利。除息日的确定是由证券市场交割方式决定的。因为股票买卖的交接、过户需要一定的时间。在美国，当股票交割方式采用例行日交割时，股票在成交后的第五个营业日才办理交割，也即在股票登记日的四个营业日以前购入股票的新股东，才有资格领取股利。在我国，由于采用次日交割方式，则除息日与登记日差一个工作日。

（四）股利发放日

股利发放日即公司按公布的分红方案向股权登记日在册的股东发放股利的日期。

【例10-7】某上市公司于2023年4月10日公布2022年度的最后分红方案，其公告如下："2023年4月9日在北京召开的股东大会，通过了董事会关于每股分派0.18元的2022年股息分配方案。股权登记日为4月25日，除息日为4月26日，股东可在5月10日至25日之间通过深交所按交易方式领取股息。特此公告。"

本章小结

财务管理中的利润分配，主要指企业的净利润分配，利润分配的实质就是确定给投资者分红与企业留用利润的比例。而利润分配需要遵循一定的利润分配程序，利润分配程序是指公司制企业根据适用法律、法规或规定，对企业一定期间实现的净利润进行分派必须经过的先后步骤。根据我国《公司法》等的有关规定，非股份制企业和股份制企业利润分配程序有所不同。同时，给投资者分配股利时要考虑股利分配政策，其核心问题是确定股利支付率。最后，也要掌握一些常见的股利支付形式，比如现金股利和股票股利，以及股利支付程序。

核心词汇

利润分配程序　股利分配政策　股利政策的影响因素　股利种类　股利支付程序

思政小课堂

企业的利润分配不仅影响到企业的投资和筹资决策，而且涉及国家、企业、职工、投资者等多方面利益关系，有关企业整体利益和局部利益的协调，有关企业近期利益与长远利益的平衡。利润分配必须兼顾各方面的利益，投资与收益对等，做到公平公正。如果企业的利润分配不公，将会影响到企业的长远利益，影响企业持续稳定发展。

知识演练

一、单项选择题

1.下列各项中，正确反映公司净利润分配顺序的是（　　）。

A.提取法定盈余公积、提取任意盈余公积、弥补以前年度亏损、向投资者分配股利

B.弥补以前年度亏损、提取法定盈余公积、提取任意盈余公积、向投资者分配股利

C.向投资者分配股利、弥补以前年度亏损、提取法定盈余公积、提取任意盈余公积

D.弥补以前年度亏损、向投资者分配股利、提取法定盈余公积、提取任意盈余公积

2.下列关于提取任意盈余公积的表述中，不正确的是（　　）。

A.达到注册资本的50%时不再计提

B.满足公司经营管理的需要

C.应经股东大会决议

D.应从税后利润中提取

3.下列股利政策中，有利于保持企业最优资本结构的是（　　）。

A.固定或稳定增长的股利政策

B.固定股利支付率政策

C.低正常股利加额外股利政策

D.剩余股利政策

4.确定股东是否有权领取本期股利的截止日期是（　　）。

A.除息日　　B.股权登记日　　C.股利宣告日　　D.股利发放日

5.在通货膨胀时期，企业一般采取的利润分配政策是（　　）。

A.很松　　B.偏松　　C.很紧　　D.偏紧

6.公司采用固定或稳定增长股利政策发放股利的好处主要表现为（　　）。

A.实现资本保全　　B.提高支付能力

C.维持股价稳定　　D.降低资本成本

7.下列在确定公司利润分配政策时应考虑的因素中，属于公司因素的是（　　）。

A.投资机会　　B.通货膨胀　　C.避税　　D.债务契约

8.某公司2022年年初未分配利润为-100万元，2022年实现净利润1 200万元。公司计划2023年新增投资1 000万元，目标资本结构（债务∶权益）为3∶7。法律规定，公司须按净利润的10%提取法定盈余公积。若该公司采取剩余股利政策，应发放现金股利（　　）万元。

A.300　　B.310　　C.400　　D.500

二、多项选择题

1.下列各项中，属于剩余股利政策优点的有（　　）。

A.使股利与企业盈余紧密结合　　B.保持目标资本结构

C.降低再投资资本成本　　D.实现企业价值的长期最大化

2.下列各项股利政策中，股利水平与当期盈利直接关联的有（　　）。

A.固定股利支付率政策　　B.稳定增长股利政策

C.低正常股利加额外股利政策　　D.固定股利政策

3.处于初创阶段的公司，一般不宜采用的股利分配政策有（　　）。

A.固定股利政策　　B.固定股利支付率政策

C.稳定增长股利政策　　D.剩余股利政策

4.对公司而言，发放股票股利的优点有（　　）。

A.使股权更为集中

B.减轻公司现金支付压力

C.可以向市场传递公司未来发展前景良好的信息

D.有利于股票交易和流通

三、判断题

1.处于衰退期的企业在制定收益分配政策时，应当优先考虑企业积累。（　　）

2.基于法人股东所得税税收利益考虑，在被投资企业财务状况允许的情况下，应该为股东进行股利分配。（　　）

3.根据我国《公司法》的规定，法定盈余公积的提取比例为当年税后利润（弥补亏损后）的15%。（　　）

4.发放股票股利后一定会使得每股收益和每股市价下降。（　　）

5.发放股票股利不会对公司的资产总额、负债总额及所有者权益总额产生影响，但会发生资金在所有者权益项目间的再分配。（　　）

6.对于盈余不稳定的公司而言，较多采取低股利政策。（ ）

四、计算题

1.某公司利润分配前的股东权益结构见表10-5。

表10-5 **某公司利润分配前的股东权益结构** 单位：万元

股本（面值2.5元，发行20万股）	50
资本公积	15
未分配利润	160
股东权益合计	225

已知本年净利润为45万元，每股市价为25元。

要求：

（1）计算利润分配前的每股收益、每股净资产、市盈率。

（2）若考虑按面值发放6%的股票股利，计算发放股票股利后的下列指标：

①股东权益各项目数额有何变化？

②每股收益。

③每股净资产。

2.某公司2022年的有关资料如下：

（1）息税前利润800万元；

（2）所得税税率25%；

（3）总负债2 000万元均为长期债券，平均利息率为10%；

（4）普通股的资本成本为15%；

（5）普通股股数60 000股（每股面值1元），现行市场价格为50元/股，无优先股；

（6）权益乘数为1.8。

要求：

（1）计算该公司每股收益；

（2）计算该公司平均资本成本。

第十一章

财务分析

学习目标

党的二十大报告指出，“江山就是人民，人民就是江山”，再一次突出了人民对于中国共产党的重要地位与重要意义。而生态文明建设更是中国共产党全面提升人民群众的获得感、幸福感和安全感的重要组成部分。随着气候变化、劳工条件、企业责任等问题日趋增多，可持续发展成为经济社会的热点问题。企业要保持可持续发展，既需要关注其经营活动对环境和社会的影响，也需要建立健全治理机制。

财务分析是根据企业核算资料，运用特定方法，对企业财务活动过程及其结果进行分析和评价的一项工作。财务分析既是本期财务活动的总结，也是下期财务预测的前提，具有承上启下的作用。通过财务分析可以对企业方方面面进行监测，杜绝企业财务舞弊不良现象的发生，实现国家经济环境的良性发展。

通过本章的学习，应达到以下目标：

1.思政目标：

※能分析企业追求经济、社会和环境的长期综合价值的意义，树立可持续发展观和高质量发展观。

2.知识目标：

※掌握财务分析的概念、作用和方法；

※掌握偿债能力、营运能力、盈利能力分析的内容；

※掌握杜邦财务分析体系，了解沃尔比重分析法。

3.能力目标：

※能正确评价企业偿债能力、营运能力、盈利能力等财务状况；

※能采用综合评价方法分析企业财务状况。

引导案例

家电行业的价格战

某电器股份有限公司是一家集研发、生产、销售、服务于一体的国际化家电企业。2022年公司实现营业总收入2 000.21亿元，净利润263.79亿元。2019年，该电器公司以降价方式压缩行业内中小企业的生存空间，这在一定程度上造成该公司2019年营业收入负增长，股价暴跌55%以上，但是最终的价格战在随后的两年取得丰厚的回报，特别是2021年，净利润增长44.87%，股价上涨接近一倍。

【案例思考】

是否所有公司都适合推行价格战?

第一节　财务分析概述

一、财务分析的概念及作用

（一）财务分析的概念

财务分析又称财务报表分析，财务报表是企业财务状况和经营成果的信息载体，但财务报表所列示的各类项目的金额，如果孤立地看，并无多大意义，必须与其他数据相比较，才能成为有用的信息。这种参照一定标准将财务报表的各项数据与有关数据进行比较、评价就是企业财务分析。具体地说，财务分析就是以财务报表和其他资料为依据和起点，采用专门方法，系统分析和评价企业的财务状况、经营成果和现金流量状况的过程。其目的是评价过去的经营业绩，衡量现在的财务状况，预测未来的发展趋势。

（二）财务分析的作用

财务分析既是财务预测的前提，也是过去经营活动的总结，具有承上启下的作用：

第一，财务分析是评价财务状况及经营业绩的重要依据。

通过财务分析，可以了解企业偿债能力、营运能力、盈利能力和现金流量状况，合理评价经营者的经营业绩，以奖优罚劣，促进管理水平的提高。

第二，财务分析是实现理财目标的重要手段。

企业理财的根本目标是实现企业价值最大化。通过财务分析，不断挖掘潜力，从各方面揭露矛盾，找出差距，充分认识未被利用的人力、物力资源，寻找利用不当的原因，促进企业经营活动按照企业价值最大化目标运行。

第三，财务分析是实施正确投资决策的重要步骤。

投资者通过财务分析，可以了解企业获利能力、偿债能力，从而进一步预测投资后的收益水平和风险程度，可以做出正确的投资决策。

二、财务分析的内容

财务分析的内容主要包括以下四个方面：

（一）偿债能力分析

偿债能力是指企业如期偿付债务的能力，它包括短期偿债能力和长期偿债能力。由于短期债务是企业日常经营活动中弥补营运资金不足的一个重要来源，通过分析有助于判断企业短期资金的营运能力以及营运资金的周转状况。通过对长期偿债能力的分析，不仅可以判断企业的经营状况，还可以促使企业提高融通资金的能力，因为长期负债是企业资本化资金的重要组成部分，也是企业的重要融资途径。而从债权人的角度看，通过偿债能力分析，有助于了解其贷款的安全性，以保证其债务本息能及时、足额地得以偿还。

（二）营运能力分析

营运能力分析主要是从企业所运用的资产进行全面分析。分析企业各项资产的使用效果、资金周转的快慢以及挖掘资金的潜力，提高资金的使用效果。

（三）盈利能力分析

盈利能力分析主要通过将资产、负债、所有者权益与经营成果相结合来分析企业的各项报酬率指标，从而从不同角度判断企业的获利能力。

（四）发展能力分析

发展能力是指企业扩大规模、壮大实力的潜在能力。一个发展能力强的企业应该是资产规模不断增加、股东财富持续增长的。企业发展能力主要通过营业收入增长率、资本积累率、总资产增长率等指标分析。

第二节　财务分析的方法

财务分析方法多种多样，但常用的有以下三种方法：比率分析法、因素分析法和趋势分析法。

一、比率分析法

比率分析法是把两个相互联系的项目加以对比，计算出比率，以确定经济活动变动情况的分析方法。常用的比率指标主要有以下两种：

（一）相关比率

相关比率分析是将两个性质不同但又相互联系的财务指标进行比较，求出比率，并据此对财务状况和经营成果进行分析。常用的相关比率包括流动比率、速动比率、营业利润率、资产周转率、净资产收益率等，概括起来可以分为：反映企业偿债能力的比率，包括反映短期偿债能力和长期偿债能力的比率（其中反映短期偿债能力的比率一般称为流动性比率，反映长期偿债能力的比率一般称为负债性比率）；反映企业获利能力的比率，即反映企业投入产出效率的比率，用来衡量企业经济效益的好坏等。

例如，某企业2022年营业收入为60.2亿元，经营性现金流量净额为10.2亿元，投资活动产生的现金流量净额为-2亿元。通过计算我们可得出该企业的自由现金流为8.2亿元（10.2-2），自由现金流占营业收入的比重为13.6%（8.2÷60.2×100%）。依据衡量的标准，我们知道，如果一家企业的自由现金流占营业收入的比重达到5%左右或更多，则意味着该企业的业务具有某种竞争优势，其营业能给企业带来源源不断的现金。因此，根据上述标准，我们可以初步得出如下结论：尽管企业的营业增长在2022年有所放缓（该企业2021年营业收入增长率为10%，2022年营业收入增长率为8%），但其现金流还保持着健康的状况。我们需要做的是，进一步观察该自由现金流增长是否协调一致，以便客观地对企业业务的性质做出判断。

（二）结构比率

结构比率又称构成比率，是某项经济指标的某个组成部分与总体的比率，反映部分与总体的关系。其计算公式为：

结构比率=某个组成部分/总体数额

利用结构比率可以考察总体中某部分形成与安排的合理性，以协调各项财务活动。

财务分析常用的比率包括某产品的营业量占整个市场需求量比重形成的产品市场占有率，某类产品营业额占企业总营业额比重形成的企业营业构成比率，流动资产、固定资产、无形资产占总资产比重形成的企业资产构成比率，长期负债、流动负债占企业全部负债比重形成的企业债务构成比率，财务费用、销售费用、管理费用分别占费用的比重形成的费用构成比率等。将这些比率的实际数据与计划或预算数据、上期或历史数据、同行业最优或平均数据进行对比，能够充分揭示企业财务业绩构成的发展变化情况。利用结构比率，可以考察总体中某部分所占比重是否合理，从而达到科学评价企业财务状况和经营成果构成及发展情况的目的。在通常情况下，结构比率分析是通过编制百分比资产负债表和百分比利润表来完成的。

【例11-1】某公司2021年、2022年应收账款、主营业务收入的变动如表11-1所示。

表11-1　　主营业务收入和应收账款关系表　　金额单位：万元

项目	2022年	2021年	增长额	增长率
主营业务收入	57.27	50.28	6.99	13.9%
应收账款	4.15	3.96	0.19	4.79%

通过计算可以看出，该公司2021年和2022年应收账款占营业收入的比重分别为7.87%和7.24%，即应收账款占营业收入的比重基本维持在7%~8%之间，表现出一种平稳的态势。进一步分析，在主营业务收入增长13.9%的情况下，应收账款增长4.79%，应收账款的增长比率小于营业收入的增长比率，表明企业的应收账款可控，风险较小，企业在扩大营业收入的同时并未采用激进的放宽信用的营业政策。

二、因素分析法

一个经济指标往往是由多种因素造成的，它们对某一个经济指标都有不同程度的影响。只有将这一综合性的指标分解成各个构成因素，才能从数量上把握每一个因素的影响程度，给工作指明方向。这种通过逐步分解来确定几个相互联系的因素对某一综合性指标的影响程度的分析方法叫因素分析法或连环替代法。

例如，某项财务指标M是由A、B、C三大因素的乘积构成的，其实际指标与计划指标以及有关因素关系由下式构成：

实际指标：$Ma=Aa\times Ba\times Ca$

计划指标：$Ms=As\times Bs\times Cs$

实际与计划的总差异为Ma−Ms，这一总差异同时受到A、B、C三个因素的影响。它们各自的变动对指标总差异的影响程度可分别由下式计算求得：

A因素变动影响：$(Aa-As)\times Bs\times Cs$

B因素变动影响：Aa×（Ba-Bs）×Cs

C因素变动影响：Aa×Ba×（Ca-Cs）

将以上三因素的影响数相加应该等于总差异Ma-Ms。

【例 11-2】A企业某产品的材料成本见表11-2，运用因素分析法分析各因素变动对材料成本的影响程度。

表11-2 材料成本资料表

项目	单位	计划量	实际量
产品产量	件	200	220
单位产品材料消耗量	千克/件	15	10
材料单价	元/千克	8	12
材料总成本	元	24 000	26 400

根据以上资料分析如下：

材料成本=产量×单位产品材料消耗量×材料单价

材料成本总差异=26 400-24 000=2 400（元）

产量变动对材料成本的影响值：（220-200）×15×8=2 400（元）

单位产品材料消耗量变动对材料成本的影响值：220×（10-15）×8=-8 800（元）

材料单价变动对材料成本的影响值：220×10×（12-8）=8 800（元）

将以上三因素的影响值相加：2 400+（-8 800）+8 800=2 400（元）

因素分析法既可以全面分析各因素对某一经济指标的影响，又可以单独分析某个因素对某一经济指标的影响，在财务分析中应用颇为广泛。

三、趋势分析法

趋势分析法是将两期或连续数期财务报告中相同指标进行对比，确定其增减变动的方向、数额和幅度，以说明企业财务状况及经营成果变动趋势的一种方法。趋势分析法主要有三种比较方式：

（一）重要财务指标的比较

这种方法是将不同时期财务报告中相同的重要指标或比率进行比较，直接观察其增减变动情况及发展趋势。它又分为两种比率：

（1）定基动态比率。它是将分析期数额与某一固定基期数额对比计算的比率。其计算公式为：

定基动态比率=分析期指标/固定基期指标

（2）环比动态比率。它是将每一分析期数额与前一期同一指标进行对比计算得出的动态比率。其计算公式为：

环比动态比率=分析期指标/分析前期指标

例如，某企业2022年第四季度与2023年第一季度的主营业务利润分别为8.43亿元与8.04亿元，则2023年第一季度较2022年第四季度的主营业务利润环比变动百分比为：（8.04-8.43）÷8.43×100%=-4.63%。

（二）会计报表的比较

这种方法是将连续数期的会计报表有关数字并行排列，比较相同指标的增减变动金额及幅度，以此来说明企业财务状况和经营成果的发展变化。一般可以通过编制比较资产负债表、比较利润表及比较现金流量表来进行，计算出各有关项目增减变动的金额及变动百分比。

（三）会计报表项目构成的比较

这种方法是以会计报表中某个总体指标作为100%，再计算出报表各构成项目占该总体指标的百分比，依次来比较各个项目百分比的增减变动，以及判断有关财务活动的变化趋势。这种方法既可用于同一企业不同时期财务状况的纵向比较，又可用于不同企业间的横向比较，并且还可以消除不同时期（不同企业）间业务规模差异的影响，有助于正确分析企业财务状况及发展趋势。

采用趋势分析法时，应注意以下几个问题：

（1）用于对比的各项指标的计算口径要一致。

（2）剔除偶然性因素的影响，使分析数据能反映正常的经营及财务状况。

（3）对有显著变动的指标要作重点分析。

第三节　财务指标分析

财务指标分析的内容包括偿债能力分析、营运能力分析、盈利能力分析和发展能力分析四个方面，以下将分别加以介绍：

一、偿债能力分析

企业偿债能力是反映企业财务状况和经营能力的重要标志。企业偿债能力低不仅说明企业资金紧张，难以支付日常经营支出，而且说明企业资金周转不灵，难以偿还到期债务，甚至面临破产危险。企业偿债能力分析包括短期偿债能力分析和长期偿债能力分析。

（一）短期偿债能力分析

企业短期债务一般要用流动资产来偿付，短期偿债能力是指企业流动资产对流动负债及时足额偿还的保证程度，是衡量流动资产变现能力的重要标志。企业短期偿债能力的衡量指标主要有流动比率、速动比率和现金比率。

1.流动比率

流动比率是企业流动资产与流动负债之比。其计算公式为：

流动比率=流动资产÷流动负债

一般认为，生产企业合理的最低流动比率是2。这是因为流动资产中变现能力最差的存货金额约占流动资产总额的一半，剩下的流动性较大的流动资产至少要等于流动负债，企业短期偿债能力才会有保证。人们长期以来的这种认识因其未能从理论上证明，还不能成为一个统一标准。

运用流动比率进行分析时，要注意以下几个问题：

（1）流动比率高，一般认为偿债保证程度较高，但并不一定有足够的现金或银行存款偿债，因为流动资产除了货币资金以外，还有存货、应收账款、预付账款等项目，有可能出现虽然流动比率高，但真正用来偿债的现金和存款严重短缺的现象，所以分析流动比率时，还需进一步分析流动资产的构成项目。

（2）计算出来的流动比率，只有和同行业平均流动比率、本企业历史流动比率进行比较，才能知道这个比率是高还是低。这种比较通常并不能说明流动比率为什么这么高或低，要找出过高或过低的原因还必须分析流动资产和流动负债所包括的内容以及经营上的因素。一般情况下，营业周期、流动资产中的应收账款和存货的周转速度是影响流动比率的主要因素。

2.速动比率

速动比率是企业速动资产与流动负债之比，速动资产是指流动资产减去变现能力较差且不稳定的存货、预付账款等后的余额。由于剔除了存货等变现能力较差的资产，速动比率比流动比率能更准确、可靠地评价企业资产的流动性及偿还短期债务的能力。其计算公式为：

速动比率=速动资产÷流动负债

速动资产=货币资金+交易性金融资产+应收票据+应收账款+其他应收款

一般认为速动比率为1较合适，速动比率过低，企业面临偿债风险；但速动比率过高，会因占用现金及应收账款过多而增加企业的机会成本。

3.现金比率

现金比率是企业现金类资产与流动负债的比率。现金类资产包括企业所拥有的货币资金和持有的有价证券（即资产负债表中的短期投资）。它是速动资产扣除应收账款后的余额。速动资产扣除应收账款后计算出来的金额，最能反映企业直接偿付流动负债的能力。现金比率一般认为20%以上为好。但这一比率过高，就意味着企业流动负债未能得到合理运用，而现金类资产获利能力低，这类资产金额太高会导致企业机会成本增加。现金比率计算公式为：

现金比率=（货币资金+交易性金融资产）÷流动负债

（二）长期偿债能力分析

长期偿债能力是指企业偿还长期负债的能力。其分析指标主要有三项：资产负债率、产权比率和利息保障倍数。

1.资产负债率

资产负债率是企业负债总额与资产总额之比。其计算公式为：

资产负债率=（负债总额÷资产总额）×100%

资产负债率反映债权人所提供的资金占全部资金的比重，以及企业资产对债权人权益的保障程度。这一比率越低（50%以下），表明企业的偿债能力越强。

事实上，对这一比率的分析，还要看站在谁的立场上。从债权人的立场看，债务比率越低越好，企业偿债有保证，贷款不会有太大风险；从股东的立场看，在全部资本利润率高于借款利息率时，负债比率越大越好，因为股东所得到的利润就会加大。从财务管理的角度看，在进行借入资本决策时，企业应当审时度势，全面考虑，充分估计预期的利润和增加的风险，权衡利害得失，做出正确的分析和决策。

2.产权比率

产权比率又称资本负债率，是负债总额与所有者权益之比，它是企业财务结构稳健与否的重要标志。其计算公式为：

产权比率=负债总额÷所有者权益×100%

产权比率不仅反映了由债务人提供的资本与所有者提供的资本的相对关系，而且反映了企业自有资金偿还全部债务的能力，因此它又是衡量企业负债经营是否安全有利的重要指标。一般来说，这一比率越低，表明企业长期偿债能力越强，债权人权益保障程度越高，承担的风险越小。一般认为这一比率为1∶1，即100%以下时，应该是有偿债能力的，但还应该结合企业的具体情况加以分析。当企业的资产收益率大于负债成本率时，负债经营有利于提高资金收益率，获得额外的利润，这时的产权比率可适当高些。产权比率高，是高风险、高报酬的财务结构；产权比率低，是低风险、低报酬的财务结构。

产权比率与资产负债率对评价偿债能力的作用基本一致，只是资产负债率侧重于分析债务偿付安全性的物质保障程度，产权比率则侧重于揭示财务结构的稳健程度以及自有资金对偿债风险的承受能力。

3.利息保障倍数

利息保障倍数是指企业息税前利润与利息费用之比，又称已获利息倍数，用以衡量偿付借款利息的能力。其计算公式为：

利息保障倍数=息税前利润÷利息费用

公式中的分子“息税前利润”是指利润表中未扣除利息费用和所得税前的利润。公式中的分母“利息费用”是指本期发生的全部应付利息，不仅包括财务费用中的利息费用，还应包括计入固定资产成本的资本化利息。资本化利息虽然不在利润表中扣除，但仍然是要偿还的。利息保障倍数的重点是衡量企业支付利息的能力，没有足够大的息税前利润，利息的支付就会发生困难。

利息保障倍数不仅反映了企业获利能力的大小，而且反映了获利能力对偿还到期债务的保证程度，它既是企业举债经营的前提依据，也是衡量企业长期偿债能力大小的重要标志。要维持正常偿债能力，利息保障倍数应大于1，且比值越高，企业长期偿债能力越强。如果利息保障倍数过低，企业将面临亏损、偿债的安全性与稳定性下降的风险。

二、营运能力分析

企业的经营活动离不开各项资产的运用，对企业营运能力的分析，实质上就是对各项资产的周转使用情况进行分析。一般而言，资金周转速度越快，说明企业的资金管理水平越高，资金利用效率越高。企业营运能力分析主要包括流动资产周转情况分析、固定资产周转率分析和总资产周转率分析三个方面。

（一）流动资产周转情况

反映流动资产周转情况的指标主要有应收账款周转率、存货周转率和流动资产周转率。

1.应收账款周转率

应收账款在流动资产中有着举足轻重的地位，及时收回应收账款增强了企业的短期偿债能力，也反映出企业管理应收账款的效率。

应收账款周转率（次数）是指一定时期内应收账款平均收回的次数，是一定时期内商品或产品营业收入净额与应收账款平均余额的比值。其计算公式为：

应收账款周转次数=营业收入净额÷应收账款平均余额

应收账款周转天数=计算期天数÷应收账款周转次数

=计算期天数×应收账款平均余额÷营业收入净额

公式中的应收账款包括会计报表中“应收账款”和“应收票据”等全部赊销账款在内，且其金额应为扣除坏账后的金额。

应收账款周转率反映了企业应收账款周转速度的快慢及企业对应收账款管理效率的高低。在一定时期内周转次数多、周转天数少表明：

（1）企业收账迅速，信用营业管理严格。

（2）应收账款流动性强，从而增强企业短期偿债能力。

（3）可以减少收账费用和坏账损失，相对增加企业流动资产的投资收益。

（4）通过比较应收账款周转天数及企业信用期限，可评价客户的信用程度，调整企业信用政策。

2.存货周转率

在流动资产中，存货所占比重较大，存货的流动性将直接影响企业的流动比率。因此，必须特别重视对存货的分析。存货流动性的分析一般通过存货周转率来进行。

存货周转率（次数）是指一定时期内企业营业成本与存货平均资金占用额的比率，是衡量和评价企业购入存货、投入生产、营业收回等各环节管理效率的综合性指标。其计算公式为：

存货周转次数=销货成本÷存货平均余额

存货平均余额=（期初存货+期末存货）÷2

存货周转天数=计算期天数÷存货周转次数

=计算期天数×存货平均余额÷销货成本

3.流动资产周转率

流动资产周转率是反映企业流动资产周转速度的指标。流动资产周转率（次数）是一定时期营业收入净额与企业流动资产平均占用额之间的比率。其计算公式为：

流动资产周转次数=营业收入净额÷流动资产平均余额

流动资产周转天数=计算期天数÷流动资产周转次数

=计算期天数×流动资产平均余额÷营业收入净额

其中：流动资产平均余额=（期初流动资产+期末流动资产）÷2

在一定时期内，流动资产周转次数越多，表明以相同的流动资产完成的周转额越多，流动资产利用效果越好。流动资产周转天数越少，表明流动资产在经历生产营业各阶段所占用的时间越短，可相对节约流动资产，增强企业盈利能力。

（二）固定资产周转率

固定资产周转率是指企业年营业收入净额与固定资产平均净额的比率。它是反映企业固定资产周转情况，从而衡量固定资产利用效率的一项指标。其计算公式为：

固定资产周转率=营业收入净额÷固定资产平均净值

其中：固定资产平均净值=（期初固定资产净值+期末固定资产净值）÷2

固定资产周转率高，说明企业固定资产投资得当，结构合理，利用效率高；反之，固定资产周转率不高，则表明固定资产利用效率不高，提供的生产成果不多，企业的营运能力不强。

（三）总资产周转率

总资产周转率是企业营业收入净额与企业资产平均总额的比率。其计算公式为：

总资产周转率=营业收入净额÷资产平均总额

总资产周转天数=计算期天数÷总资产周转率

=计算期天数×资产平均总额÷营业收入净额

三、盈利能力分析

不论是投资人、债权人还是经理人员，都会非常重视和关心企业的盈利能力。盈利能力就是企业获取利润、资金不断增值的能力。反映企业盈利能力的指标主要有营业毛利率、营业净利率、成本费用利润率、总资产报酬率、净资产收益率等。

（一）营业毛利率

营业毛利率是营业毛利与营业收入之比。其计算公式如下：

营业毛利率=营业毛利÷营业收入×100%

其中：营业毛利=营业收入-营业成本

（二）营业净利率

营业净利率是净利润与营业收入之比。其计算公式为：

营业净利率=净利润÷营业收入×100%

（三）成本费用利润率

成本费用利润率是反映盈利能力的另一个重要指标，是利润总额与成本费用总额之比。成本费用一般指营业成本、税金及附加和三项期间费用。其计算公式如下：

成本费用利润率=利润总额÷成本费用总额×100%

其中：成本费用总额=营业成本+税金及附加+期间费用

成本费用利润率指标表明每付出1元成本费用可以获得多少利润，体现了经营耗费所带来的经营利润。该项指标越高，反映企业为取得利润而付出的代价越小，成本费用控制得越好，盈利能力越强。

（四）总资产报酬率

总资产报酬率是企业息税前利润与企业资产平均总额的比率。由于资产总额等于债权人权益和所有者权益的总额，所以该比率既可以衡量企业资产综合利用的效果，又可以反映企业利用债权人及所有者提供资本的盈利能力和增值能力。其计算公式为：

总资产报酬率=息税前利润÷平均总资产×100%

该指标越高，表明资产利用效率越高，说明企业在增加收入、节约资金使用等方面取得了良好的效果；该指标越低，说明企业资产利用效率越低，应分析原因，提高营业利润率，加速资金周转，提高企业经营管理水平。

（五）净资产收益率

净资产收益率又叫自有资金利润率或权益报酬率，是净利润与平均所有者权益的比值，它反映企业自有资金的投资收益水平。其计算公式为：

净资产收益率=净利润÷平均所有者权益×100%

该指标是企业盈利能力指标的核心，也是杜邦财务分析指标体系的核心，更是投资者关注的重点。

【例11-3】本章各项财务比率的计算，将主要以M公司为例，该公司的资产负债表、利润表如表11-3、表11-4所示。

表11-3　**资产负债表**　会企01表

编制单位：M公司　2022年12月31日　单位：万元

资产	期末余额	上年年末余额	负债和所有者权益	期末余额	上年年末余额
流动资产：			流动负债：		
货币资金	250	125	短期借款	300	225
交易性金融资产	30	60	交易性金融负债		
衍生金融资产			衍生金融负债		
应收票据	40	55	应付票据	25	20
应收账款	1 990	995	应付账款	500	545
预付款项	260	75	预收款项	50	20
其他应收款	110	110	应付职工薪酬	70	85
存货	595	1 630	应交税费	35	40
持有待售资产			其他应付款	115	90
一年内到期的非流动资产	225	0	持有待售负债		
其他流动资产			一年内到期的非流动负债	250	0
流动资产合计	3 500	3 050	其他流动负债	155	75
非流动资产：			流动负债合计	1 500	1 100
债权投资			非流动负债：		
其他债权投资			长期借款	2 250	1 225
长期应收款			应付债券	1 200	1 300
长期股权投资	150	225	其中：优先股		
投资性房地产			永续债		
固定资产	6 190	4 835	长期应付款		
在建工程	90	175	预计负债		
生产性生物资产			递延收益		
油气资产			递延所得税负债		
无形资产	30	40	其他非流动负债	350	375
开发支出			非流动负债合计	3 800	2 900
商誉			负债合计	5 300	4 000
长期待摊费用			所有者权益：		

续表

资产	期末余额	上年年末余额	负债和所有者权益	期末余额	上年年末余额
递延所得税资产	25	75	实收资本	3 000	3 000
其他非流动资产	15	0	其他权益工具		
非流动资产合计	6 500	5 350	其中：优先股		
			永续债		
			资本公积	80	50
			减：库存股		
			其他综合收益		
			专项储备		
			盈余公积	370	200
			未分配利润	1 250	1 150
			所有者权益合计	4 700	4 400
资产总计	10 000	8 400	负债和所有者权益总计	10 000	8 400

表11-4 **利润表**

编制单位：M公司　　2022年度　　单位：万元

项　目	上期金额	本期金额
一、营业收入	14 250	15 000
减：营业成本	12 515	13 220
税金及附加	140	140
销售费用	100	110
管理费用	200	230
财务费用	480	550
加：公允价值变动收益	180	100
投资收益	120	200
二、营业利润	1 115	1 050
加：营业外收入	85	50
减：营业外支出	25	100
三、利润总额	1 175	1 000
减：所得税费用	375	320
四、净利润	800	680

根据M公司2022年资产负债表和利润表的相关信息进行财务指标分析，具体分析步骤如下：

第一步：计算短期偿债能力分析指标。

（1）流动比率=流动资产÷流动负债

2021年：流动比率=3 050÷1 100=2.773

2022年：流动比率=3 500÷1 500=2.333

M公司2022年年初年末流动比率均大于2，说明该企业具有较强的短期偿债能力。流动比率虽然可以用来评价流动资产总体的变现能力，但流动资产中包含存货这类变现能力较差的资产，如能将其剔除，其所反映的短期偿债能力更加令人可信，这个指标就是速动比率。

（2）速动比率=速动资产÷流动负债

2021年：速动比率=（125+60+55+995+110）÷1 100=1.22

2022年：速动比率=（250+30+40+1 990+110）÷1 500=1.61

M公司2022年年初年末的速动比率都比一般公认标准高，一般认为其短期偿债能力较强，但进一步分析可以发现，在M公司的速动资产中应收账款比重很高（分别约占74%和82%），而应收账款不一定能按时收回，所以我们还必须计算分析第三个重要比率——现金比率。

（3）现金比率=（货币资金+以公允价值计量且其变动计入当期损益的金融资产）÷流动负债

2021年：现金比率=（125+60）÷1 100=0.168

2022年：现金比率=（250+30）÷1 500=0.186

M公司虽然流动比率和速动比率都较高，而现金比率偏低，说明该公司短期偿债能力还是有一定风险，应缩短收账期，加大应收账款催账力度，以加速应收账款资金的周转。

第二步：计算长期偿债能力分析指标。

（1）资产负债率=负债总额÷资产总额×100%

2021年：资产负债率=（1 100+2 900）÷8 400×100%=47.62%

2022年：资产负债率=（1 500+3 800）÷10 000×100%=53%

M公司年初资产负债率为47.62%，低于50%，而年末资产负债率为53%，虽然偏高，但在合理的范围内，说明M公司有一定的偿债能力和负债经营能力。

（2）产权比率=负债总额÷所有者权益×100%

2021年：产权比率=（1 100+2 900）÷4 400×100%=90.91%

2022年：产权比率=（1 500+3 800）÷4 700×100%=112.77%

由计算可知，M公司年初的产权比率不是很高，而年末的产权比率偏高，表明年末该公司举债经营程度偏高，财务结构不很稳定。

（3）假定表中财务费用全部为利息费用，资本化利息为0，则M公司利息保障倍数为：

利息保障倍数=息税前利润÷利息费用

2021年：利息保障倍数=（1 175+480）÷480=3.45

2022年：利息保障倍数=（1 000+550）÷550=2.82

第三步：计算营运能力分析指标。

（1）应收账款周转次数=营业收入÷应收账款平均余额

应收账款周转天数=计算期天数÷应收账款周转次数

应收账款周转次数=$\frac{15\ 000}{(1\ 990+995)\div 2}$=10.05（次）

应收账款周转天数=360÷10.05≈36（天）

在评价应收账款周转率指标时，应将计算出的指标与该企业前期、与行业平均水平或其他类似企业相比较来判断该指标的高低。

（2）存货周转次数=营业成本÷存货平均余额

存货周转天数=计算期天数÷存货周转次数

存货周转次数=$\frac{13\ 220}{(1\ 630+595)\div 2}$=11.88（次）

存货周转天数=360÷11.88=30（天）

一般来讲，存货周转速度越快，存货占用水平越低，流动性越强，存货转化为现金或应收账款的速度就越快，这样会增强企业的短期偿债能力及获利能力。通过存货周转速度分析，有利于找出存货管理中存在的问题，尽可能降低资金占用水平。

（3）流动资产周转次数=营业收入÷流动资产平均余额

流动资产周转天数=计算期天数÷流动资产周转次数

流动资产周转次数=$\frac{15\ 000}{(3\ 050+3\ 500)\div 2}$=4.58（次）

流动资产周转天数=360÷4.58=78.6（天）

（4）固定资产周转率=营业收入÷固定资产平均净值

固定资产净值无法从资产负债表中直接获得，需要查找公司的财务报表附注部分，已知该公司2020年的固定资产净值为4 000万元，2021年固定资产净值为4 775万元，2022年固定资产净值为6 190万元，则该公司固定资产周转率计算如下：

2021年：固定资产周转率=$\frac{14\ 250}{(4\ 000+4\ 775)\div 2}$=3.25（次）

2022年：固定资产周转率=$\frac{15\ 000}{(4\ 775+6\ 190)\div 2}$=2.74（次）

通过以上计算可知，2022年固定资产周转率为2.74次，2021年固定资产周转率为3.25次，说明2022年周转速度比上年慢，其主要原因在于固定资产净值增加幅度要大于营业收入净额增长幅度，说明企业营运能力有所减弱，这种减弱幅度是否合理，还要视公司目标及与同行业水平的比较而定。

（5）总资产周转率=营业收入÷平均资产总额

2021年：总资产周转率=$\frac{14\ 250}{(7\ 500+8\ 400)\div 2}$=1.79（次）

2022年：总资产周转率=$\frac{15\ 000}{(8\ 400+10\ 000)\div 2}$=1.63（次）

从以上计算可知，M公司2022年总资产周转率比上年减慢，这与前面计算分析固定资产周转速度减慢结论一致，该公司应扩大销售额，处理闲置资产，以提高资产使用效率。

第四步：计算盈利能力分析指标。

（1）营业毛利率=（营业收入–营业成本）÷营业收入×100%

2021年：营业毛利率=（14 250−12 515）÷14 250×100%=12.18%

2022年：营业毛利率=（15 000−13 220）÷15 000×100%=11.87%

（2）营业净利率=净利润÷营业收入×100%

2021年：营业净利率=800÷14 250×100%=5.61%

2022年：营业净利率=680÷15 000×100%=4.53%

从上述计算分析可以看出，2022年各项销售利润率指标均比上年有所下降，说明企业盈利能力有所下降，企业应查明原因，采取相应措施，提高盈利水平。

（3）成本费用利润率=利润总额÷成本费用总额×100%

2021年：成本费用利润率=1 175÷（12 515+140+100+200+480）×100%=8.70%

2022年：成本费用利润率=1 000÷（13 220+140+110+230+550）×100%=7.0%

从以上计算可知，M公司2022年成本费用利润率指标比2021年有所下降，这进一步验证了前面销售利润率指标所得出的结论，说明其盈利能力下降。公司应进一步分析利润下降、成本上升的因素，采取有效措施，降低成本，提高盈利能力。

（4）总资产报酬率=息税前利润÷平均总资产×100%

2021年：总资产报酬率=$\dfrac{800+375+480}{(7\,500+8\,400)\div 2}\times 100\%=20.82\%$

2022年：总资产报酬率=$\dfrac{680+320+550}{(8\,400+10\,000)\div 2}\times 100\%=16.85\%$

（5）净资产收益率=净利润÷平均所有者权益×100%

2021年：净资产收益率=$\dfrac{800}{(4\,000+4\,400)\div 2}\times 100\%=19.05\%$

2022年：净资产收益率=$\dfrac{680}{(4\,400+4\,700)\div 2}\times 100\%=14.95\%$

由于该公司所有者权益的增长快于净利润的增长，2022年净资产收益率比上年低了4个多百分点，盈利能力明显降低。

四、发展能力分析

考察企业发展能力的指标主要有：营业收入增长率、净利润增长率、资本积累率、总资产增长率、营业利润增长率、资本保值增值率、技术投入比率、三年营业平均增长率和三年平均资本增长率等指标。下面仅对前五种指标进行介绍。

（一）营业收入增长率

营业收入增长率是企业本年营业收入增长额与上年营业收入总额的比率，它反映了企业营业收入的增减变动情况。营业收入增长率大于零，表明企业本年营业收入有所增加。指标值越高，表明企业营业收入的增长速度越快，企业市场前景越好。其计算公式为：

营业收入增长率=本年营业收入增长额÷上年营业收入总额×100%

根据表11-4资料，M公司2021年与2022年的营业收入总额分别为14 250万元、15 000万元，则该公司营业收入增长率为：

营业收入增长率=（15 000−14 250）÷14 250×100%=5.26%

（二）净利润增长率

净利润增长率是企业本年净利润增长额与上年净利润总额的比率，它反映了企业净利润的增减变动情况。该指标越高，表明企业获取净利润的能力越强；反之，则表明企业获取净利润的能力越弱。其计算公式为：

净利润增长率=本年净利润增长额÷上年净利润总额×100%

根据表11-4资料，M公司2021年与2022年的净利润分别为800万元、680万元，则该公司净利润增长率为：

净利润增长率=（680-800）÷800×100%=-15%

（三）资本积累率

资本积累率是企业本年所有者权益增长额与年初所有者权益总额的比率，它反映了企业当年资本的积累能力。资本积累率越高，表明企业的资本积累越多，企业应对风险、持续发展的能力越强。其计算公式为：

资本积累率=本年所有者权益增长额÷年初所有者权益总额×100%

根据表11-3资料，M公司2022年年初与年末的所有者权益分别为4 400万元、4 700万元，则该公司资本积累率为：

资本积累率=（4 700-4 400）÷4 400×100%=6.81%

（四）总资产增长率

总资产增长率是企业本年总资产增长额与年初资产总额的比率，它反映了企业本期资产规模的增长情况。总资产增长率越高，表明企业一定时期内资产经营规模扩张的速度越快。但在分析时，数据使用者应关注资产规模扩张的质和量的关系，以及企业的后续发展能力，避免盲目扩张。其计算公式为：

总资产增长率=本年总资产增长额÷年初资产总额×100%

根据表11-3资料，M公司2022年年初与年末的总资产分别为8 400万元、10 000万元，则该公司总资产增长率为：

总资产增长率=（10 000-8 400）÷8 400×100%=19%

（五）营业利润增长率

营业利润增长率是企业本年营业利润增长额与上年营业利润总额的比率，它反映了企业营业利润的增减变动情况。其计算公式为：

营业利润增长率=本年营业利润增长额÷上年营业利润总额×100%

根据表11-4资料，M公司2021年与2022年的营业利润分别为1 115万元、1 050万元，则该公司营业利润增长率为：

营业利润增长率=（1 050-1 115）÷1 115×100%=-5.83%

第四节　财务综合分析

一、财务综合分析概述

（一）财务综合分析的概念

在前面的内容中，我们已经介绍了企业偿债能力、营运能力和盈利能力以及发展能力等各种财务分析指标，但单独分析任何一项财务指标，就跟盲人摸象一样，都难以全面评价企业的经营与财务状况。要作全面的分析，必须采取适当的方法，对企业财务进行综合分析与评价。所谓财务综合分析，就是将企业营运能力、偿债能力和盈利能力等方面的分析纳入一个有机的分析系统之中，全面地对企业财务状况、经营状况进行解剖和分析，从而对企业经济效益做出较为准确的评价与判断。

（二）财务综合分析的特点

一个健全有效的财务综合指标体系必须具有以下特点：

1.评价指标要全面

设置的评价指标要尽可能涵盖偿债能力、营运能力和盈利能力等各方面的考核要求。

2.主辅指标功能要匹配

在分析中要做到：①明确企业分析指标的主辅地位；②能从不同侧面、不同层次反映企业财务状况，揭示企业经营业绩。

3.满足各方面经济需求

设置的指标评价体系既要能满足企业内部管理者决策的需要，也要能满足外部投资者和政府管理机构决策及实施宏观调控的要求。

二、财务综合分析的方法

财务综合分析的方法主要有两种：杜邦财务分析体系法和沃尔比重评分法。

（一）杜邦财务分析体系法

这种分析方法首先由美国杜邦公司的经理创立并首先在杜邦公司成功运用，称之为杜邦系统，它是利用财务指标间的内在联系，对企业综合经营理财能力及经济效益进行系统的分析评价的方法。该方法从评价企业绩效最具综合性和代表性的指标——净资产收益率出发，以总资产收益率和权益乘数为核心，重点揭示了企业的盈利能力及权益乘数对净资产收益率的影响，以及财务指标间的相互作用关系。

净资产收益率用公式表示为：

净资产收益率=净利润÷净资产×100%

对相关指标进行分解后，表示如下：

净资产收益率=总资产收益率×权益乘数

总资产收益率=营业净利率×总资产周转率

权益乘数=资产总额÷净资产=1÷（1-资产负债率）

其中：

总资产收益率=净利润÷资产总额×100%

营业净利率=净利润÷营业收入×100%

总资产周转率=营业收入÷资产总额

从以上公式可以得知，决定净资产收益率的因素有三个方面：营业净利率、总资产周转率和权益乘数。这三个因素分别代表了企业的盈利能力、营运能力和偿债能力。

（1）营业净利率反映了企业净利润与营业收入的关系，从这个意义上看，提高营业净利率是提高企业盈利能力的关键所在。要想提高营业净利率：一是要扩大营业收入；二是要降低总成本费用。而降低各项成本费用开支是企业财务管理的一项重要内容。通过对各项成本费用开支的列示，有利于企业进行成本费用的结构分析，加强成本控制，以便为寻求降低成本费用的途径提供依据。

（2）总资产周转率是反映企业资产营运能力的指标，既关系到企业的盈利能力，又关系到企业的偿债能力。一般而言，流动资产直接体现企业的偿债能力和变现能力；非流动资产体现企业的经营规模和发展潜力。两者之间应有一个合理的结构比率，如果企业持有的现金超过业务需要，就可能影响企业的获利能力；如果企业占用过多的存货和应收账款，则既影响盈利能力，又影响偿债能力。为此，就要进一步分析各项资产的占用数额和周转速度。对流动资产应重点分析存货是否有积压现象、货币资金是否闲置、应收账款中客户的付款能力和有无坏账的可能；对非流动资产应重点分析企业固定资产是否得到充分利用。

(3) 权益乘数主要受资产负债率影响。资产负债率大，权益乘数也大，说明企业有较高的负债程度，给企业带来较多的杠杆利益，同时也给企业带来较多的风险。

在利用杜邦财务分析指标体系进行综合分析时，我们可以将各项财务指标之间的关系绘制成杜邦财务分析指标体系图，简称为"杜邦图"。杜邦财务分析指标体系图根据净资产收益率这一核心指标与各项分解指标之间的内在联系，以及所涉及的各项会计要素，按照一定的规律对各项财务指标进行有序排列，从而使得杜邦财务分析体系法更加直观、清晰，更加便于理解。杜邦财务分析指标体系图如图 11-1 所示。

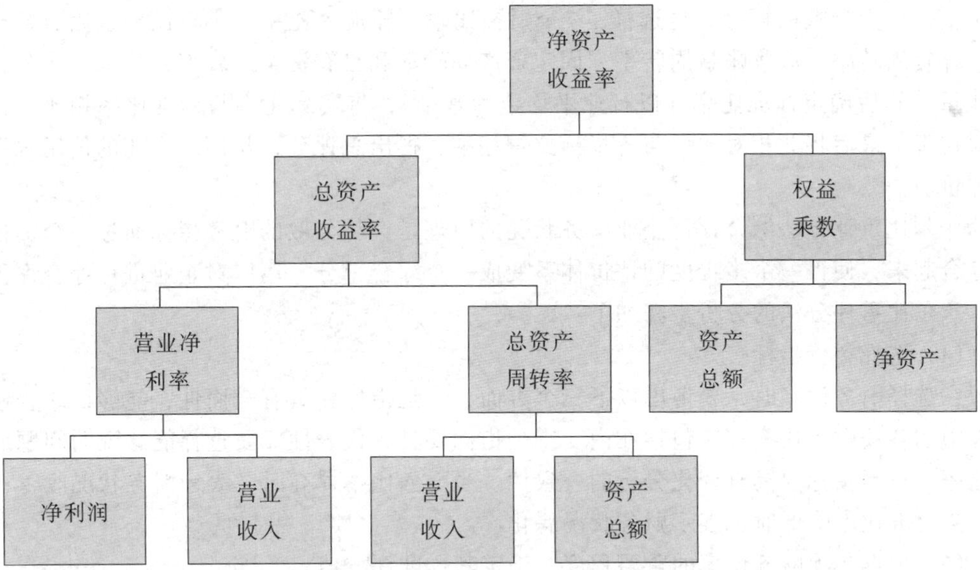

图11-1　杜邦财务分析指标体系图

根据图 11-1 可知：

净资产收益率=营业净利率×总资产周转率×权益乘数

杜邦财务分析指标体系图通过几种主要的财务比率之间的相互关系，全面、系统、直观地反映了企业的整体财务状况和经营成果，从而节省了财务分析人员分析报表的时间。从图 11-1 中可以看出有关主要财务指标关系的信息：①净资产收益率是一个综合性最强的财务比率，是杜邦财务分析体系的核心。它反映所有者投入资本的盈利能力，同时反映企业筹资、投资、资产运营等活动的效率。决定净资产收益率高低的因素有三个方面：权益乘数、营业净利率和总资产周转率，它们分别反映了企业的负债比率、盈利能力比率和资产管理比率。②总资产收益率也是一个重要的财务比率，综合性也较强。它是营业净利率和总资产周转率的乘积，因此，要进一步从销售成果和资产营业两方面来分析。

图11-1中企业的财务指标经过层层分解，在最下层还可以继续分解为报表的具体项目。净利润可以分解为收入与成本费用。收入包括营业收入、公允价值变动收益、投资收益等；成本费用包括营业成本、税金及附加、销售费用、管理费用、财务费用、所得税费用、其他支出等。资产总额可以分为流动资产与非流动资产，流动资产包括货币资金、交易性金融资产、应收账款、预付款项、存货以及其他流动资产；非流动资产包括长期股权投资、固定资产、无形资产以及其他非流动资产等。这样就可以找出净资产收益率提高或降低的原因所在，从而查明原因，采取措施。

（二）沃尔比重评分法

在进行财务分析时，普遍存在将财务比率计算出来后，无法判断其水平高低的问题。横向比较只能了解企业自身的变化，而难以判断企业的市场地位。沃尔比重评分法是将若干选定的财务比率用线性关系结合起来，并按其重要程度分别给定各自的分数比重，即重要性系数，然后通过与标准比率进行比较，确定各项指标的得分及总体指标的累计分数，从而对企业的财务状况做出评价的方法。

亚历山大·沃尔在1928年出版的《信用晴雨表研究》和《财务报表比率分析》中提出了信用能力指数的概念，他选择了7个财务比率，即流动比率、产权比率、固定资产比率、存货周转率、应收账款周转率、固定资产周转率和自有资金周转率，分别给定各指标的比重，然后确定标准比率（以行业平均数为基础），将实际比率与标准比率相比，得出相对比率，最后将此相对比率与各指标比重相乘，得出总评分，从而对企业的信用水平做出评价。

沃尔比重评分法综合评价企业财务状况的原理是：将分散的财务指标通过一个加权体系综合起来，使得一个多维度的评价体系变成一个综合得分，用以对企业进行综合评价。

沃尔比重评分法的分析步骤如下：

（1）选择评价指标。

在选择财务比率时，要考虑以下三个方面：一是指标要具有全面性，能够反映企业财务能力的各项财务比率都应包括在内。二是指标要具有代表性，要选择能够说明问题的财务比率。三是指标要具有变化分析的一致性。当财务比率提高时，表示财务状况改善；反之，当财务比率降低时，表示财务状况恶化。

（2）根据各项财务比率的重要程度，确定其标准评分值。

各项财务比率的标准评分值（简称“评分值”），即各项财务比率的重要性系数或比重。各项财务比率的标准评分值之和为100分。标准评分值的确定是沃尔比重评分法的重点问题，直接影响到企业财务状况的评分多少。在标准评分值的确定上，应根据企业的经营业务、生产经营规模、市场形象和分析者的目的等因素对各项财务比率的重要性做出判断。

（3）规定各项财务比率评分值的上限和下限。

规定各项财务比率评分值的上限（最高评分值）和下限（最低评分值），主要是为了避免个别财务比率发生异常而对总分造成不合理的影响。

（4）确定各项比率指标的标准值。

各项比率指标的标准值即各项比率指标在企业现时条件下的最优值，标准值通常参照行业平均水平，也可以结合企业实际情况进行适当的调整。

（5）计算企业在一定时期内各项财务比率指标的实际值。

（6）计算各项财务比率的实际得分，形成评价结果。

计算各项财务比率的实际值与标准值的比率，即计算关系比率。各项财务比率的评分与关系比率的乘积即为各项财务比率的实际得分，各项财务比率的实际得分均不得超过上限和下限。各项财务比率实际得分的合计就是企业财务状况的综合得分，该综合得分的高低反映了企业综合财务状况是否良好。

沃尔比重评分法的计算公式：

实际分数=关系比率×评分值=实际值÷标准值×评分值

本章小结

财务分析就是以财务报表和其他资料为依据和起点，采用专门方法，系统分析和评价企业的财务状况、经营成果和现金流量状况的过程。财务分析是评价财务状况及经营业绩的重要依据，是实现理财目标的重要手段，也是实施正确投资决策的重要步骤。财务分析方法多种多样，但常用的有以下三种方法：比率分析法、因素分析法和趋势分析法。财务分析的内容主要包括偿债能力分析、营运能力分析、盈利能力分析、发展能力分析和综合分析。财务综合分析就是将企业营运能力、偿债能力和盈利能力等方面的分析纳入一个有机的分析系统之中，全面地对企业财务状况、经营状况进行解剖和分析，从而对企业经济效益做出较为准确的评价与判断。财务综合分析的方法主要有两种：杜邦财务分析体系法和沃尔比重评分法。

核心词汇

财务分析　因素分析法　趋势分析法　偿债能力　营运能力　盈利能力　发展能力　财务指标　净资产收益率　总资产收益率　权益乘数　营业净利率　总资产周转率　杜邦财务分析体系法　沃尔比重评分法

思政小课堂

会计信息的失真将导致国家宏观经济决策失误，给国家带来重大经济损失，并使社会公众对会计诚信基础产生怀疑，从根本上动摇市场经济的信用基础，危害宏观经济的正常运行。所以，只有保障会计信息的真实性，才能根据财务数据的分析结果确定合理的资源配置方案，进而对国家、企业资源进行充分运用，最终推动社会经济的健康发展。财务分析通过利用不同的分析方法，分析财务数据存在的异常情况，辨别财务舞弊造假案例，并认识财务舞弊案例产生的社会后果，提高自身的社会责任感，塑造自身诚实守信的优良职业品质。

知识演练

一、单项选择题

1.比率分析法是指将财务报告中（　　）的指标加以比较，计算比率，据此评价企业财务状况和经营成果的方法。

A.相关　　B.无关　　C.相同　　D.不同

2.权益乘数是（　　）。

A.1÷（1–产权比率）　　B.1÷（1–资产负债率）

C.1–资产负债率　　D.1–净资产收益率

3.某企业2022年年初与年末所有者权益分别为250万元和400万元，则资本保值增值率为（　　）。

A.62.5%　　B.160%　　C.60%　　D.40%

4.如果营运资金大于0，则以下结论正确的是（　　）。

A.速动比率大于1　　B.现金比率大于1

C.流动比率大于1　　D.短期偿债能力绝对有保障

5.（　　）指标不是评价企业短期偿债能力的指标。

A.流动比率　　B.速动比率　　C.现金比率　　D.产权比率

6.（　　）是企业财务结构稳健与否的重要标志。

A.资产负债率　　B.产权比率　　C.现金比率　　D.流动比率

7.当企业流动比率大于1时，增加流动资金借款会使当期流动比率（　　）。

A.降低　　B.不变　　C.提高　　D.不确定

8.从股东角度来说，在通货膨胀时期，企业通过（　　）可以将损失和风险转移给债权人。

A.增加负债　　B.提高所有者权益

C.减少负债　　D.减少所有者权益

9.下列分析法中，属于财务综合分析方法的是（　　）。

A.因素分析法　　B.比率分析法

C.趋势分析法　　D.沃尔比重分析法

10.（　　）指标是一个综合性最强的财务比率，也是杜邦财务分析体系的核心。

A.销售利润率　　B.资产周转率　　C.权益乘数　　D.净资产收益率

二、多项选择题

1.财务综合分析的方法有（　　）。

A.因素分析法　　B.比率分析法

C.杜邦财务分析体系法　　D.沃尔比重评分法

2.关于现金营运指数，下列说法中正确的有（　　）。

A.它不含有非付现费用

B.该指数越大，说明收益质量越不好

C.该指数小于1，说明有部分收益仍停留在债权形态

D.该指数小于1，说明没有增加收益而多占用了营运资金

3. 获取现金能力分析指标有（　　）。

A. 销售现金比率　　B. 每股营业现金净流量

C. 全部资产现金回收率　　D. 现金营运指数

4. 财务分析的基本内容包括（　　）。

A. 发展能力分析　　B. 营运能力分析　　C. 盈利能力分析　　D. 偿债能力分析

5. 衡量企业短期偿债能力的指标有（　　）。

A. 资产负债率　　B. 流动比率　　C. 速动比率　　D. 现金比率

6. 应收账款周转率提高，意味着企业（　　）。

A. 短期偿债能力增强　　B. 盈利能力提高

C. 坏账成本下降　　D. 流动比率提高

7. 影响存货周转率的因素有（　　）。

A. 销售收入　　B. 销货成本　　C. 存货计价方法　　D. 存货余额

8. 反映企业长期偿债能力的指标有（　　）。

A. 产权比率　　B. 资产负债率　　C. 总资产周转率　　D. 利息保障倍数

9. 属于营运能力分析的指标有（　　）。

A. 存货周转率　　B. 应收账款周转率

C. 固定资产周转率　　D. 流动资产周转率

10. 企业盈利能力分析可以运用的指标有（　　）。

A. 资本保值增值率　　B. 成本利润率

C. 权益乘数　　D. 总资产周转率

三、判断题

1. 相关比率反映部分与总体的关系。（　　）

2. 在采用因素分析法时，可任意颠倒顺序，其计算结果是相同的。（　　）

3. 盈利能力分析主要分析企业各项资产的使用效果。（　　）

4. 存货周转率是销售收入与存货平均余额之比。（　　）

5. 现金营运指数是经营净收益与净利润之比。（　　）

6. 获取现金能力可通过经营现金净流量与投入资源之比来反映。（　　）

7. 在杜邦财务分析体系中计算权益乘数时，资产负债率是用期末负债总额与期末资产总额来计算的。（　　）

8. 采用因素分析法，可以分析引起变化的主要原因、变动性质，并可预测企业未来的发展前景。（　　）

9. 在总资产净利率不变的情况下，资产负债率越低，净资产收益率越高。（　　）

10. 产权比率高是低风险、低报酬的财务结构，表明债权人的利益因股东提供的资本所占比重较大而具有充分保障。（　　）

四、计算题

1. 某公司总资产期初数 1 000 万元，期末数 1 200 万元，其中：存货期初数为 200 万元，期末数为 260 万元；期初流动负债为 160 万元，期末流动负债为 235 万元。期初速动比率为 0.8，期末流动比率为 1.67，本期总资产周转次数为 1.2 次（假定该公司流动资产等于速动资产加存货）。

要求：

（1）计算该公司流动资产的期初数与期末数；

（2）计算该公司本期销售收入；

（3）计算该公司本期流动资产平均余额和流动资产周转次数。

2.某公司年初存货为15万元，应收账款为12万元。年末流动比率为2，速动比率为1.5，存货周转率为4次，流动资产为42万元，其中现金类资产10万元，本期销售成本率为80%（假设该公司流动资产包括存货、应收账款和现金类资产，其他忽略不计）。

要求：计算该公司的本年销售额和应收账款的平均收账期。

3.A公司2022年年末有关资料如下：

（1）货币资产为750万元，固定资产净值为6 100万元，资产总额为16 200万元；

（2）应交税费为50万元，实收资本为7 500万元；

（3）存货周转率为6次，期初存货为1 500万元，本期销售成本14 700万元；

（4）流动比率为2，产权比率为0.7。

要求：计算表11-5中未知项目，将该简要资产负债表填列完整。

表11-5 **A公司资产负债表**

2022年12月31日 单位：万元

项目	金额	项目	金额
货币资产（1）		应付账款（6）	
应收账款（2）		应交税费（7）	
存货（3）		非流动负债（8）	
固定资产（4）		实收资本（9）	
		未分配利润（10）	
资产总计（5）		负债和所有者权益总计（11）	

4.已知某公司2022年资产负债表和利润表部分数据（见表11-6），请完成下面题目的要求。

表11-6 **某公司2022年资产负债表及利润表的有关项目资料** 单位：万元

项目	期末余额	年初余额	项目	本期金额	上期金额
流动资产	2 321 208	1 534 803	营业收入	1 787 615	1 174 155
资产总额	3 047 727	2 037 983	财务费用	−31 548	−2 246
流动负债	1 803 202	1 352 433	利润总额	431 358	179 643
负债总额	2 101 415	1 598 427	税后利润	353 156	155 251
所有者权益总额	946 312	439 556			

该公司所处行业有关财务比率指标的平均值为：流动比率1.1、资产负债率69.5%、流动资产周转率1.0、总资产周转率0.6、总资产收益率5%、净资产收益率9%、营业收入增长率12%、资本积累率11%。

要求：

（1）请计算该公司上述财务比率的实际值。

（2）请采用沃尔比重评分法对该公司的财务状况与经营成果进行综合分析与评价。

附 录

终值、现值系数表

附表1　　复利终值系数表计算公式：$F = (1 + i)^n$

期数	1%	2%	3%	4%	5%	6%	7%	8%	9%	10%
1	1.0100	1.0200	1.0300	1.0400	1.0500	1.0600	1.0700	1.0800	1.0900	1.1000
2	1.0201	1.0404	1.0609	1.0816	1.1025	1.1236	1.1449	1.1664	1.1881	1.2100
3	1.0303	1.0612	1.0927	1.1249	1.1576	1.1910	1.2250	1.2597	1.2950	1.3310
4	1.0406	1.0824	1.1255	1.1699	1.2155	1.2625	1.3108	1.3605	1.4116	1.4641
5	1.0510	1.1041	1.1593	1.2167	1.2763	1.3382	1.4026	1.4693	1.5386	1.6105
6	1.0615	1.1262	1.1941	1.2653	1.3401	1.4185	1.5007	1.5869	1.6771	1.7716
7	1.0721	1.1487	1.2299	1.3159	1.4071	1.5036	1.6058	1.7138	1.8280	1.9487
8	1.0829	1.1717	1.2668	1.3686	1.4775	1.5938	1.7182	1.8509	1.9926	2.1436
9	1.0937	1.1951	1.3048	1.4233	1.5513	1.6895	1.8385	1.9990	2.1719	2.3579
10	1.1046	1.2190	1.3439	1.4802	1.6289	1.7908	1.9672	2.1589	2.3674	2.5937
11	1.1157	1.2434	1.3842	1.5395	1.7103	1.8983	2.1049	2.3316	2.5804	2.8531
12	1.1268	1.2682	1.4258	1.6010	1.7959	2.0122	2.2522	2.5182	2.8127	3.1384
13	1.1381	1.2936	1.4685	1.6651	1.8856	2.1329	2.4098	2.7196	3.0658	3.4523
14	1.1495	1.3195	1.5126	1.7317	1.9799	2.2609	2.5785	2.9372	3.3417	3.7975
15	1.1610	1.3459	1.5580	1.8009	2.0789	2.3966	2.7590	3.1722	3.6425	4.1772
16	1.1726	1.3728	1.6047	1.8730	2.1829	2.5404	2.9522	3.4259	3.9703	4.5950
17	1.1843	1.4002	1.6528	1.9479	2.2920	2.6928	3.1588	3.7000	4.3276	5.0545
18	1.1961	1.4282	1.7024	2.0258	2.4066	2.8543	3.3799	3.9960	4.7171	5.5599
19	1.2081	1.4568	1.7535	2.1068	2.5270	3.0256	3.6165	4.3157	5.1417	6.1159
20	1.2202	1.4859	1.8061	2.1911	2.6533	3.2071	3.8697	4.6610	5.6044	6.7275
21	1.2324	1.5157	1.8603	2.2788	2.7860	3.3996	4.1406	5.0338	6.1088	7.4002
22	1.2447	1.5460	1.9161	2.3699	2.9253	3.6035	4.4304	5.4365	6.6586	8.1403
23	1.2572	1.5769	1.9736	2.4647	3.0715	3.8197	4.7405	5.8715	7.2579	8.9543
24	1.2697	1.6084	2.0328	2.5633	3.2251	4.0489	5.0724	6.3412	7.9111	9.8497
25	1.2824	1.6406	2.0938	2.6658	3.3864	4.2919	5.4274	6.8485	8.6231	10.8347
26	1.2953	1.6734	2.1566	2.7725	3.5557	4.5494	5.8074	7.3964	9.3992	11.9182
27	1.3082	1.7069	2.2213	2.8834	3.7335	4.8223	6.2139	7.9881	10.2451	13.1100
28	1.3213	1.7410	2.2879	2.9987	3.9201	5.1117	6.6488	8.6271	11.1671	14.4210
29	1.3345	1.7758	2.3566	3.1187	4.1161	5.4184	7.1143	9.3173	12.1722	15.8631
30	1.3478	1.8114	2.4273	3.2434	4.3219	5.7435	7.6123	10.0627	13.2677	17.4494

续表

期数	11%	12%	13%	14%	15%	16%	17%	18%	19%	20%
1	1.1100	1.1200	1.1300	1.1400	1.1500	1.1600	1.1700	1.1800	1.1900	1.2000
2	1.2321	1.2544	1.2769	1.2996	1.3225	1.3456	1.3689	1.3924	1.4161	1.4400
3	1.3676	1.4049	1.4429	1.4815	1.5209	1.5609	1.6016	1.6430	1.6852	1.7280
4	1.5181	1.5735	1.6305	1.6890	1.7490	1.8106	1.8739	1.9388	2.0053	2.0736
5	1.6851	1.7623	1.8424	1.9254	2.0114	2.1003	2.1924	2.2878	2.3864	2.4883
6	1.8704	1.9738	2.0820	2.1950	2.3131	2.4364	2.5652	2.6996	2.8398	2.9860
7	2.0762	2.2107	2.3526	2.5023	2.6600	2.8262	3.0012	3.1855	3.3793	3.5832
8	2.3045	2.4760	2.6584	2.8526	3.0590	3.2784	3.5115	3.7589	4.0214	4.2998
9	2.5580	2.7731	3.0040	3.2519	3.5179	3.8030	4.1084	4.4355	4.7854	5.1598
10	2.8394	3.1058	3.3946	3.7072	4.0456	4.4114	4.8068	5.2338	5.6947	6.1917
11	3.1518	3.4786	3.8359	4.2262	4.6524	5.1173	5.6240	6.1759	6.7767	7.4301
12	3.4985	3.8960	4.3345	4.8179	5.3503	5.9360	6.5801	7.2876	8.0642	8.9161
13	3.8833	4.3635	4.8980	5.4924	6.1528	6.8858	7.6987	8.5994	9.5964	10.6993
14	4.3104	4.8871	5.5348	6.2613	7.0757	7.9875	9.0075	10.1472	11.4198	12.8392
15	4.7846	5.4736	6.2543	7.1379	8.1371	9.2655	10.5387	11.9737	13.5895	15.4070
16	5.3109	6.1304	7.0673	8.1372	9.3576	10.7480	12.3303	14.1290	16.1715	18.4884
17	5.8951	6.8660	7.9861	9.2765	10.7613	12.4677	14.4265	16.6722	19.2441	22.1861
18	6.5436	7.6900	9.0243	10.5752	12.3755	14.4625	16.8790	19.6733	22.9005	26.6233
19	7.2633	8.6128	10.1974	12.0557	14.2318	16.7765	19.7484	23.2144	27.2516	31.9480
20	8.0623	9.6463	11.5231	13.7435	16.3665	19.4608	23.1056	27.3930	32.4294	38.3376
21	8.9492	10.8038	13.0211	15.6676	18.8215	22.5745	27.0336	32.3238	38.5910	46.0051
22	9.9336	12.1003	14.7138	17.8610	21.6447	26.1864	31.6293	38.1421	45.9233	55.2061
23	11.0263	13.5523	16.6266	20.3616	24.8915	30.3762	37.0062	45.0076	54.6487	66.2474
24	12.2392	15.1786	18.7881	23.2122	28.6252	35.2364	43.2973	53.1090	65.0320	79.4968
25	13.5855	17.0001	21.2305	26.4619	32.9190	40.8742	50.6578	62.6686	77.3881	95.3962
26	15.0799	19.0401	23.9905	30.1666	37.8568	47.4141	59.2697	73.9490	92.0918	114.4755
27	16.7387	21.3249	27.1093	34.3899	43.5353	55.0004	69.3455	87.2598	109.5893	137.3706
28	18.5799	23.8839	30.6335	39.2045	50.0656	63.8004	81.1342	102.9666	130.4112	164.8447
29	20.6237	26.7499	34.6158	44.6931	57.5755	74.0085	94.9271	121.5005	155.1893	197.8136
30	22.8923	29.9599	39.1159	50.9502	66.2118	85.8499	111.0647	143.3706	184.6753	237.3763

续表

期数	21%	22%	23%	24%	25%	26%	27%	28%	29%	30%
1	1.2100	1.2200	1.2300	1.2400	1.2500	1.2600	1.2700	1.2800	1.2900	1.3000
2	1.4641	1.4884	1.5129	1.5376	1.5625	1.5876	1.6129	1.6384	1.6641	1.6900
3	1.7716	1.8158	1.8609	1.9066	1.9531	2.0004	2.0484	2.0972	2.1467	2.1970
4	2.1436	2.2153	2.2889	2.3642	2.4414	2.5205	2.6014	2.6844	2.7692	2.8561
5	2.5937	2.7027	2.8153	2.9316	3.0518	3.1758	3.3038	3.4360	3.5723	3.7129
6	3.1384	3.2973	3.4628	3.6352	3.8147	4.0015	4.1959	4.3980	4.6083	4.8268
7	3.7975	4.0227	4.2593	4.5077	4.7684	5.0419	5.3288	5.6295	5.9447	6.2749
8	4.5950	4.9077	5.2389	5.5895	5.9605	6.3528	6.7675	7.2058	7.6686	8.1573
9	5.5599	5.9874	6.4439	6.9310	7.4506	8.0045	8.5948	9.2234	9.8925	10.6045
10	6.7275	7.3046	7.9259	8.5944	9.3132	10.0857	10.9153	11.8059	12.7614	13.7858
11	8.1403	8.9117	9.7489	10.6571	11.6415	12.7080	13.8625	15.1116	16.4622	17.9216
12	9.8497	10.8722	11.9912	13.2148	14.5519	16.0120	17.6053	19.3428	21.2362	23.2981
13	11.9182	13.2641	14.7491	16.3863	18.1899	20.1752	22.3588	24.7588	27.3947	30.2875
14	14.4210	16.1822	18.1414	20.3191	22.7374	25.4207	28.3957	31.6913	35.3391	39.3738
15	17.4494	19.7423	22.3140	25.1956	28.4217	32.0301	36.0625	40.5648	45.5875	51.1859
16	21.1138	24.0856	27.4462	31.2426	35.5271	40.3579	45.7994	51.9230	58.8079	66.5417
17	25.5477	29.3844	33.7588	38.7408	44.4089	50.8510	58.1652	66.4614	75.8621	86.5042
18	30.9127	35.8490	41.5233	48.0386	55.5112	64.0722	73.8698	85.0706	97.8622	112.4554
19	37.4043	43.7358	51.0737	59.5679	69.3889	80.7310	93.8147	108.8904	126.2422	146.1920
20	45.2593	53.3576	62.8206	73.8641	86.7362	101.7211	119.1446	139.3797	162.8524	190.0496
21	54.7637	65.0963	77.2694	91.5915	108.4202	128.1685	151.3137	178.4060	210.0796	247.0645
22	66.2641	79.4175	95.0413	113.5735	135.5253	161.4924	192.1683	228.3596	271.0027	321.1839
23	80.1795	96.8894	116.9008	140.8312	169.4066	203.4804	244.0538	292.3003	349.5935	417.5391
24	97.0172	118.2050	143.7880	174.6306	211.7582	256.3853	309.9483	374.1444	450.9756	542.8008
25	117.3909	144.2101	176.8593	216.5420	264.6978	323.0454	393.6344	478.9049	581.7585	705.6410
26	142.0429	175.9364	217.5369	268.5121	330.8722	407.0373	499.9157	612.9982	750.4685	917.3333
27	171.8719	214.6424	267.5704	332.9550	413.5903	512.8670	634.8929	784.6377	968.1044	1192.5333
28	207.9651	261.8637	329.1115	412.8642	516.9879	646.2124	806.3140	1004.3363	1248.8546	1550.2933
29	251.6377	319.4737	404.8072	511.9516	646.2349	814.2276	1024.0187	1285.5504	1611.0225	2015.3813
30	304.4816	389.7579	497.9129	634.8199	807.7936	1025.9267	1300.5038	1645.5046	2078.2190	2619.9956

附表2　　**复利现值系数表计算公式：** $P = (1+i)^{-n}$

期数	1%	2%	3%	4%	5%	6%	7%	8%	9%	10%
1	0.9901	0.9804	0.9709	0.9615	0.9524	0.9434	0.9346	0.9259	0.9174	0.9091
2	0.9803	0.9612	0.9426	0.9246	0.907	0.89	0.8734	0.8573	0.8417	0.8264
3	0.9706	0.9423	0.9151	0.889	0.8638	0.8396	0.8163	0.7938	0.7722	0.7513
4	0.961	0.9238	0.8885	0.8548	0.8227	0.7921	0.7629	0.735	0.7084	0.683
5	0.9515	0.9057	0.8626	0.8219	0.7835	0.7473	0.713	0.6806	0.6499	0.6209
6	0.942	0.888	0.8375	0.7903	0.7462	0.705	0.6663	0.6302	0.5963	0.5645
7	0.9327	0.8706	0.8131	0.7599	0.7107	0.6651	0.6227	0.5835	0.547	0.5132
8	0.9235	0.8535	0.7894	0.7307	0.6768	0.6274	0.582	0.5403	0.5019	0.4665
9	0.9143	0.8368	0.7664	0.7026	0.6446	0.5919	0.5439	0.5002	0.4604	0.4241
10	0.9053	0.8203	0.7441	0.6756	0.6139	0.5584	0.5083	0.4632	0.4224	0.3855
11	0.8963	0.8043	0.7224	0.6496	0.5847	0.5268	0.4751	0.4289	0.3875	0.3505
12	0.8874	0.7885	0.7014	0.6246	0.5568	0.497	0.444	0.3971	0.3555	0.3186
13	0.8787	0.773	0.681	0.6006	0.5303	0.4688	0.415	0.3677	0.3262	0.2897
14	0.87	0.7579	0.6611	0.5775	0.5051	0.4423	0.3878	0.3405	0.2992	0.2633
15	0.8613	0.743	0.6419	0.5553	0.481	0.4173	0.3624	0.3152	0.2745	0.2394
16	0.8528	0.7284	0.6232	0.5339	0.4581	0.3936	0.3387	0.2919	0.2519	0.2176
17	0.8444	0.7142	0.605	0.5134	0.4363	0.3714	0.3166	0.2703	0.2311	0.1978
18	0.836	0.7002	0.5874	0.4936	0.4155	0.3503	0.2959	0.2502	0.212	0.1799
19	0.8277	0.6864	0.5703	0.4746	0.3957	0.3305	0.2765	0.2317	0.1945	0.1635
20	0.8195	0.673	0.5537	0.4564	0.3769	0.3118	0.2584	0.2145	0.1784	0.1486
21	0.8114	0.6598	0.5375	0.4388	0.3589	0.2942	0.2415	0.1987	0.1637	0.1351
22	0.8034	0.6468	0.5219	0.422	0.3418	0.2775	0.2257	0.1839	0.1502	0.1228
23	0.7954	0.6342	0.5067	0.4057	0.3256	0.2618	0.2109	0.1703	0.1378	0.1117
24	0.7876	0.6217	0.4919	0.3901	0.3101	0.247	0.1971	0.1577	0.1264	0.1015
25	0.7798	0.6095	0.4776	0.3751	0.2953	0.233	0.1842	0.146	0.116	0.0923
26	0.772	0.5976	0.4637	0.3607	0.2812	0.2198	0.1722	0.1352	0.1064	0.0839
27	0.7644	0.5859	0.4502	0.3468	0.2678	0.2074	0.1609	0.1252	0.0976	0.0763
28	0.7568	0.5744	0.4371	0.3335	0.2551	0.1956	0.1504	0.1159	0.0895	0.0693
29	0.7493	0.5631	0.4243	0.3207	0.2429	0.1846	0.1406	0.1073	0.0822	0.063
30	0.7419	0.5521	0.412	0.3083	0.2314	0.1741	0.1314	0.0994	0.0754	0.0573

续表

期数	11%	12%	13%	14%	15%	16%	17%	18%	19%	20%
1	0.9009	0.8929	0.885	0.8772	0.8696	0.8621	0.8547	0.8475	0.8403	0.8333
2	0.8116	0.7972	0.7831	0.7695	0.7561	0.7432	0.7305	0.7182	0.7062	0.6944
3	0.7312	0.7118	0.6931	0.675	0.6575	0.6407	0.6244	0.6086	0.5934	0.5787
4	0.6587	0.6355	0.6133	0.5921	0.5718	0.5523	0.5337	0.5158	0.4987	0.4823
5	0.5935	0.5674	0.5428	0.5194	0.4972	0.4761	0.4561	0.4371	0.419	0.4019
6	0.5346	0.5066	0.4803	0.4556	0.4323	0.4104	0.3898	0.3704	0.3521	0.3349
7	0.4817	0.4523	0.4251	0.3996	0.3759	0.3538	0.3332	0.3139	0.2959	0.2791
8	0.4339	0.4039	0.3762	0.3506	0.3269	0.305	0.2848	0.266	0.2487	0.2326
9	0.3909	0.3606	0.3329	0.3075	0.2843	0.263	0.2434	0.2255	0.209	0.1938
10	0.3522	0.322	0.2946	0.2697	0.2472	0.2267	0.208	0.1911	0.1756	0.1615
11	0.3173	0.2875	0.2607	0.2366	0.2149	0.1954	0.1778	0.1619	0.1476	0.1346
12	0.2858	0.2567	0.2307	0.2076	0.1869	0.1685	0.152	0.1372	0.124	0.1122
13	0.2575	0.2292	0.2042	0.1821	0.1625	0.1452	0.1299	0.1163	0.1042	0.0935
14	0.232	0.2046	0.1807	0.1597	0.1413	0.1252	0.111	0.0985	0.0876	0.0779
15	0.209	0.1827	0.1599	0.1401	0.1229	0.1079	0.0949	0.0835	0.0736	0.0649
16	0.1883	0.1631	0.1415	0.1229	0.1069	0.093	0.0811	0.0708	0.0618	0.0541
17	0.1696	0.1456	0.1252	0.1078	0.0929	0.0802	0.0693	0.06	0.052	0.0451
18	0.1528	0.13	0.1108	0.0946	0.0808	0.0691	0.0592	0.0508	0.0437	0.0376
19	0.1377	0.1161	0.0981	0.0829	0.0703	0.0596	0.0506	0.0431	0.0367	0.0313
20	0.124	0.1037	0.0868	0.0728	0.0611	0.0514	0.0433	0.0365	0.0308	0.0261
21	0.1117	0.0926	0.0768	0.0638	0.0531	0.0443	0.037	0.0309	0.0259	0.0217
22	0.1007	0.0826	0.068	0.056	0.0462	0.0382	0.0316	0.0262	0.0218	0.0181
23	0.0907	0.0738	0.0601	0.0491	0.0402	0.0329	0.027	0.0222	0.0183	0.0151
24	0.0817	0.0659	0.0532	0.0431	0.0349	0.0284	0.0231	0.0188	0.0154	0.0126
25	0.0736	0.0588	0.0471	0.0378	0.0304	0.0245	0.0197	0.016	0.0129	0.0105
26	0.0663	0.0525	0.0417	0.0331	0.0264	0.0211	0.0169	0.0135	0.0109	0.0087
27	0.0597	0.0469	0.0369	0.0291	0.023	0.0182	0.0144	0.0115	0.0091	0.0073
28	0.0538	0.0419	0.0326	0.0255	0.02	0.0157	0.0123	0.0097	0.0077	0.0061
29	0.0485	0.0374	0.0289	0.0224	0.0174	0.0135	0.0105	0.0082	0.0064	0.0051
30	0.0437	0.0334	0.0256	0.0196	0.0151	0.0116	0.009	0.007	0.0054	0.0042

续表

期数	21%	22%	23%	24%	25%	26%	27%	28%	29%	30%
1	0.8264	0.8197	0.813	0.8065	0.8	0.7937	0.7874	0.7813	0.7752	0.7692
2	0.683	0.6719	0.661	0.6504	0.64	0.6299	0.62	0.6104	0.6009	0.5917
3	0.5645	0.5507	0.5374	0.5245	0.512	0.4999	0.4882	0.4768	0.4658	0.4552
4	0.4665	0.4514	0.4369	0.423	0.4096	0.3968	0.3844	0.3725	0.3611	0.3501
5	0.3855	0.37	0.3552	0.3411	0.3277	0.3149	0.3027	0.291	0.2799	0.2693
6	0.3186	0.3033	0.2888	0.2751	0.2621	0.2499	0.2383	0.2274	0.217	0.2072
7	0.2633	0.2486	0.2348	0.2218	0.2097	0.1983	0.1877	0.1776	0.1682	0.1594
8	0.2176	0.2038	0.1909	0.1789	0.1678	0.1574	0.1478	0.1388	0.1304	0.1226
9	0.1799	0.167	0.1552	0.1443	0.1342	0.1249	0.1164	0.1084	0.1011	0.0943
10	0.1486	0.1369	0.1262	0.1164	0.1074	0.0992	0.0916	0.0847	0.0784	0.0725
11	0.1228	0.1122	0.1026	0.0938	0.0859	0.0787	0.0721	0.0662	0.0607	0.0558
12	0.1015	0.092	0.0834	0.0757	0.0687	0.0625	0.0568	0.0517	0.0471	0.0429
13	0.0839	0.0754	0.0678	0.061	0.055	0.0496	0.0447	0.0404	0.0365	0.033
14	0.0693	0.0618	0.0551	0.0492	0.044	0.0393	0.0352	0.0316	0.0283	0.0254
15	0.0573	0.0507	0.0448	0.0397	0.0352	0.0312	0.0277	0.0247	0.0219	0.0195
16	0.0474	0.0415	0.0364	0.032	0.0281	0.0248	0.0218	0.0193	0.017	0.015
17	0.0391	0.034	0.0296	0.0258	0.0225	0.0197	0.0172	0.015	0.0132	0.0116
18	0.0323	0.0279	0.0241	0.0208	0.018	0.0156	0.0135	0.0118	0.0102	0.0089
19	0.0267	0.0229	0.0196	0.0168	0.0144	0.0124	0.0107	0.0092	0.0079	0.0068
20	0.0221	0.0187	0.0159	0.0135	0.0115	0.0098	0.0084	0.0072	0.0061	0.0053
21	0.0183	0.0154	0.0129	0.0109	0.0092	0.0078	0.0066	0.0056	0.0048	0.004
22	0.0151	0.0126	0.0105	0.0088	0.0074	0.0062	0.0052	0.0044	0.0037	0.0031
23	0.0125	0.0103	0.0086	0.0071	0.0059	0.0049	0.0041	0.0034	0.0029	0.0024
24	0.0103	0.0085	0.007	0.0057	0.0047	0.0039	0.0032	0.0027	0.0022	0.0018
25	0.0085	0.0069	0.0057	0.0046	0.0038	0.0031	0.0025	0.0021	0.0017	0.0014
26	0.007	0.0057	0.0046	0.0037	0.003	0.0025	0.002	0.0016	0.0013	0.0011
27	0.0058	0.0047	0.0037	0.003	0.0024	0.0019	0.0016	0.0013	0.001	0.0008
28	0.0048	0.0038	0.003	0.0024	0.0019	0.0015	0.0012	0.001	0.0008	0.0006
29	0.004	0.0031	0.0025	0.002	0.0015	0.0012	0.001	0.0008	0.0006	0.0005
30	0.0033	0.0026	0.002	0.0016	0.0012	0.001	0.0008	0.0006	0.0005	0.0004

附表3　　年金终值系数表计算公式：$F = \frac{(1+i)^n - 1}{i}$

期数	1%	2%	3%	4%	5%	6%	7%	8%	9%	10%
1	1.0000	1.0000	1.0000	1.0000	1.0000	1.0000	1.0000	1.0000	1.0000	1.0000
2	2.0100	2.0200	2.0300	2.0400	2.0500	2.0600	2.0700	2.0800	2.0900	2.1000
3	3.0301	3.0604	3.0909	3.1216	3.1525	3.1836	3.2149	3.2464	3.2781	3.3100
4	4.0604	4.1216	4.1836	4.2465	4.3101	4.3746	4.4399	4.5061	4.5731	4.6410
5	5.1010	5.2040	5.3091	5.4163	5.5256	5.6371	5.7507	5.8666	5.9847	6.1051
6	6.1520	6.3081	6.4684	6.6330	6.8019	6.9753	7.1533	7.3359	7.5233	7.7156
7	7.2135	7.4343	7.6625	7.8983	8.1420	8.3938	8.6540	8.9228	9.2004	9.4872
8	8.2857	8.5830	8.8923	9.2142	9.5491	9.8975	10.2598	10.6366	11.0285	11.4359
9	9.3685	9.7546	10.1591	10.5828	11.0266	11.4913	11.9780	12.4876	13.0210	13.5795
10	10.4622	10.9497	11.4639	12.0061	12.5779	13.1808	13.8164	14.4866	15.1929	15.9374
11	11.5668	12.1687	12.8078	13.4864	14.2068	14.9716	15.7836	16.6455	17.5603	18.5312
12	12.6825	13.4121	14.1920	15.0258	15.9171	16.8699	17.8885	18.9771	20.1407	21.3843
13	13.8093	14.6803	15.6178	16.6268	17.7130	18.8821	20.1406	21.4953	22.9534	24.5227
14	14.9474	15.9739	17.0863	18.2919	19.5986	21.0151	22.5505	24.2149	26.0192	27.9750
15	16.0969	17.2934	18.5989	20.0236	21.5786	23.2760	25.1290	27.1521	29.3609	31.7725
16	17.2579	18.6393	20.1569	21.8245	23.6575	25.6725	27.8881	30.3243	33.0034	35.9497
17	18.4304	20.0121	21.7616	23.6975	25.8404	28.2129	30.8402	33.7502	36.9737	40.5447
18	19.6147	21.4123	23.4144	25.6454	28.1324	30.9057	33.9990	37.4502	41.3013	45.5992
19	20.8109	22.8406	25.1169	27.6712	30.5390	33.7600	37.3790	41.4463	46.0185	51.1591
20	22.0190	24.2974	26.8704	29.7781	33.0660	36.7856	40.9955	45.7620	51.1601	57.2750
21	23.2392	25.7833	28.6765	31.9692	35.7193	39.9927	44.8652	50.4229	56.7645	64.0025
22	24.4716	27.2990	30.5368	34.2480	38.5052	43.3923	49.0057	55.4568	62.8733	71.4027
23	25.7163	28.8450	32.4529	36.6179	41.4305	46.9958	53.4361	60.8933	69.5319	79.5430
24	26.9735	30.4219	34.4265	39.0826	44.5020	50.8156	58.1767	66.7648	76.7898	88.4973
25	28.2432	32.0303	36.4593	41.6459	47.7271	54.8645	63.2490	73.1059	84.7009	98.3471
26	29.5256	33.6709	38.5530	44.3117	51.1135	59.1564	68.6765	79.9544	93.3240	109.1818
27	30.8209	35.3443	40.7096	47.0842	54.6691	63.7058	74.4838	87.3508	102.7231	121.0999
28	32.1291	37.0512	42.9309	49.9676	58.4026	68.5281	80.6977	95.3388	112.9682	134.2099
29	33.4504	38.7922	45.2189	52.9663	62.3227	73.6398	87.3465	103.9659	124.1354	148.6309
30	34.7849	40.5681	47.5754	56.0849	66.4388	79.0582	94.4608	113.2832	136.3075	164.4940

续表

期数	11%	12%	13%	14%	15%	16%	17%	18%	19%	20%
1	1.0000	1.0000	1.0000	1.0000	1.0000	1.0000	1.0000	1.0000	1.0000	1.0000
2	2.1100	2.1200	2.1300	2.1400	2.1500	2.1600	2.1700	2.1800	2.1900	2.2000
3	3.3421	3.3744	3.4069	3.4396	3.4725	3.5056	3.5389	3.5724	3.6061	3.6400
4	4.7097	4.7793	4.8498	4.9211	4.9934	5.0665	5.1405	5.2154	5.2913	5.3680
5	6.2278	6.3528	6.4803	6.6101	6.7424	6.8771	7.0144	7.1542	7.2966	7.4416
6	7.9129	8.1152	8.3227	8.5355	8.7537	8.9775	9.2068	9.4420	9.6830	9.9299
7	9.7833	10.0890	10.4047	10.7305	11.0668	11.4139	11.7720	12.1415	12.5227	12.9159
8	11.8594	12.2997	12.7573	13.2328	13.7268	14.2401	14.7733	15.3270	15.9020	16.4991
9	14.1640	14.7757	15.4157	16.0853	16.7858	17.5185	18.2847	19.0859	19.9234	20.7989
10	16.7220	17.5487	18.4197	19.3373	20.3037	21.3215	22.3931	23.5213	24.7089	25.9587
11	19.5614	20.6546	21.8143	23.0445	24.3493	25.7329	27.1999	28.7551	30.4035	32.1504
12	22.7132	24.1331	25.6502	27.2707	29.0017	30.8502	32.8239	34.9311	37.1802	39.5805
13	26.2116	28.0291	29.9847	32.0887	34.3519	36.7862	39.4040	42.2187	45.2445	48.4966
14	30.0949	32.3926	34.8827	37.5811	40.5047	43.6720	47.1027	50.8180	54.8409	59.1959
15	34.4054	37.2797	40.4175	43.8424	47.5804	51.6595	56.1101	60.9653	66.2607	72.0351
16	39.1899	42.7533	46.6717	50.9804	55.7175	60.9250	66.6488	72.9390	79.8502	87.4421
17	44.5008	48.8837	53.7391	59.1176	65.0751	71.6730	78.9792	87.0680	96.0218	105.9306
18	50.3959	55.7497	61.7251	68.3941	75.8364	84.1407	93.4056	103.7403	115.2659	128.1167
19	56.9395	63.4397	70.7494	78.9692	88.2118	98.6032	110.2846	123.4135	138.1664	154.7400
20	64.2028	72.0524	80.9468	91.0249	102.4436	115.3797	130.0329	146.6280	165.4180	186.6880
21	72.2651	81.6987	92.4699	104.7684	118.8101	134.8405	153.1385	174.0210	197.8474	225.0256
22	81.2143	92.5026	105.4910	120.4360	137.6316	157.4150	180.1721	206.3448	236.4385	271.0307
23	91.1479	104.6029	120.2048	138.2970	159.2764	183.6014	211.8013	244.4868	282.3618	326.2369
24	102.1742	118.1552	136.8315	158.6586	184.1678	213.9776	248.8076	289.4945	337.0105	392.4842
25	114.4133	133.3339	155.6196	181.8708	212.7930	249.2140	292.1049	342.6035	402.0425	471.9811
26	127.9988	150.3339	176.8501	208.3327	245.7120	290.0883	342.7627	405.2721	479.4306	567.3773
27	143.0786	169.3740	200.8406	238.4993	283.5688	337.5024	402.0323	479.2211	571.5224	681.8528
28	159.8173	190.6989	227.9499	272.8892	327.1041	392.5028	471.3778	566.4809	681.1116	819.2233
29	178.3972	214.5828	258.5834	312.0937	377.1697	456.3032	552.5121	669.4475	811.5228	984.0680
30	199.0209	241.3327	293.1992	356.7868	434.7451	530.3117	647.4391	790.9480	966.7122	1181.8816

续表

期数	21%	22%	23%	24%	25%	26%	27%	28%	29%	30%
1	1.0000	1.0000	1.0000	1.0000	1.0000	1.0000	1.0000	1.0000	1.0000	1.0000
2	2.2100	2.2200	2.2300	2.2400	2.2500	2.2600	2.2700	2.2800	2.2900	2.3000
3	3.6741	3.7084	3.7429	3.7776	3.8125	3.8476	3.8829	3.9184	3.9541	3.9900
4	5.4457	5.5242	5.6038	5.6842	5.7656	5.8480	5.9313	6.0156	6.1008	6.1870
5	7.5892	7.7396	7.8926	8.0484	8.2070	8.3684	8.5327	8.6999	8.8700	9.0431
6	10.1830	10.4423	10.7079	10.9801	11.2588	11.5442	11.8366	12.1359	12.4423	12.7560
7	13.3214	13.7396	14.1708	14.6153	15.0735	15.5458	16.0324	16.5339	17.0506	17.5828
8	17.1189	17.7623	18.4300	19.1229	19.8419	20.5876	21.3612	22.1634	22.9953	23.8577
9	21.7139	22.6700	23.6690	24.7125	25.8023	26.9404	28.1287	29.3692	30.6639	32.0150
10	27.2738	28.6574	30.1128	31.6434	33.2529	34.9449	36.7235	38.5926	40.5564	42.6195
11	34.0013	35.9620	38.0388	40.2379	42.5661	45.0306	47.6388	50.3985	53.3178	56.4053
12	42.1416	44.8737	47.7877	50.8950	54.2077	57.7386	61.5013	65.5100	69.7800	74.3270
13	51.9913	55.7459	59.7788	64.1097	68.7596	73.7506	79.1066	84.8529	91.0161	97.6250
14	63.9095	69.0100	74.5280	80.4961	86.9495	93.9258	101.4654	109.6117	118.4108	127.9125
15	78.3305	85.1922	92.6694	100.8151	109.6868	119.3465	129.8611	141.3029	153.7500	167.2863
16	95.7799	104.9345	114.9834	126.0108	138.1085	151.3766	165.9236	181.8677	199.3374	218.4722
17	116.8937	129.0201	142.4295	157.2534	173.6357	191.7345	211.7230	233.7907	258.1453	285.0139
18	142.4413	158.4045	176.1883	195.9942	218.0446	242.5855	269.8882	300.2521	334.0074	371.5180
19	173.3540	194.2535	217.7116	244.0328	273.5558	306.6577	343.7580	385.3227	431.8696	483.9734
20	210.7584	237.9893	268.7853	303.6006	342.9447	387.3887	437.5726	494.2131	558.1118	630.1655
21	256.0176	291.3469	331.6059	377.4648	429.6809	489.1098	556.7173	633.5927	720.9642	820.2151
22	310.7813	356.4432	408.8753	469.0563	538.1011	617.2783	708.0309	811.9987	931.0438	1067.2796
23	377.0454	435.8607	503.9166	582.6298	673.6264	778.7707	900.1993	1040.3583	1202.0465	1388.4635
24	457.2249	532.7501	620.8174	723.4610	843.0329	982.2511	1144.2531	1332.6586	1551.6400	1806.0026
25	554.2422	650.9551	764.6054	898.0916	1054.7912	1238.6363	1454.2014	1706.8031	2002.6156	2348.8033
26	671.6330	795.1653	941.4647	1114.6336	1319.4890	1561.6818	1847.8358	2185.7079	2584.3741	3054.4443
27	813.6759	971.1016	1159.001	1383.1457	1650.3612	1968.7191	2347.7515	2798.7061	3334.8426	3971.7776
28	985.5479	1185.7440	1426.5719	1716.1007	2063.9515	2481.5860	2982.6444	3583.3438	4302.9470	5164.3109
29	1193.5129	1447.6077	1755.6835	2128.9648	2580.9394	3127.7984	3788.9583	4587.6801	5551.8016	6714.6042
30	1445.1507	1767.0813	2160.4907	2640.9164	3227.1743	3942.0260	4812.9771	5873.2306	7162.8241	8729.9855

附表4　年金现值系数表计算公式：$P = \frac{1-(1+i)^{-n}}{i}$

期数	1%	2%	3%	4%	5%	6%	7%	8%	9%	10%
1	0.9901	0.9804	0.9709	0.9615	0.9524	0.9434	0.9346	0.9259	0.9174	0.9091
2	1.9704	1.9416	1.9135	1.8861	1.8594	1.8334	1.808	1.7833	1.7591	1.7355
3	2.941	2.8839	2.8286	2.7751	2.7232	2.673	2.6243	2.5771	2.5313	2.4869
4	3.902	3.8077	3.7171	3.6299	3.546	3.4651	3.3872	3.3121	3.2397	3.1699
5	4.8534	4.7135	4.5797	4.4518	4.3295	4.2124	4.1002	3.9927	3.8897	3.7908
6	5.7955	5.6014	5.4172	5.2421	5.0757	4.9173	4.7665	4.6229	4.4859	4.3553
7	6.7282	6.472	6.2303	6.0021	5.7864	5.5824	5.3893	5.2064	5.033	4.8684
8	7.6517	7.3255	7.0197	6.7327	6.4632	6.2098	5.9713	5.7466	5.5348	5.3349
9	8.566	8.1622	7.7861	7.4353	7.1078	6.8017	6.5152	6.2469	5.9952	5.759
10	9.4713	8.9826	8.5302	8.1109	7.7217	7.3601	7.0236	6.7101	6.4177	6.1446
11	10.3676	9.7868	9.2526	8.7605	8.3064	7.8869	7.4987	7.139	6.8052	6.4951
12	11.2551	10.5753	9.954	9.3851	8.8633	8.3838	7.9427	7.5361	7.1607	6.8137
13	12.1337	11.3484	10.635	9.9856	9.3936	8.8527	8.3577	7.9038	7.4869	7.1034
14	13.0037	12.1062	11.2961	10.5631	9.8986	9.295	8.7455	8.2442	7.7862	7.3667
15	13.8651	12.8493	11.9379	11.1184	10.3797	9.7122	9.1079	8.5595	8.0607	7.6061
16	14.7179	13.5777	12.5611	11.6523	10.8378	10.1059	9.4466	8.8514	8.3126	7.8237
17	15.5623	14.2919	13.1661	12.1657	11.2741	10.4773	9.7632	9.1216	8.5436	8.0216
18	16.3983	14.992	13.7535	12.6593	11.6896	10.8276	10.0591	9.3719	8.7556	8.2014
19	17.226	15.6785	14.3238	13.1339	12.0853	11.1581	10.3356	9.6036	8.9501	8.3649
20	18.0456	16.3514	14.8775	13.5903	12.4622	11.4699	10.594	9.8181	9.1285	8.5136
21	18.857	17.0112	15.415	14.0292	12.8212	11.7641	10.8355	10.0168	9.2922	8.6487
22	19.6604	17.658	15.9369	14.4511	13.163	12.0416	11.0612	10.2007	9.4424	8.7715
23	20.4558	18.2922	16.4436	14.8568	13.4886	12.3034	11.2722	10.3711	9.5802	8.8832
24	21.2434	18.9139	16.9355	15.247	13.7986	12.5504	11.4693	10.5288	9.7066	8.9847
25	22.0232	19.5235	17.4131	15.6221	14.0939	12.7834	11.6536	10.6748	9.8226	9.077
26	22.7952	20.121	17.8768	15.9828	14.3752	13.0032	11.8258	10.81	9.929	9.1609
27	23.5596	20.7069	18.327	16.3296	14.643	13.2105	11.9867	10.9352	10.0266	9.2372
28	24.3164	21.2813	18.7641	16.6631	14.8981	13.4062	12.1371	11.0511	10.1161	9.3066
29	25.0658	21.8444	19.1885	16.9837	15.1411	13.5907	12.2777	11.1584	10.1983	9.3696
30	25.8077	22.3965	19.6004	17.292	15.3725	13.7648	12.409	11.2578	10.2737	9.4269

续表

期数	11%	12%	13%	14%	15%	16%	17%	18%	19%	20%
1	0.9009	0.8929	0.885	0.8772	0.8696	0.8621	0.8547	0.8475	0.8403	0.8333
2	1.7125	1.6901	1.6681	1.6467	1.6257	1.6052	1.5852	1.5656	1.5465	1.5278
3	2.4437	2.4018	2.3612	2.3216	2.2832	2.2459	2.2096	2.1743	2.1399	2.1065
4	3.1024	3.0373	2.9745	2.9137	2.855	2.7982	2.7432	2.6901	2.6386	2.5887
5	3.6959	3.6048	3.5172	3.4331	3.3522	3.2743	3.1993	3.1272	3.0576	2.9906
6	4.2305	4.1114	3.9975	3.8887	3.7845	3.6847	3.5892	3.4976	3.4098	3.3255
7	4.7122	4.5638	4.4226	4.2883	4.1604	4.0386	3.9224	3.8115	3.7057	3.6046
8	5.1461	4.9676	4.7988	4.6389	4.4873	4.3436	4.2072	4.0776	3.9544	3.8372
9	5.537	5.3282	5.1317	4.9464	4.7716	4.6065	4.4506	4.303	4.1633	4.031
10	5.8892	5.6502	5.4262	5.2161	5.0188	4.8332	4.6586	4.4941	4.3389	4.1925
11	6.2065	5.9377	5.6869	5.4527	5.2337	5.0286	4.8364	4.656	4.4865	4.3271
12	6.4924	6.1944	5.9176	5.6603	5.4206	5.1971	4.9884	4.7932	4.6105	4.4392
13	6.7499	6.4235	6.1218	5.8424	5.5831	5.3423	5.1183	4.9095	4.7147	4.5327
14	6.9819	6.6282	6.3025	6.0021	5.7245	5.4675	5.2293	5.0081	4.8023	4.6106
15	7.1909	6.8109	6.4624	6.1422	5.8474	5.5755	5.3242	5.0916	4.8759	4.6755
16	7.3792	6.974	6.6039	6.2651	5.9542	5.6685	5.4053	5.1624	4.9377	4.7296
17	7.5488	7.1196	6.7291	6.3729	6.0472	5.7487	5.4746	5.2223	4.9897	4.7746
18	7.7016	7.2497	6.8399	6.4674	6.128	5.8178	5.5339	5.2732	5.0333	4.8122
19	7.8393	7.3658	6.938	6.5504	6.1982	5.8775	5.5845	5.3162	5.07	4.8435
20	7.9633	7.4694	7.0248	6.6231	6.2593	5.9288	5.6278	5.3527	5.1009	4.8696
21	8.0751	7.562	7.1016	6.687	6.3125	5.9731	5.6648	5.3837	5.1268	4.8913
22	8.1757	7.6446	7.1695	6.7429	6.3587	6.0113	5.6964	5.4099	5.1486	4.9094
23	8.2664	7.7184	7.2297	6.7921	6.3988	6.0442	5.7234	5.4321	5.1668	4.9245
24	8.3481	7.7843	7.2829	6.8351	6.4338	6.0726	5.7465	5.4509	5.1822	4.9371
25	8.4217	7.8431	7.33	6.8729	6.4641	6.0971	5.7662	5.4669	5.1951	4.9476
26	8.4881	7.8957	7.3717	6.9061	6.4906	6.1182	5.7831	5.4804	5.206	4.9563
27	8.5478	7.9426	7.4086	6.9352	6.5135	6.1364	5.7975	5.4919	5.2151	4.9636
28	8.6016	7.9844	7.4412	6.9607	6.5335	6.152	5.8099	5.5016	5.2228	4.9697
29	8.6501	8.0218	7.4701	6.983	6.5509	6.1656	5.8204	5.5098	5.2292	4.9747
30	8.6938	8.0552	7.4957	7.0027	6.566	6.1772	5.8294	5.5168	5.2347	4.9789

续表

期数	21%	22%	23%	24%	25%	26%	27%	28%	29%	30%
1	0.8264	0.8197	0.813	0.8065	0.8	0.7937	0.7874	0.7813	0.7752	0.7692
2	1.5095	1.4915	1.474	1.4568	1.44	1.4235	1.4074	1.3916	1.3761	1.3609
3	2.0739	2.0422	2.0114	1.9813	1.952	1.9234	1.8956	1.8684	1.842	1.8161
4	2.5404	2.4936	2.4483	2.4043	2.3616	2.3202	2.28	2.241	2.2031	2.1662
5	2.926	2.8636	2.8035	2.7454	2.6893	2.6351	2.5827	2.532	2.483	2.4356
6	3.2446	3.1669	3.0923	3.0205	2.9514	2.885	2.821	2.7594	2.7	2.6427
7	3.5079	3.4155	3.327	3.2423	3.1611	3.0833	3.0087	2.937	2.8682	2.8021
8	3.7256	3.6193	3.5179	3.4212	3.3289	3.2407	3.1564	3.0758	2.9986	2.9247
9	3.9054	3.7863	3.6731	3.5655	3.4631	3.3657	3.2728	3.1842	3.0997	3.019
10	4.0541	3.9232	3.7993	3.6819	3.5705	3.4648	3.3644	3.2689	3.1781	3.0915
11	4.1769	4.0354	3.9018	3.7757	3.6564	3.5435	3.4365	3.3351	3.2388	3.1473
12	4.2784	4.1274	3.9852	3.8514	3.7251	3.6059	3.4933	3.3868	3.2859	3.1903
13	4.3624	4.2028	4.053	3.9124	3.7801	3.6555	3.5381	3.4272	3.3224	3.2233
14	4.4317	4.2646	4.1082	3.9616	3.8241	3.6949	3.5733	3.4587	3.3507	3.2487
15	4.489	4.3152	4.153	4.0013	3.8593	3.7261	3.601	3.4834	3.3726	3.2682
16	4.5364	4.3567	4.1894	4.0333	3.8874	3.7509	3.6228	3.5026	3.3896	3.2832
17	4.5755	4.3908	4.219	4.0591	3.9099	3.7705	3.64	3.5177	3.4028	3.2948
18	4.6079	4.4187	4.2431	4.0799	3.9279	3.7861	3.6536	3.5294	3.413	3.3037
19	4.6346	4.4415	4.2627	4.0967	3.9424	3.7985	3.6642	3.5386	3.421	3.3105
20	4.6567	4.4603	4.2786	4.1103	3.9539	3.8083	3.6726	3.5458	3.4271	3.3158
21	4.675	4.4756	4.2916	4.1212	3.9631	3.8161	3.6792	3.5514	3.4319	3.3198
22	4.69	4.4882	4.3021	4.13	3.9705	3.8223	3.6844	3.5558	3.4356	3.323
23	4.7025	4.4985	4.3106	4.1371	3.9764	3.8273	3.6885	3.5592	3.4384	3.3254
24	4.7128	4.507	4.3176	4.1428	3.9811	3.8312	3.6918	3.5619	3.4406	3.3272
25	4.7213	4.5139	4.3232	4.1474	3.9849	3.8342	3.6943	3.564	3.4423	3.3286
26	4.7284	4.5196	4.3278	4.1511	3.9879	3.8367	3.6963	3.5656	3.4437	3.3297
27	4.7342	4.5243	4.3316	4.1542	3.9903	3.8387	3.6979	3.5669	3.4447	3.3305
28	4.739	4.5281	4.3346	4.1566	3.9923	3.8402	3.6991	3.5679	3.4455	3.3312
29	4.743	4.5312	4.3371	4.1585	3.9938	3.8414	3.7001	3.5687	3.4461	3.3317
30	4.7463	4.5338	4.3391	4.1601	3.995	3.8424	3.7009	3.5693	3.4466	3.3321

主要参考文献

［1］王化成，刘俊彦，荆新．财务管理学［M］．9版．北京：中国人民大学出版社，2019.

［2］王化成．财务管理［M］．北京：中国人民大学出版社，2017.

［3］林一斌．初创公司财务管理［M］．北京：金城出版社，2019.

［4］马忠．公司财务管理案例分析［M］．北京：机械工业出版社，2015.

［5］刘平，杨浩．财务管理［M］．成都：四川大学出版社，2017.

［6］雷声，石意如．财务管理学［M］．北京：机械工业出版社，2015.

［7］谢达理，赵悦．财务管理［M］．大连：大连理工大学出版社，2015.

［8］财政部会计资格评价中心．财务管理［M］．北京：经济科学出版社，2020.

［9］闫华红．2020年会计专业技术资格考试应试指导及全真模拟测试中级财务管理［M］．北京：北京科学技术出版社，2020.

［10］张先治．财务分析［M］．9版．大连：东北财经大学出版社，2019.

［11］张新民，钱爱民．财务报表分析［M］．5版．北京：中国人民大学出版社，2019.

［12］徐珏，张旋．企业财务报表分析［M］．3版．大连：东北财经大学出版社，2019.

［13］编写组．数说二十大报告［M］．北京：学习出版社，2022.

［14］人民日报评论部．论学习贯彻党的二十大精神［M］．北京：人民出版社，2022.